ARMÉES ÉTRANGÈRES

DU MÊME AUTEUR

EDUCATION CIVIQUE ET MILITAIRE

Code-manuel du Soldat citoyen (Librairie Duquesne, 11e édition), ouvrage auquel l'Académie des Sciences morales et politiques a décerné, en 1890, le prix Audiffred, fondé en faveur de l'ouvrage le plus propre « à faire aimer la morale et la vertu et à faire repousser l'égoïsme et l'envie, ou à faire connaître et aimer la patrie[1] ».

Manuels d'instruction militaire (Librairie Armand Colin) : I. Livre de l'élève. — II. Livre du maître[1].

Jeu des honneurs militaires (Même librairie).

Tableaux muraux d'instruction militaire (Même librairie) : 1. Fanions et lanternes. — 2. Brassards. — 3. Honneurs dus aux décorations. — 4. Décorations militaires. — 5. Décorations françaises. — 6. Honneurs dus aux corps constitués, aux fonctionnaires, etc. — 7. Code de justice militaire.

L'outillage d'une armée (Librairie Lecène et Oudin). — En collaboration avec M. Georges Béthuys[1].

INSTRUCTION DES OFFICIERS

Revue d'art militaire (Librairie des Deux Revues).

Conférences sur l'artillerie de campagne à l'usage des officiers de toutes armes (Librairie Berger-Levrault).

INFANTERIE

Cours des Ecoles de tir (Librairie Baudoin). — I. Cours théorique. — II. Armement et feux de guerre.

Etudes sur l'armement règlementaire de l'infanterie (Même librairie). — Publication de la *Réunion des officiers*.

Eléments d'administration d'une compagnie (Librairie Baudoin).

ARTILLERIE

Petit manuel de l'officier de réserve (Librairie Dumaine).

Petit cours spécial (Même librairie). 3e édition.

Eléments d'administration d'une batterie (Même librairie). 4e édition.

Petite bibliothèque de l'instructeur (Librairie Berger-Levrault), comprenant cinq fascicules : 1. *Notions sommaires* (2e édition); — 2. Guide et questionnaire pour les *instructions intérieures;* — 3. Guide pour l'*instruction à pied;* — 4. Guide pour l'*instruction d'artillerie;* — 5. Guide
[...]*tures*.

[...]**le de campagne** (Librairie Charles-
[...]*ficier* (6e édition), — du *trompette*
[...]lition), — de l'*artificier*, — du *ser-*

[...]ARATION

[...]-Germain. — Le maréchal Canro-
[...]Lewal, Boulanger, de Galliffet. —
[...]rince de Hohenlohe. — Le général
[...]— M. Henry Houssaye. — Art Roe.

COMMANDANT ÉMILE MANCEAU

LAURÉAT DE L'INSTITUT

ARMÉES ÉTRANGÈRES

— ESSAIS DE PSYCHOLOGIE MILITAIRE —

PARIS

BIBLIOTHÈQUE-CHARPENTIER

EUGÈNE FASQUELLE, ÉDITEUR

11, RUE DE GRENELLE, 11

1900

IL A ÉTÉ TIRÉ DE CET OUVRAGE :

5 EXEMPLAIRES NUMÉROTÉS SUR PAPIER DE HOLLANDE

ARMÉES ÉTRANGÈRES

L'ÉTUDE DES ARMÉES ÉTRANGÈRES

Sachons regarder par-dessus les barrières qui nous séparent des autres nations. Ne retombons pas dans la faute que nous avons commise avant 1870. Grisés par nos succès militaires, nous croyions, à cette époque, n'avoir rien à gagner à étudier les autres, nos voisins, nos rivaux. On a retrouvé, enfouis dans les tiroirs des Tuileries, les rapports que le colonel Stoffel avait rédigés à Berlin, et entre les lignes desquels un œil avisé aurait pu lire les désastres de l'Année terrible.

Ces désastres nous ont appris à ne plus nous isoler et à ne plus nous hypnotiser dans la contemplation de notre nombril. Notre regard effaré a parcouru l'horizon, sans trop savoir sur quoi se fixer, mais attiré surtout par la puissance qui nous avait vaincus. Nous avons cherché à nous instruire et à connaître l'état des forces militaires des divers grands pays de l'Europe. Notre curiosité éveillée a voulu pousser plus loin encore : des monographies ont été consacrées aux institutions militaires du Maroc ou de la Perse, du Japon ou du Guatémala. La *Revue militaire de l'Etranger*, rédigée par notre grand état-major, nombre d'autres publications, la plupart excellentes, nous ont amplement renseignés sur les moindres armées étrangères, et nous n'ignorons rien de ce qui concerne et leur situation matérielle, et l'outillage dont elles disposent, et les effectifs qu'elles peuvent mettre en ligne, et la qualité de leurs remontes, et les institutions qui les régissent : en un mot, nous connaissons tout ce qu'il y a en elles de tangible et de visible[1].

Nous sommes moins documentés sur ce que j'appellerai les éléments impondérables de leur force militaire. Et c'est grand dommage, car la guerre dépend beaucoup des facteurs moraux. La raison de la victoire, le maréchal de Saxe disait qu'elle est dans le cœur des humains. « Et, ajoutait-il, on doit l'y chercher ; or, personne n'a traité cette matière, qui est la plus considérable du métier de la guerre, la plus savante, la plus profonde ». Il faut convenir aussi qu'il est délicat de s'aventurer sur ce domaine : il est plus aisé de dénombrer des corps de troupes, d'analyser des règlements, de décrire des armes, que de pénétrer dans l'âme d'une nation, de comprendre ses mœurs, ses préjugés, sa foi. C'est pourtant cet essai de psychologie militaire que nous voudrions tenter. Oui, le vainqueur de Fontenoy a raison de le dire : il n'y a que l'âme qui compte. Si c'était le nombre des combattants qui seul importât, le succès des campagnes se trouverait inscrit à l'avance dans les tableaux statistiques : le chiffre des naissances ou celui des incorporations renseignerait sur l'issue des guerres. Heureusement on a vu des poignées

1. Il convient pourtant de signaler qu'une sorte de réaction se produit. La *Revue militaire de l'Etranger* vient de disparaître. Il semble qu'on veuille davantage, aujourd'hui, étudier théoriquement et en soi les rapports de l'armée avec la nation, de l'esprit militaire et de l'esprit démocratique. On a l'air de croire que ce qui se passe au dehors renseignerait peu à ce sujet, et il est manifeste en tous cas, qu'on ne cherche plus autant que naguère à regarder par-delà les frontières.

d'hommes l'emporter sur des hordes innombrables, l'habileté d'un David terrasser la force brute d'un Goliath, et, en plus d'une rencontre, la discipline remplacer la quantité ou la décupler. Ce n'est pas davantage la supériorité de l'armement qui assure la victoire : preuve en soit la défaite de l'infanterie française, armée de l'excellent chassepot, en face de l'infanterie prussienne dont le dreyse était incontestablement beaucoup moins bon. La valeur des institutions exerce peut-être une influence plus considérable et prépondérante ; mais comment démêler la part qu'elles ont pu avoir sur la marche des événements ? Si on peut discuter tous les termes d'un texte, peut-on peser l'action que ce texte a eue sur les mœurs, mesurer ce qui en a pénétré dans la moelle de l'armée ? Voici, par exemple, l'initiative dont nulle part il n'a été plus question que dans nos règlements récents. On pourrait en inférer, sachant d'ailleurs combien nous sommes primesautiers et d'humeur indépendante, que nos officiers, ainsi encouragés officiellement à en avoir, sont surabondamment pourvus d'initiative. Or, il se trouve que nos généraux passent pour être quelque peu privés de cette qualité, ce dont, au surplus, un observateur perspicace aurait pu se douter, car, si on leur répète si souvent et sur tous les tons d'en avoir, c'est que, vraisemblablement, ils en manquent plus ou moins.

La pratique seule peut montrer quel esprit anime le monde militaire. La lettre n'apprend pas grand'chose à cet égard. Et, d'ailleurs, pour bien comprendre le caractère des institutions, il faut les replacer dans leur milieu. Celles d'un pays où le service est universel et obligatoire ne peuvent pas convenir à tel autre où c'est par enrôlements volontaires que se recrutent les soldats. La situation politique ou géographique de la Belgique, de la Suisse, de l'Angleterre, du Portugal, se manifeste forcément dans tout l'ensemble de l'armée de ces pays.

La discipline qui y règne, le sérieux avec lequel chacun y accomplit son devoir, l'ardeur guerrière des habitants, dépendent d'une foule de circonstances, de traditions, qui remontent souvent à des périodes lointaines de l'histoire, ou dérivent de l'organisation sociale et des aspirations du peuple. Pour traiter à fond la question que nous voulons aborder, une forte érudition serait donc nécessaire, et aussi des connaissances d'ethnographie et l'étude des races diverses et celle des milieux. Mais nous n'avons point d'aussi hautes ambitions, et il nous suffit d'esquisser les principaux aspects des armées étrangères [1].

N'avons-nous pas, pour nous inspirer cette modestie, l'exemple de graves erreurs de jugement commises par des hommes non moins graves et en posture d'être bien renseignés? Leurs investigations ont-elles manqué de pénétration, les enquêtes qu'ils ont instituées ont-elles été superficielles, toujours est-il que, par exemple, voici textuellement ce qu'on enseignait en 1864, à l'Ecole d'application de l'Artillerie et du Génie, sur les armées qui devaient, deux ans plus tard, se rencontrer à Sadowa :

L'armée prussienne, dans laquelle le temps de service est très court, n'est, en quelque sorte, qu'une école de Landwehr. C'est une organisation magnifique sur le papier, mais un instrument douteux pour l'offensive, qui serait fort

1. Les éléments de cette esquisse ont été pris dans des romans et des journaux, dans des récits de voyage et des conversations, plus encore que dans les ouvrages spéciaux des écrivains militaires. Il se peut donc qu'il s'y soit glissé des inexactitudes ; la justesse de l'impression d'ensemble importe plus ici que celle des détails. De légères exceptions infirment la loi de Dulong et Petit. Eh bien, malgré ce qu'elle a de faux, les physiciens continuent pourtant à l'enseigner, comme si elle était vraie : on peut dire qu'elle l'est non pas absolument, mais suffisamment.

imparfait pendant la première période d'une guerre défensive.

L'Autriche, dont la population est d'environ trente-sept millions d'habitants, a une grande et belle armée, qui laisse loin derrière elle, comme organisation, les armées prussienne et russe. Après la France, l'Autriche occupe le premier rang comme puissance militaire.

Est-il cas plus net de ce que les astronomes appelleraient une aberration totale? Et n'est-on pas en droit de dire que, s'il connaissait à fond les institutions militaires des pays dont il parlait, l'honorable professeur d'art militaire de Metz n'en avait aucunement pénétré l'esprit? Il faut ajouter que tout le monde, autour de lui, se trompait pareillement. Ce qu'il disait des deux puissances confédérées n'était que le reflet de l'opinion courante des gens du métier : dans toutes les chaires, je crois, la même doctrine était professée, dont 1866 et 1870 devaient, à bref délai, démontrer cruellement toute la fausseté.

Que la leçon nous serve et nous rende circonspects. Gardons-nous de prononcer des arrêts que l'avenir peut reviser et annuler. Et d'ailleurs, à quoi bon des arrêts ? Que n'imiterions-nous la critique qui, de dogmatique, est devenue compréhensive? On ne juge plus une œuvre en lui appliquant la règle des trois unités, en la soumettant à l'autorité d'Aristote, en examinant si elle est écrite conformément aux préceptes de quelque Art poétique. On se laisse aller à la douceur d'en goûter le charme; on prend plaisir à y rechercher, à y découvrir ce qui en fait l'originalité. Au lieu de parcourir la littérature en géomètre, avec des appareils de nivellement et d'arpentage pour mesurer des pentes, déterminer des altitudes, trianguler les coordonnées des divers points, on s'y promène en touriste, en dilettante. On suit les sentiers à l'aventure, on s'arrête longuement aux points de vue, on y revient même à plusieurs reprises, soit parce qu'on prend plaisir à contempler de là le paysage, soit pour comparer l'aspect du même site, suivant qu'on le regarde à l'aube ou par la grande lumière ou au déclin du jour. Qu'on ne s'étonne donc pas trop des redites qu'on trouvera dans les pages qui suivent, de leur allure nonchalante, des zigzags et des méandres du récit, de ses caprices et de ses préférences. Les chapitres dont ce volume se compose n'ont pas la prétention de former des monographies bien composées, complètes, parfaitement impartiales, rigoureusement exactes et, comme on dit, définitives. Ce ne sont que de simples causeries à l'occasion des armées étrangères, et leur unique objet est d'être suggestives.

Comment pourrait-on se piquer d'être exactement renseigné sur une d'elles sans l'avoir examinée de près et envisagée de loin, sans l'avoir regardée du dedans et du dehors? Demandez à n'importe lequel de nos officiers quel esprit anime ses camarades, quelles sont leurs idées sur un sujet déterminé. Sans doute il y a des aspirations communes à tout le corps des officiers, des préjugés professionnels, des convictions en quelque sorte organiques. Et il les connaît, s'il est un observateur attentif. Mais, pour le reste, il ne peut que dire ce qu'on pense dans son régiment. D'une arme à l'autre, d'une région à l'autre, on envisage autrement les choses. La vie qu'on mène dans les départements frontières diffère tellement de celle des garnisons du centre que la tournure même de la pensée s'en ressent. Comment donc formuler une appréciation générale? Interrogez Stendhal. Il vous dira (et beaucoup d'autres avec lui) que le soldat de Waterloo n'a vu de la bataille que les épisodes auxquels il a pris part.

Encore la fumée a-t-elle pu lui en masquer bien des détails ; l'émotion, d'autre part, a troublé la limpidité de son rayon visuel ; au milieu du pêle-mêle des événements emmagasinés dans son souvenir, il est souvent embarrassé pour retrouver la succession des faits, de sorte que ses récits mêmes, fussent-ils sincères, sont sujets à caution. Sans négliger ces sources d'informations, mais sans se fier aveuglément à elles, l'historien placé loin arrive à se mieux représenter que n'importe quel combattant, voire que certains généraux, la physionomie du combat et ses traits caractéristiques. L'étude en chambre des documents, l'examen des lieux, les inductions qui suppléent aux lacunes des textes, la critique de ceux-ci, lui permettent de découvrir l'enchaînement des circonstances, les relations des effets à leurs causes.

S'il est difficile d'y voir clair, à plus forte raison n'est-il pas moins difficile de porter des jugements justes. On risque fort, en s'occupant des armées étrangères, de se laisser induire en erreur par des conceptions *a priori*. N'est-ce pas ce qui embarrasse tant les réformateurs et les législateurs, lorsqu'il est question pour un pays de s'approprier les règles qui réussissent ailleurs, et n'avons-nous pas grand'peine à déterminer celles des armées étrangères desquelles la nôtre se rapproche le plus ? Voici, par exemple, celle de l'Allemagne. Elle a des effectifs analogues aux nôtres ; elle dispose d'un budget à peu près égal à celui que nous affectons à nos dépenses militaires ; elle s'est approprié beaucoup de nos règlements, et nous avons pris beaucoup des siens. En dépit de ces échanges, de ces analogies, de ces équivalences, il y a des différences irréductibles entre le citoyen de notre République et le sujet de l'Empire germanique. Ni leur tempérament ne se ressemble, ni leurs traditions ne sont comparables.

Des divergences plus considérables encore existent entre notre soldat et le soldat américain, entre nos officiers et ceux des Etats-Unis. Il semblerait pourtant, à première vue, que deux nations démocratiques dussent avoir à peu près le même système militaire ; mais qui raisonnerait ainsi oublierait que nous avons à nous défendre et peut-être à attaquer, tandis qu'aucun voisin redoutable ne menace les territoires de l'Union. Aussi, naguère encore, c'est-à-dire avant les expéditions de Cuba et des Philippines, son armée permanente n'avait-elle qu'un rôle de simple police, consistant à écarter des frontières les incursions des Indiens, gens plus gênants que dangereux. Les milices de ses Etats confédérés, au contraire, ont des devoirs plus considérables à remplir : à elles, le soin de veiller au maintien de la paix publique, de réprimer les émeutes, de garantir l'ordre pendant les grèves, les incendies, les inondations. Ces devoirs qui leur incombent les appellent à des postes périlleux, où il n'est pas rare que le sang coule, tandis que les officiers des troupes fédérales régulières, au contraire, occupaient, jusqu'à ces derniers temps, des postes de tout repos : l'existence qu'ils menaient, tranquille, assurée et bien rémunérée, contrastait singulièrement avec la fièvre de spéculation et d'action qui agite le pays. Au milieu des ardeurs du *struggle for life*, les militaires américains ne luttaient pour rien ni contre personne. Il semblait qu'ils n'eussent qu'à se laisser vivre. Et c'est donc fort à tort qu'on eût été chercher de leur côté des modèles pour les nôtres.

La Russie ne nous en offre pas davantage. Ses dimensions gigantesques lui permettent de compter sur le temps et sur l'espace — n'est-ce pas ainsi qu'elle s'y est prise pour vaincre Napoléon ? — et, avec les effectifs colossaux dont elle dispose, il lui est possible de faire la guerre à coups d'hommes. C'est pourquoi elle paraît considérer comme inutile de s'occuper de tactique. La seule science dont ses chefs aient besoin est d'entraîner leurs hommes, de les jeter dans la mêlée et de soutenir leur courage. Imposer aux soldats du tsar une aveugle discipline est une tâche relativement facile, plus facile en tout cas que d'y plier les esprits libres de nos Français, exaltés par la demi-instruction qu'ils ont reçue et tout imprégnés d'idées de plus en plus contraires au militarisme. Pour réduire nos adversaires, nous, qui ne pouvons compter sur la complicité du climat et des steppes, nous avons besoin d'être en état de jouer serré ; aussi devons nous connaître, pour les utiliser, toutes les ressources de cet art militaire que nos alliés ignorent ou dédaignent.

Une simple remarque nous fera toucher du doigt et nous permettra de mesurer la part qu'il convient d'attribuer aux circonstances de temps ou aux conditions sociales. Voici des armées exclusivement composées de la lie de la population, qui jouissent d'un confort qui n'existe ni en Allemagne ni chez nous, où c'est pourtant toute la jeunesse, élite comprise, qui passe par la caserne. Qu'est-ce à dire, et comment se fait-il qu'un gueux de Londres ou un vagabond de la Nouvelle-Orléans soit mieux traité qu'un bachelier parisien ou un étudiant d'Heidelberg ? C'est d'abord sans doute que l'Angleterre et l'Amérique sont deux Etats fort riches, qui n'ont qu'à entretenir des troupes assez peu nombreuses ; mais c'est aussi que ces troupes proviennent d'engagements volontaires : nul n'en fait partie qui ne serve de son plein gré et en vertu d'un marché, d'une convention synallagmatique, laquelle lui crée, à la vérité, des obligations envers l'Etat, mais crée en même temps à l'Etat des obligations dont l'autre contractant entend que les clauses soient exécutées. Ainsi l'enrôlement assure actuellement à ces armées un bien-être que le patriotisme des armées recrutées comme la nôtre sait ne pas exiger, et dont se passent nos jeunes gens les mieux élevés.

Il ne produisait pourtant pas autrefois les effets qu'il produit aujourd'hui. Assurément les mercenaires du grand Frédéric étaient, eux aussi, enrôlés librement ; mais, avec les temps, les mœurs ont changé. La royauté ne se gênait guère plus avec ses soldats qu'un planteur avec ses esclaves. La Déclaration des droits de l'homme n'avait pas encore été promulguée, qui devait donner à chaque sujet le sentiment de sa personnalité. Des mesures d'une rigueur exceptionnelle pouvaient être prises contre les déserteurs sans que la conscience publique s'en offusquât ; on ne se faisait pas scrupule de dresser des chiens pour traquer et arrêter ces malheureux, d'encourager la délation en promettant des primes aux habitants qui les ramenaient. On ne traitait aucunement les soldats comme des citoyens qui auraient momentanément aliéné leur indépendance, sciemment, dans un espoir de lucre ou pour toute autre raison, par un pacte bien en règle ; ces pauvres hères, auxquels l'ivresse ou de fallacieuses promesses avaient arraché une signature (si, par extraordinaire, ils savaient signer), on les regardait comme réduits à l'état de servage. Il n'y avait pas à craindre en ces temps-là qu'une gazette prît leur défense. Aucune prédication révolutionnaire ne risquait d'éveiller en eux le tout petit peu d'âme qui avait résisté à l'abrutissement professionnel. Allez donc aujourd'hui mettre un soldat de la Reine, fût-il la dernière des canailles, au régime que subissaient docilement les grenadiers du roi de Prusse, l'élite de sa belle armée, et vous verrez les mutineries, les désertions, voire les suicides qui en résulteront.

On voit combien il faut de précautions pour juger l'état des mœurs militaires d'une nation. Et pourtant, c'est en vue d'instituer des comparaisons profitables qu'il est bon d'étudier les armées étrangères, non par pur dilettantisme: c'est pour discerner ce que nous pouvons nous assimiler de leurs coutumes, pour démêler en quoi nous pouvons copier leurs institutions. Nous n'y arriverons qu'en faisant la part de tout ce qui influe sur leur manière d'être. Aussi notre attention s'attachera-t-elle à ce dont nous pouvons tirer utilité. Que si nous glissons sur les défauts qu'on peut reprocher, par exemple, aux officiers allemands, et si nous insistons plutôt sur leurs qualités, c'est que la connaissance de ces défauts ne peut nous servir de rien, tandis qu'il peut nous être avantageux de nous approprier leurs qualités.

Quand sur les beaux esprits on prétend se régler,
C'est par leurs bons côtés qu'il leur faut ressembler.

L'étude des armées étrangères peut nous montrer autre chose encore. Elle nous révélera, si nous savons la pousser assez avant, les secrets de la force de nos adversaires éventuels, et aussi leurs points faibles. Et de cette connaissance nous pourrons profiter pour orienter nos plans de campagne.

Un exemple expliquera ma pensée.

Il importe peu aux Russes d'essuyer des défaites au début des hostilités. Leur courage, fait de résignation et de fatalisme, ne s'en laissera pas abattre ; leur confiance dans leurs chefs n'en sera pas ébranlée, ni surtout l'affection qu'ils ont pour eux, affection que le malheur consolidera, loin de l'évaporer. L'histoire, du moins, nous le montre. Elle nous montre aussi que rarement cette grande nation a triomphé du premier coup, sa configuration géographique ne lui permettant pas d'être immédiatement prête et d'avoir ses forces réunies au point d'attaque, si, par contre, elle lui offre le moyen de se ressaisir et d' « user » l'envahisseur.

Les Allemands, eux, résisteraient-ils, comme nous l'avons fait en 1870, à un mauvais commencement de campagne ? Il est permis d'en douter. Le sentiment de sécurité que leur donne la conscience de leur discipline, de la valeur de leur armement, de la science de leurs chefs, cette confiance, qui est artificiellement obtenue et consolidée non sans peine, qui sait s'il ne suffirait pas d'un violent choc pour l'émietter ? Les soldats, travaillés par l'agitation socialiste, et que maintiennent seuls dans le respect l'autorité du commandement et le prestige des jours de gloire, un échec risque de leur faire perdre toute croyance en l'infaillibilité de leurs généraux, toute illusion sur l'invincibilité de leurs armes. Or, une fois désemparés, ne manqueraient-ils pas de ressort, de ce ressort qu'on s'efforce de mettre en eux pour soutenir la mollesse de leur nature ? Nous autres, Français, le sentiment de notre mérite personnel, ce qu'on appelle notre fatuité, notre amour-propre, notre insouciance, tout cela nous empêche de désespérer. Nous avons foi en notre étoile, nous avons foi en nous-mêmes, et, en accusant l'impéritie du commandement, en nous croyant trahis, parfois même, hélas ! en l'étant, nous n'en avons pas moins fait notre devoir jusqu'au bout, aussi allègrement que lorsque nous marchions de succès en succès.

Eh, oui ! fatuité si l'on veut ! Il n'en est pas moins consolant de comparer la façon dont nous avons supporté nos revers au dégoût et à l'effroi avec lesquels nos vainqueurs ont poursuivi leur conquête. Qu'on lise dans *Gambetta et ses armées* ou dans *la Nation armée*, de von der Goltz, la démoralisation, l'accablement qui s'emparaient de l'armée envahissante, à mesure que la lutte se prolongeait, à mesure que, gagnant du terrain, ses troupes s'éloignaient du sol natal, à mesure que, gagnant des batailles, elles croyaient s'éloigner de la paix, de cette paix sur laquelle elles avaient tant compté après Sedan, puis après Metz. Cet état moral dénote des âmes assez veules, semble-t-il, ce qui n'étonne pas de la part d'une nation qui a donné, après Iéna notamment, le spectacle d'un inconcevable effondrement. Est-ce à dire qu'il faille aller jusqu'à escompter cet état d'esprit et qu'on soit sûr de se frayer un chemin jusqu'à Berlin, pour peu que les premières rencontres soient défavorables aux armes allemandes ? Il serait imprudent de le penser. Nous devons nous dire que nos voisins de l'Est ont subi la loi commune du progrès : chez eux aussi, la valeur individuelle et la qualité du patriotisme ont beaucoup augmenté depuis le commencement de ce siècle ; eux aussi, ils sauraient se raidir en face de l'adversité. Leur amour-propre est grand, et ils y puiseraient de la force de résistance. D'ailleurs, s'ils ont souffert de s'éloigner du sol natal, ils pourraient puiser à son contact une énergie nouvelle, et, peu ardents peut-être pour envahir, ils montreraient certainement de la vaillance pour résister à une invasion, s'ils restaient unis.

Il n'en est pas moins vrai que, au point de vue moral, et autant qu'on puisse présumer, les débuts malheureux d'une campagne seraient moins désastreux pour les Russes et les Français que pour les Allemands.

Au point de vue stratégique, par contre, les effets d'une défaite initiale sur l'issue finale de la guerre seraient en proportion à peu près inverse de la distance qui sépare Paris et Berlin de la ligne des Vosges. Vaincues sur les bords de la Seille, nos troupes seraient peut-être moins démoralisées que celles de nos adversaires ; par contre, la situation du pays serait certainement beaucoup plus critique. La nécessité s'imposerait donc pour nous de commencer par déblayer le terrain, d'entrée de jeu, si nous reprenions la lutte. Cette nécessité serait moins pressante sur nos autres frontières, Alpes ou Pyrénées...

Encore que très générales et quelque peu vagues, les considérations qui précèdent indiquent suffisamment notre pensée et le sens dans lequel ont été écrites les études contenues dans ce volume. Ces études, de pure compilation[1], ont paru à des époques très différentes dans diverses publications. De là, sans doute, leur ton quelque peu disparate, qui se ressent de cette diversité. Elles n'ont été que très sommairement retouchées et mises au point, puisque, encore une fois, il ne s'agit ici que d'esquisser la physionomie de quelques armées contemporaines et non de donner une description complète, minutieuse et précise de leur structure anatomique.

1. On trouvera à la fin du volume une note relative à la façon dont il a été élaboré.

L'ARMÉE ALLEMANDE

Si l'Italie, par exemple, est un pays neuf, dont l'armée a eu assez récemment pour unique noyau quelques régiments sardes; si, chez nous, la Révolution a ébranlé non seulement l'état social, mais les institutions militaires, ainsi que l'esprit public, et si, en modifiant le recrutement, elle a modifié l'âme même de l'armée; si, en d'autres pays, par suite de circonstances politiques, ou par le fait de mélanges qui se sont produits dans les nationalités, aucune tradition ne s'est établie et maintenue; par contre, on est en droit de dire que l'armée allemande dérive directement de l'armée prussienne. Des changements considérables sont pourtant survenus dans la Confédération germanique : son centre de gravité s'est déplacé ; d'autre part, la nature même de sa « chair à canon » s'est transformée par la diffusion de l'instruction, par l'infiltration des idées démocratiques, par l'ébranlement des vieux principes féodaux. Malgré tout, l'empreinte du grand Frédéric y subsiste, bien plus que ne subsiste chez nous celle de notre grand Empereur. En vain les épigones du philosophe de Sans-Souci ont, par une application inintelligente de ses méthodes, précipité le pays dans les pires catastrophes; les souverains qui lui ont succédé, et particulièrement le roi Guillaume, ont su comprendre la sagesse de ses théories; ils sont revenus à elles, et, déployant une volonté que rien n'a lassé, ils ont reconquis la prépondérance en Allemagne, puis se sont emparés de la suprématie même en Europe. Chez nous, et l'esprit de suite a manqué, et l'unité dans les vues : tandis que certains militaires ne rêvaient que de maintenir le système napoléonien, des hommes politiques en poursuivaient la destruction. Notre armée a beau avoir gardé le souvenir, le regret et, partant, la marque de celui qui l'a rendue si glorieuse et si grande, elle n'est plus son œuvre, ou elle est son œuvre dénaturée. Tel fleuve arrive à la mer grossi de tant d'affluents que l'eau de sa source est noyée dans la masse des eaux étrangères. La Gironde, au contraire, c'est bien la Garonne à qui la Dordogne a simplement apporté un supplément de force, augmentant son débit, accroissant son courant. L'armée allemande est, sous un autre nom, l'armée prussienne d'il y a un siècle. Elle en est la suite, le prolongement naturel. Aussi remonterons-nous à son origine même pour y chercher les caractères qui ont subsisté en elle et dont nous suivrons l'évolution progressive jusqu'à l'époque actuelle.

Cette étude, nous la ferons anecdotique plutôt qu'historique. L'exactitude ne peut rien perdre à ce que nous prenions un guide, au lieu de rassembler des documents pour essayer d'en extraire la matière d'une de ces œuvres dont on dit qu'elles sont définitives. Il ne s'agit pas ici de construire un monument plus durable que l'airain, mais tout bonnement de montrer l'intérêt considérable qu'il peut y avoir à connaître les armées étrangères dans leur passé, dans leurs transformations successives, dans leur état actuel. Qu'importe si certains détails de leur constitution sont laissés dans l'ombre, pourvu que leurs mœurs, dans ce qu'elles ont de particulier et de notable, nous soient présentées avec netteté.

Le guide que nous choisirons mérite confiance. C'est un officier français, un maréchal de camp, donc un idoine. Il avait l'esprit curieux; et un louable sentiment patriotique le poussa, l'année même où devait mourir Frédéric, à aller voir de ses yeux, afin de la comparer à notre propre armée, celle que ce grand organisateur avait sinon créée, du moins portée à un état de perfection incomparable. Notre homme est arrivé à un bon moment, et c'est un témoin sûr, averti, compétent. Cherchant à s'instruire, il nous instruira; en regardant, il nous fera voir. Suivons-le donc.

L'ARMÉE DU GRAND FRÉDÉRIC

I

C'est en 1786 que le marquis de Toulongeon fit en Allemagne le voyage dont il nous a conservé le récit. Son but, en l'entreprenant, était de voir l'armée prussienne et d'en étudier de près l'organisation et les manœuvres. « J'eus un vray plaisir, dit-il, en trouvant, » à Mitelwald, le premier corps de ces fameuses » troupes prussiennes que je venais chercher de si » loin. » A-t-il reçu, à cet effet, une mission du Gouvernement français? Les recherches faites tant aux archives du Ministère de la Guerre que dans les documents des Affaires étrangères n'ont fait découvrir aucune trace de cette mission. On sait seulement qu'à cette époque plusieurs officiers supérieurs, choisis parmi les plus intelligents et les plus au courant des choses militaires, furent envoyés en Prusse, officieusement plutôt qu'officiellement, pour suivre les manœuvres qui devaient avoir lieu à Potsdam et près de Magdebourg. Le marquis de Toulongeon parle en plusieurs occasions de ses compagnons de voyage ; il cite, comme en faisant partie, M. de Custine, alors aussi maréchal de camp. Quoi qu'il en soit, le récit de son voyage en Prusse n'est pas un rapport officiel destiné au Ministère de la Guerre. Ce sont les notes d'un touriste.

Ce touriste part de Strasbourg, le 29 mars au matin, et arrive à Dresde le 6 avril, après avoir traversé de petits États dont les armées n'offrent rien d'intéressant. Les troupes de Gotha, par exemple, consistent en quatre bataillons, de 285 hommes chacun, et un régiment de dragons auquel il ne manque que des chevaux !

Les hommes sont très beaux, bien vêtus, bien tenus, mal payés, tous hommes faits et mariés pour la plupart, en un mot troupes de parade comme celles de tous les petits princes qui se ruinent pour en avoir. A la pointe du jour, une armée de tambours et de musiciens a parcouru la ville, ce qui ne m'a paru bon qu'à troubler le repos des citoyens et, qui pis est, celuy des voyageurs fatigués.

En Saxe, il trouve une véritable armée qui imite de son mieux celle de la Prusse. Malheureusement, en se réglant sur elle, ce n'est point par les beaux côtés qu'elle lui ressemble. Elle a la même cadence de pas ; mais son instruction est médiocre. La coiffure des gardes à cheval est la même, mais les chevaux sont moins bons. Il manque un maître, des généraux, des officiers qui soient de la trempe du grand Frédéric et de ses auxiliaires.

J'ay vu que les Saxons ont oublié ou au moins entièrement pardonné aux Prussiens le mal qu'ils leur ont fait pendant la guerre de Sept Ans. La situation géographique de cet Etat, qui le met absolument dans la dépendance prussienne, la crainte qu'on luy a fortement inspirée des projets ambitieux de l'empereur, sont les causes du lien étroit qui unit actuellement ces deux puissances et que la nécessité doit rendre indissoluble.

Il a encore occasion de revenir sur la même idée en étudiant le terrain sur son itinéraire :

Je suis parti de Dresden le 12, à midi, et arrivé à Berlin le 14, à deux heures du matin, ayant passé tout le temps dans ma voiture. J'ay donc été trente-huit heures pour faire quarante lieues dans les sables où l'on ne va qu'au pas. De Dresden à Berlin, c'est une plaine déserte, sablonneuse, couverte de forêts de pins et de bouleaux qui ont absolument l'aspect de saules pleureurs. On ne rencontre point d'eau courante ; beaucoup d'étangs ; peu de villages, qui semblent très pauvres. La terre suffit à peine à la nourriture de ses rares habitants; point de pâturages. L'état des chevaux, des bestiaux, des habitations, tout indique la misère du pays ; toutes les productions languissent et ne font que végéter sur ce sol malheureux. Toute la Marche de Brandebourg est un sol semblable ; mais toutes les autres possessions du roy sont, en revanche, favorisées de la nature. En venant de Dresden, on n'entre en Prusse qu'à la dernière station : c'est la petite ville de Mitelvald, éloignée de Berlin de huit lieues. On voit par cette légère distance et par le manque total de rivières, de montagnes, de défilés, de forteresses, en un mot de tout ce qui peut défendre l'entrée d'un pays, à quel point la Saxe est ouverte aux Prussiens, et si la saine politique des Saxons ne leur fait pas la loi d'une liaison indissoluble avec de pareils voisins.

Notre voyageur emploie le jour de son arrivée à se reconnaître, à regarder autour de lui et — qui le croirait ? — à admirer. Ce Parisien s'extasie devant Berlin. Il annonce que cette capitale est destinée à devenir une ville des plus belles. Le roi y accumule de véritables monuments. Pour certains d'entre eux, il a donné lui-même les dessins, qui ne sont pas toujours du choix le plus heureux. D'autres ont été bâtis d'après les bons modèles de Rome. Le roi guerrier a su honorer la mémoire de ses grands généraux en leur élevant des statues, dont quelques-unes remarquables.

En revanche, il n'a pour ainsi dire rien fait pour ses vieux serviteurs. Il ne leur a pas construit un hôtel comme le fastueux palais que Louis XIV a édifié pour ses invalides. Ceux de l'armée prussienne sont logés hors ville, dans une vilaine maison, mal tenue, puante. C'est là que « vivent 600 malheureux qui meurent de faim ». Un fait caractéristique, soit dit en passant, c'est que le colonel qui commande cet établissement se fait donner un ducat par chaque visiteur. On voit quel est le sort de soldats devenus hors d'état de servir par l'effet de l'âge, des infirmités ou des blessures. Encore sont-ils bien peu nombreux, ceux qui sont admis dans ce refuge ; les autres reçoivent simplement une autorisation de mendier.

Après Berlin, le marquis de Toulongeon visite Potsdam. Cette ville a été rebâtie à peu près en entier ainsi que celle de Berlin et dans le même goût ; mais ses beaux bâtiments ne sont occupés que par des soldats. Cette résidence fait l'effet d'une vaste citadelle, sans aucune fortification toutefois.

Après avoir fait connaissance avec les lieux, il faut étudier les hommes. Voici le jugement que l'officier français porte sur ceux qu'il a pu apprécier :

On a beaucoup blâmé le roi de n'avoir sçu ou voulu se faire aucun ami parmi ceux de ses sujets qui l'approchent.

A les juger d'après ce que j'ay vu, je n'en suis pas surpris. Des politiques, des guerriers, des administrateurs occupés, instruits uniquement de la partie confiée à leurs soins, n'ayant d'ailleurs aucunes connaissances agréables, ne pouvoient amuser le roy et délasser son esprit des travaux pénibles qui le fatiguoient journellement. J'ai trouvé à Berlin des testes bien faites, parfaitement meublées de ce qui doit les remplir, mais rien de l'esprit qui plaît par la grâce et le piquant. Je n'ay pas recueilly un trait spirituel, ingénieux ou brillant. Tout cela pouvait-il procurer au roy les agréments de la société dont son esprit sentoit le besoin plus peut-être que son cœur? Il était luy-mesme plus grand politique, guerrier, administrateur que ceux qui l'entouroient et qu'il avoit formés. Quoy donc à recueillir de leur entretien habituel? Que dire d'arts, de sciences, de littérature étrangère à gens qui ne sçavent que l'allemand? Quel jeu à donner à un esprit vif, brillant, plein du tact le plus fin, avec des gens dont l'esprit n'est que profond et toujours réfléchi? Je demandois à M. de Pritwitz: « De quoy causez-» vous avec le roy, quand vous passez chaque année un » mois de suite avec luy à Sans-Souci? — J'ai lu et étudié, » m'a-t-il dit, tout ce qui a été escrit en allemand sur le » militaire; j'ay appris à lire le françois pour connaître tous » vos ouvrages en ce genre qui sont les meilleurs qui ayent » été faits. Je ne parle pas au roy d'autre chose, parce que » je ne sçais que cela. Je n'ay pas besoin de plus d'érudi-» tion: je suis lieutenant-général de cavalerie ». Un ministre eût appliqué la mesme réponse aux affaires de son département. J'ay trouvé à toutes les personnes en place beaucoup de capacité; aussi le roy les considère infiniment et en tire les plus grands services. Mais je ne suis point surpris qu'il ayt toujours fort accueilly les étrangers, surtout les François, chez qui se trouvent réunis l'instruction et un genre d'esprit analogue à celui du roy.

Frédéric ne reçut pourtant pas le marquis de Toulongeon. Il était alors très souffrant et ne voyait personne. L'une de ses jambes, par suite de l'enflure produite par l'hydropisie, était en suppuration. Il ne pouvait s'en servir et ne sortait pas. Mais il se faisait porter, dans un fauteuil, sur un balcon, pour y prendre l'air, circonstance dont le voyageur profita avec empressement pour le voir sans être vu. Il trouva moyen d'entrer dans le jardin, se cacha derrière une palissade de charmilles et attendit ainsi, le cœur lui battant bien fort, que l'apparition du héros se produisît. Elle dura cinq minutes seulement. Mis en goût par ce premier succès, notre homme voulut recommencer le lendemain ; mais un de ses compagnons fit un léger bruit qu'entendit un petit chien couché sur les genoux du roi. L'animal se mit à aboyer ; Frédéric appela ses gens avec colère, disant que, malgré ses ordres, on avait certainement laissé approcher quelqu'un, et il se fit aussitôt remporter.

Après le roi, ce sont ses généraux qui attirent l'attention des officiers français, et en première ligne le maréchal de Möllendorf, qui a l'oreille du maître ; aimable homme, très simple, très accueillant, chez lequel on dîne fort bien. Car on a tort de croire que les Prussiens soient d'une extrême frugalité ; à cet égard, rien n'est prescrit ni même de tradition : chacun vit selon ses goûts et sa fortune.

A Berlin, les ministres du roi, les gens de qualité aussi bien que les hauts dignitaires de l'armée ont un magnifique train de maison. On reçoit beaucoup ; les appartements, étant très vastes, s'y prêtent. A la vérité (et c'est ce qui peut expliquer ce qu'on dit de la frugalité prussienne), on prétend que, dans leur particulier, les jours où ces personnages ne reçoivent pas, ils vivent d'une manière tout à fait sommaire. Mais qu'importe au public, remarque gaîment le narrateur, puisque ces jours-là on est invité ailleurs où on fait bombance ?

La réputation de tempérance de cette nation peut aussi provenir d'une affectation à imiter la conduite du roi, qui fait servir sa table avec une simplicité exagérée à dessein : il affecte de manger du pain de munition ; son équipage de bouche est réduit au strict minimum (trois personnes) ; il commande lui-même ses repas, composés d'un petit nombre de plats, dont chacun parcimonieusement mesuré. Il se vante d'inspirer ainsi un sentiment de respectueuse pitié dans le peuple. Ce n'est assurément point par indifférence qu'il agit ainsi, car il est fort gourmand et amateur de bonne chère, ni par ladrerie, car sans doute c'est lui qui exige qu'on déploie le plus de luxe possible pour recevoir les étrangers de passage dans son royaume et qui fait, directement ou indirectement, les frais des repas où M. de Möllendorf réunit journellement une trentaine d'officiers.

Les relations de ce général avec ses inférieurs sont de vrais rapports de camaraderie. Le marquis de Toulongeon s'attendait à trouver, au contraire, des chefs très raides, pleins de morgue, en face de subordonnés plats et obséquieux. Assurément bien des gens se représentent actuellement encore les choses de la sorte. Et pourtant, aujourd'hui comme il y a cent ans, on constate entre les officiers de tous grades « un ton d'amitié et de familiarité qui fait vrayment plaisir. Il est vrai que, dès qu'il est question de service, chacun prend sa place et n'est pas tenté d'en sortir ».

La règle de l'avancement à l'ancienneté, qui était alors et qui est encore en vigueur dans l'armée prussienne, contribue pour une bonne part à donner de l'indépendance et à créer des relations dignes. Appelant la faveur, le choix offre des occasions, des tentations d'obséquiosité ; mais, quand on est sûr d'arriver, — à moins de démérite reconnu ou de faute grave, — quand on est inamovible, on se sent une liberté d'allures qui donne de la respectabilité au caractère : nulle tendance à la bassesse chez ceux qui veulent parvenir ; aucun dénigrement envieux chez ceux qui n'ont pas pu parvenir.

A côté de la valeur morale, constatons la valeur physique des officiers prussiens. En 1786, ils ne connaissaient pas ce que nous appelons la limite d'âge. Ils ne la connaissent d'ailleurs pas davantage aujourd'hui. Et pourtant que de vieux généraux encore vigoureux on rencontre parmi eux! D'aucuns s'imaginent trouver là encore l'indice de qualités particulières à la race allemande. Elle seule, d'après eux, serait capable de produire ces vieillards énergiques, qui semblent avoir l'âme chevillée au corps et portent si vaillamment le poids des années. Ce n'est pourtant que le simple effet d'une sélection naturelle produite par les mœurs militaires de la Prusse et par l'existence que ces mœurs imposent aux officiers, existence des plus rudes, des plus pénibles ; même dans les grades élevés, elle expose ceux qui la mènent à des fatigues, à des privations de toutes sortes, auxquelles nul ne peut se soustraire.

Dans une armée où, d'après le colonel Kaulbars[1], un général se couvrirait de ridicule s'il prenait le chemin de fer pour aller de Berlin à Spandau (18 kilomètres) pour assister — même en spectateur — à une manœuvre, et revenir chez lui dans la même journée, il ne peut guère exister de généraux incapables de faire une quarantaine de kilomètres à cheval.

Le marquis de Toulongeon écrivait déjà :

Le plus grand luxe des généraux et officiers prussiens se porte sur leurs chevaux et leurs équipements ; ils y mettent beaucoup d'argent. Dans le temps des rassemblements, à Berlin et Potsdam, ils passent la journée à cheval

1. Cet officier a publié sur l'armée allemande, en 1876, un rapport qui fait autorité et auquel de nombreux emprunts seront faits par la suite.

à se promener dans les rues et les promenades publiques ; ils y prennent autant de plaisir que nos jeunes gens dans une voiture arrivant de Londres. Ce goust paraîtra sans doute bien plus louable.

A ces manœuvres, tous les généraux campaient avec leurs régiments respectifs, absolument comme à la guerre. Seul, le roi devait loger dans une maison, — une mauvaise maison, à la vérité, — d'un village voisin de Magdebourg ; mais il ne vint pas, on sait pourquoi.

Le 28 mai, le marquis de Toulongeon quittait Magdebourg ; il était de retour en France, le 4 juin.

II

Quelle opinion rapportait-il de cette armée prussienne qu'il avait tenu à aller voir par lui-même, tant en était grand le prestige ? Etait-elle bien ce qu'il pensait ? Quels enseignements avait-il trouvés en elle ?

Beaucoup de gens, dit-il (car ce sont des passages de ses notes que nous reproduisons ici presque textuellement), se sont convaincus par leurs yeux de la perfection avec laquelle manœuvre l'armée prussienne, et tous ceux qui les croient sur parole ont raison. En effet, on y voit des colonnes de 15.000 hommes d'infanterie marcher par front de peloton l'espace d'une heure de temps en observant si fidèlement les distances que, par un « à gauche en bataille », la ligne se trouve formée juste entre les points donnés, les bataillons ayant entre eux les intervalles prescrits : ni plus, ni moins.

A la vérité, on peut aussi voir de nos bataillons français bien marcher avec nos principes ; mais ils sont de 300 hommes. Les bataillons prussiens sont de mille, et on en fait manœuvrer jusqu'à vingt-huit ensemble.

Ce qui paraîtra incroyable, c'est que la marche en bataille dans la cavalerie s'effectue avec encore plus d'ensemble, avec moins de flottement et d'irrégularité que dans l'infanterie, et aussi plus parallèlement, plus droit sur la direction. Chacun sait, cependant, si l'infanterie prussienne marche bien. Des lignes de trente escadrons, sans aucun intervalle, marchent au pas, au trot, au galop, et chargent sans crever en avant, sans s'ouvrir, sans dévier à droite ni à gauche.

Cette exactitude n'est pourtant pas le résultat d'une rectitude automatique des mouvements. Ainsi en Prusse les alignements ne sont pas recherchés, comme chez nous, avec une précision minutieuse ; on ne fatigue pas le soldat de cette inutilité. C'est en exigeant une obéissance intelligente, et non simplement machinale, qu'on obtient cette rigueur étonnante dans les manœuvres ; c'est en apprenant à réparer les fautes au lieu d'éviter d'en faire, ce qui est impossible. Si, dans la marche en bataille de l'infanterie, il y a quelques intervalles perdus ou augmentés, c'est de si peu de chose que l'erreur est sur-le-champ corrigée par les chefs du bataillon avec une facilité et une adresse extrêmes.

Les détails d'exécution sont moins soignés qu'en France ; mais l'ensemble est parfait. Si les rangs ne marchent pas toujours avec cette certitude exigée ailleurs, on voit, dès que le mouvement (quel qu'il soit) est fini, l'ordre le plus parfait rétabli sur-le-champ, avant qu'on ait eu le temps de s'apercevoir qu'il avait besoin de l'être.

Un général de cavalerie commande trente escadrons à demi-voix, quel que soit l'endroit où il se trouve. Pourvu qu'il soit entendu de ses plus proches voisins, chacun dans le reste de la ligne exécute par imitation.

N'est-ce pas là l'image de ce qui peut se passer à la guerre? Dans le tumulte des armes, quel homme peut être entendu d'une ligne de cavalerie? Est-il question d'un changement du front, le général le fait dire le long de la ligne. Aussi règne-t-il là un silence aussi admirable que nécessaire. Et il faut voir avec quelle attention les capitaines prussiens écoutent et regardent le général, puis exécutent. Ils semblent l'avoir deviné avant de l'avoir entendu.

Les erreurs sont par conséquent aisément redressées. Assurément il peut se faire que des portions d'une ligne de vingt-cinq escadrons ne s'ébranlent pas toutes en même temps à la sonnerie des trompettes. On peut en voir d'autres qui, par méprise, s'arrêtent trop tôt à la fin de la charge, avant le commandement : « Halte ! » qu'elles croyaient avoir entendu. Eh bien ! ces imperfections, peut-être inévitables dans les lignes considérables et surtout à la guerre, elles sont réparées avec une adresse, une promptitude, qui à peine laissent le temps de les remarquer aux yeux les plus accoutumés aux manœuvres de cavalerie. C'est à la guerre surtout qu'on sentirait l'avantage inestimable d'une cavalerie qui est autant dans la main d'un général. Les cavaliers attentifs entendent les regards, les gestes de leurs officiers, et obéissent.

Il y a loin de là à l'obéissance purement passive.

L'instruction du soldat vient de celle des officiers et bas-officiers, du soin et de l'amour-propre qu'ils y mettent. Les uns et les autres sont toujours au corps : point de semestres, peu de congés. A moins qu'on ne l'ait vu, on ne peut se faire une juste idée de leurs soins, de leur savoir, de leur vigilance. Les divisions de l'armée prussienne sont de grands troupeaux dont les officiers sont les bergers, dont les bas-officiers sont les chiens, qui regardent et courent sans relâche.

Leur tâche est d'ailleurs facilitée par la simplicité des manœuvres ; car, là où nous avons trois ou quatre procédés pour exécuter un mouvement, ils n'en emploient qu'un seul, toujours le même. Ils ont pour principe de ne pas remplir un même objet par des moyens différents, y eût-il même quelque avantage à en retirer en certaines circonstances. « Par tel moyen, pense le roi, je puis promptement obtenir le résultat que je veux : c'en est assez. » Et il s'attache à ne pas surcharger la tête des officiers de tout ce dont on peut absolument se passer. Chez eux tout est simple et suffit à tout ce qui est nécessaire à la guerre.

Assurément nous avons de bonnes manœuvres qu'ils n'ont pas ; assurément notre ordonnance est bien plus mathématique que la leur ; mais l'armée prussienne a l'avantage d'exécuter beaucoup mieux que nous et beaucoup plus utilement pour la guerre ; elle fait des choses étonnantes et applique bien des principes même médiocres.

Le petit nombre des manœuvres permet à chacun de les bien connaître ; il n'y a pas d'incertitudes dans leur application. Aussi le plan général d'une bataille est-il le sujet d'un ordre contenu en six lignes : « Telle armée » prendra tel poste et sera attaquée ; l'autre, tel autre » poste, et attaquera. Cette armée sera battue et se reti- » rera sur tel point. » Voilà à peu près tout l'ordre d'une journée, pendant les grandes manœuvres. Tous les détails sont laissés à la disposition des généraux, qui sont libres de profiter des avantages que leur peuvent procurer les fautes de leurs adversaires. Les mêmes principes sont observés pendant la guerre : la même initiative y est laissée aux officiers. En faut-il d'autre preuve que l'ordre laconique donné par le roi de Prusse pour la bataille de Kolin ? Le voici : « Demain » on battra M. de Dawn à Kolin ; après-demain on » marchera sur Vienne. »

Une aussi grande indépendance est sans inconvénients dans une armée où tous les officiers sont avant tout soucieux de bien faire leur service et où les soldats n'y apportent aucune répugnance.

Pour les deux tiers environ, ces soldats sont des mercenaires étrangers maintenus au corps d'une façon permanente. L'autre tiers se compose de nationaux qu'on ne retient sous les drapeaux que six semaines de l'année; le reste du temps, ils sont chez eux à travailler la terre. Etant de tranquilles citoyens pendant dix mois et demi, ils acceptent sans déplaisir d'être soldats pendant six semaines. Le travail des champs, le bon air qu'ils y respirent, la liberté dont ils y jouissent, en font des hommes bien constitués, propres à soutenir de grandes fatigues. Le libertinage des villes ne corrompt pas leur santé et ne détruit pas leurs forces.

Qu'on n'aille pas dire que le travail des campagnes ou celui des villes déforme le soldat, lui procure une mauvaise tenue, amène l'indiscipline et l'ignorance. Rien de plus robuste, de mieux sous les armes, de plus discipliné, de mieux tenu, de plus instruit que le soldat prussien. Et cependant il travaille toute l'année, même dans les villes, pendant le temps des rassemblements.

Le mercenaire étranger, lui aussi, s'occupe. Du moment où l'exercice du matin est fini, il a tout son temps à lui. Il faut bien qu'il l'emploie à exercer quelque profession pour se procurer un bien-être qui lui manquerait sans cela, et pour être mieux traité de son capitaine, à qui son travail devient profitable. Il résulte de là que l'oisiveté ne le corrompt pas, que le travail le préserve de mille fautes qui seraient punies avec rigueur, et que, étant sans cesse occupé utilement, il pense nécessairement moins au malheur d'avoir perdu sa liberté. Quant au roi, il y trouve l'avantage d'avoir des soldats qui, loin d'être épuisés par toute espèce de débauches, sont maintenus dans toute la force de leur corps ; à la fin de chaque journée, chaque soldat, fatigué de son travail, ne songe qu'à se reposer pour le lendemain. Le vin ne le tente pas, ni aucun autre plaisir ; toutes les maladies sont rares dans cette armée.

Et voici la conclusion du marquis de Toulongeon (dont je répète que je n'ai fait ici que reproduire les observations, en les ordonnant et en les condensant) :

En résumé, constituons nostre infanterie en meilleurs soldats en lui donnant des milices. Attachons nos officiers à leurs fonctions en faisant un bon traitement aux capitaines et en les tenant tous à leurs drapeaux. Simplifions à quelques égards nostre ordonnance de manœuvre, en la dégageant de quelques superfluités qui ne servent qu'à brouiller les idées, et elle vaudra mieux que celle des Prussiens. Surtout ne marchons plus qu'un mesme pas, ayons la teste directe pour marcher toujours droit où l'on a dessein d'aller. Oublions la recherche puérile, minutieuse et inutile des alignements individuels. Ayons des garnisons le plus stables qu'il sera possible, permanentes s'il se peut. Mettons les officiers généraux à portée de s'instruire dans un métier qui exige une pratique journalière... Alors nostre infanterie vaudra mieux que celle des Prussiens : elle sera nationale, la leur ne l'est pas ; nos officiers sont aussi braves que les leurs et sont plus intelligents. L'armée prussienne convient que nous pouvons avoir de grands avantages sur elle. Cette nation estime la nostre ; elle est persuadée que nous n'avons qu'à vouloir.

III

Oui, nous n'avons qu'à vouloir. Oui, notre armée est bonne. Oui, l'Allemagne convient qu'elle peut avoir à la redouter. Il n'y a presque pas un mot à changer aujourd'hui à ces énergiques affirmations du marquis de Toulongeon, bien qu'elles datent de 1876. Il est toutefois singulier d'avoir à constater qu'il a fallu un siècle pour en venir à certaines des mesures qu'il recommande, à l'introduction des réservistes dans l'armée, à l'augmentation de la solde des capitaines, à la simplification des manœuvres, à ce qu'on a appelé l'*ordre dans le désordre*, etc. Encore, si on a fini par obtenir la stabilité des garnisons, n'a-t-on pas obtenu leur permanence : celle-ci ne s'imposera que du jour où sera adopté le recrutement régional.

Pour être à ce point novateur, le marquis de Toulongeon n'était pas un révolutionnaire, ni ce que notre langage actuel nommerait un radical. L'insuccès des réformes trop brusques et trop violentes du comte de Saint-Germain l'avait éclairé sur les inconvénients d'une telle façon de procéder. Il avait compris qu'il faut agir avec prudence et modération. En plusieurs endroits, il se défend de proposer des moyens forcés et de réclamer la refonte générale de ce qu'il croit être des abus.

L'architecte le plus accrédité, dit-il, n'oseroit quelquefois détruire un vieux monument dont les fondements sont solides, et qui d'ailleurs semble respectable par son antiquité mesme, et vers lequel le public est accoutumé de diriger ses yeux et ses pas; il peut, en le réparant sagement, l'embellir, lui donner une nouvelle solidité presque égale à celle d'un monument nouveau, et mériter une grande reconnaissance. Telle est, je crois, dans les circonstances présentes, la seule manière dont un ministre prudent et éclairé et prévoyant peut traiter le militaire de France, s'il prétend arriver à une fin heureuse et aussi bonne qu'il est permis de le penser...

Il renouvelle cette théorie dans l'exposé des motifs

d'un projet de réorganisation de l'armée qu'il proposa plus tard à ses collègues de l'Assemblée nationale :

La constitution militaire que j'ay proposée, dit-il, diffère absolument de celle qui existe aujourd'hui, si ce n'est dans la formation des différents corps de troupe qui composent l'armée. J'ay cru la devoir respecter à très peu de chose près. J'ai pensé que l'avantage d'atteindre sur cet objet un degré de perfection peut-être possible n'estoit pas en comparaison avec l'inconvénient extrême de renouveler ces bouleversements dont l'armée est fatiguée depuis la paix, et qui ont produit un dégoût et un mécontentement général.

Qui ne se souvient du sentiment de satisfaction que la presse militaire montra quand un de nos ministres de la Guerre demanda, lui aussi, que la marche des améliorations fût progressive ? Voici les propres paroles du général Campenon :

A la place de la machine militaire telle qu'elle fonctionne aujourd'hui, il est permis d'en concevoir une autre, construite à nouveau de toutes pièces. Mais j'estime que la solution du problème est plutôt la suivante : passer, sans à-coup et sans interruption, de la machine que l'on possède à la même machine perfectionnée et indéfiniment perfectible.

Je crois que cette méthode est celle qui réunit toutes les conditions de sécurité, de solidité et de réalisation pratique.

S'il ne veut pas d'à-coup, le marquis de Toulongeon ne veut pas non plus d'interruption. Qu'on ne se laisse pas arrêter, dit-il, par la crainte de déplaire à quelques-uns :

Dans quel ordre de la société peut-on faire des changements sans qu'il y ayt des mécontents ? Mais si le nombre de ceux qui en sont satisfaits l'emporte, c'est tout ce que peut désirer l'administrateur le plus délicat. D'ailleurs ces changements proposés sont-ils nécessaires dans la situation où se trouve nostre armée? Voilà le point de la question. Si on le pense, tout est dit; rien ne doit plus arrester... Il faut faire grande attention que *nostre armée, après avoir été longtemps la première de l'Europe, n'est plus aujourduy que la troisième.*

Faut-il donc chercher la perfection et l'obtiendra-t-on en copiant servilement la constitution militaire de la Prusse? Non : si nous pouvons obtenir, par quelques réformes partielles, une organisation qui puisse nous convenir, sachons nous en contenter.

Il faut faire le bien quand on ne peut pas faire le mieux. Chaque pays, chaque régime. On ne peut avoir en France qu'une armée française. On ne change pas les mœurs d'un pays avec les plus belles ordonnances; il faut se contenter d'en tirer le meilleur parti qu'il est possible. Pour faire une constitution complète dans notre organisation militaire et la rendre parfaite, ce ne seroit pas trop du roy luy-mesme. Mais un ministre peut l'améliorer beaucoup.

Nous n'avons pas craint de multiplier ces citations qui, au bout d'un siècle, nous paraissent encore, pour la plupart, applicables à l'état actuel des choses militaires. Il n'était pas sans intérêt de connaître, par un témoin oculaire digne de foi, ce que valait cette armée prussienne tant vantée, si digne d'attirer l'attention des Français, et qui, par tant de côtés, est restée semblable à elle-même, grâce à son profond respect pour la tradition, grâce à la fixité de ses principes, grâce à l'identité de ses mœurs.

DÉCADENCE ET RÉGÉNÉRATION DE L'ARMÉE PRUSSIENNE

Nous venons de voir ce qu'était l'armée de Frédéric II. Nous ne tarderons pas à voir ce qu'est l'armée de Guillaume II, et nous constaterons des analogies frappantes à côté de dissemblances considérables.

Chez le souverain tout d'abord, qui, pourtant, diffère à tant d'égards de son illustre devancier, et par ses allures déconcertantes, et par le goût qu'il manifeste pour un certain cabotinage, ne retrouvons-nous pas la même conscience à faire son métier de roi, une activité égale, une application aussi passionnée à tout ce qui concerne l'armée, un pareil mélange d'esprit révolutionnaire et de respect de la tradition, le même goût de la paix joint au même soin attentif pour les choses de la guerre?

Chez les officiers (dont l'avancement n'a pas cessé d'être réglé par le rang d'ancienneté), l'ardeur au travail ne s'est guère ralentie, malgré les lauriers recueillis. Ce sont toujours les mêmes « têtes bien faites, parfaitement meublées de ce qui doit les remplir », dont parlait M. de Pritwitz, sans « rien de l'esprit qui plaît par la grâce et le piquant ». Comme M. de Möllendorf, les généraux allemands, très accueillants pour leurs subordonnés, sont des hommes du monde d'une correction parfaite. Pas plus tard que l'année dernière, une dame anglaise habitant une villa sur les bords de la Baltique et qui avait eu à y loger des officiers, au cours des manœuvres, donnait en ces termes son impression sur leur compte[1] :

1. *Un Eté solitaire*, Londres, Macmillan, 1899.

Le général, invariablement délicieux, qui doit à son intelligence d'avoir traversé sain et sauf les périls annuels de l'élimination, est aussi distingué de tournure et de manières que de talent, et il a le souverain mérite de se plaire manifestement dans la société des dames. Au-dessous du colonel, aucun officier ne m'intéresse. Plus vous descendez l'échelle, plus ils sont nombreux, et plus il est difficile de discerner, dans le tas, ceux qui promettent. Mais, une fois passé le grade de commandant, la foule est bien éclaircie par les épurations successives, et *les officiers supérieurs sont vraiment la fleur des pois de la gent masculine allemande.*

Quant aux autres, le lieutenant est un bel être brillant, qui n'admire rien autant que lui-même ; le capitaine est le plus souvent fraîchement marié, ayant atteint le degré où il lui est possible de prendre femme, et, absorbé par son amour, il n'est plus d'aucune ressource pour la société ; enfin le commandant est un homme dont la famille s'accroît chaque année, la dépense aussi, par conséquent, et qui, étant donné l'insuffisance de sa solde, est perpétuellement hanté par la crainte d'être mis à la retraite et de voir ainsi sa carrière brusquement brisée, à un âge où il est difficile d'en recommencer une et de rompre avec ses habitudes.

Physiquement, les officiers n'ont pas changé depuis un siècle. Voyez-les dans les rues de Berlin, la tête haute, la stature et la carrure puissantes, pénétrés des pieds à la tête du sentiment de leur importance. Et regardez les soldats qui passent à côté d'eux, se promenant après l'exercice fini. Bien loin qu'ils prennent leurs aises et qu'ils flânent, comme nos troupiers, à une allure libre et dégagée, ils marchent mécaniquement, tout comme s'ils étaient encore à l'exercice, leur talon faisant sonner sur le sol le classique *klipp-klapp*.

Les jambes de chaque soldat sont comme le pendule d'une horloge qui fait toujours le même mouvement,

écrivait-on déjà en 1786. Ils y sont tellement habitués que c'est chez eux comme une force supérieure qui les fait mouvoir toujours dans le même espace de temps... Voyez-vous marcher trois ou quatre soldats ensemble dans la rue, c'est la même cadence... On n'apprend aux hommes qu'un seul et unique pas, celui de soixante-quinze à la minute. Ce pas est celui de manœuvre, de route; c'est le pas ordinaire, celui de parade; enfin il est unique. Sa mesure est tellement imprimée dans la tête du soldat, ses jambes en ont une telle habitude, qu'il semble voir aller des balanciers de pendule; à la manœuvre, dans les rues de Berlin, se promenant, traînant ou portant des fardeaux, le soldat marche soixante-quinze pas à la minute.

La vitesse en est actuellement plus grande : voilà la seule différence.

Quant aux chevaux qui passent à côté de vous, ils ne sont pas ferrés, pas plus qu'ils ne l'étaient au XVIIIe siècle; d'ailleurs, ils sont restés tels que les dépeignait le marquis de Toulongeon : en condition, ni gras, ni maigres; non pas grêles, mais entraînés, les muscles saillants, les côtes apparentes. Regardez maintenant ces cavaliers qui vont manœuvrer : leurs effets sont usés jusqu'à la corde, troués ou rapiécés ; on dirait des guenilles ; ce sont les « haillons » dont parlait le marquis. Et la cause de ce délabrement est restée celle-là même qu'il signalait ; le capitaine étant, encore aujourd'hui, chargé de l'habillement de ses hommes, s'en acquitte le plus économiquement possible, en faisant porter au dehors des vêtements d'intérieur.

Presque toutes les particularités qui frappaient les touristes français il y a cent ans subsistent encore à un siècle de distance. L'artillerie est restée l'arme inférieure ; la cavalerie, toujours en possession de ses antiques prérogatives, a gardé toutes les préférences de la nation : c'est elle qui attire l'élite des officiers et la plus grande proportion des volontaires ; l'instruction équestre n'a pas cessé d'être regardée comme étant la difficulté principale de la préparation du soldat et comme exigeant le plus long apprentissage.

La société elle-même a conservé ses traits caractéristiques jusque dans sa vie intime. Le marquis de Toulongeon parlait de la frugalité habituelle des Berlinois, qui pourtant savent recevoir somptueusement à de certains jours. Eh bien, voici ce que nous lisons dans un livre récemment écrit :

En Allemagne, les hommes vivent beaucoup hors de chez eux ; et la plupart préfèrent passer leurs heures de loisir, à l'estaminet, dans un cercle d'amis et en compagnie de l'inévitable chope de bière, plutôt que de rester à la maison au milieu de leur famille. Ennemi de toute espèce de contrainte, l'Allemand s'accorde alors liberté complète. Réfugié derrière une table avec deux ou trois intimes, il y passera des heures, perdu dans quelqu'une de ces interminables discussions philosophiques où véritablement il excelle.

Mais autant il se sent à l'aise en pareil cas, autant il se tient raide et se trouve gêné en présence des femmes, et généralement dans toutes les réunions d'étiquette, réunions qu'il n'aime pas et regarde uniquement comme une sorte de corvée obligatoire qu'une ou deux fois dans l'année la tyrannie de l'usage impose à chaque maître de maison vis-à-vis de ses amis et connaissances. Dans ces circonstances solennelles, en effet, l'amphitryon se croit impérieusement tenu, de par les convenances, d'entourer ses hôtes de toutes les superfluités d'un luxe fastueux, alors que souvent, dans sa vie de tous les jours, il se refuse à lui-même le confort le plus rudimentaire.

Telle est l'identité persistante de l'armée prussienne que les mêmes images se présentent à l'esprit pour caractériser sa physionomie. L'observateur clairvoyant que nous venons de citer la compare à un mécanisme d'horlogerie, en marche depuis longues années, que l'on remonte régulièrement et toujours à la même époque, une fois par an, à l'automne. Suivant les exigences de la saison, la température, etc., on le règle, c'est-à-dire qu'en allongeant ou raccourcissant le pendule, on ralentit ou on accélère la marche, mais sans jamais l'arrêter. L'initiative individuelle est le ressort toujours prêt à donner l'impulsion, impulsion que les inspections générales viennent, comme les coups du balancier, régulariser à intervalles égaux.

Eh bien! le comte d'Andelarre, qui était un des compagnons de voyage du marquis de Toulongeon, emploie presque identiquement les mêmes termes :

Voici, dit-il, la comparaison que je fais de l'armée prussienne à l'armée française : l'une est une horloge dont toutes les roues s'enchâssent parfaitement l'une dans l'autre; la machine va toujours de la même manière et est remontée exactement à la même heure. Celui qui en tient la clef ne s'en sert jamais pour la retarder ni pour l'avancer; il laisse tout dans le même ordre qu'il a formé et monté.

L'autre est une quantité suffisante de rouages bien finis, bien polis, tout prêts à faire une excellente horloge, dont on confie le soin à un horloger, qui ne trouve pas encore les rouages assez parfaits et y retouche sans cesse.

Enfin arrive une occasion où, à grands frais, la machine est montée; elle avance, elle retarde; celui à qui on en a confié la clef avance de même ou recule les aiguilles. Il touche sans cesse au coq. On crie après lui; on dit que c'est sa faute; on prend un autre horloger. Celui-ci rajoute une pièce à une roue, en ôte une à une autre, trouve tel ressort trop faible, tel autre trop fort; il fait de nouvelles dépenses; il change son horloge; enfin la machine va bien!

Pendant quelque temps on n'a plus besoin de savoir l'heure qu'il est, et on démonte l'horloge; on se contente d'en tenir chaque roue propre et bien luisante, et on est persuadé que — dès qu'on voudra les rassembler — cela sera tout aussi bon, cela ira tout aussi juste que l'horloge de son voisin. On reste longtemps sans avoir besoin de savoir l'heure qu'il est ; les horlogers meurent..., et l'on n'a plus que des faiseurs de roues !

Ne croirait-on pas que ces lignes ont été écrites en l'an de grâce où nous sommes, et les reproches qu'elles contiennent à notre adresse ne sont-ils pas toujours aussi fondés, comme aussi les éloges qu'elles renferment pour l'organisation prussienne ?

I

Celle-ci n'a pourtant pas persisté sans vicissitudes. Dire que, depuis Frédéric, il n'y a jamais eu de défaillances dans sa nation, serait aussi faux que d'attribuer toutes les qualités de celle-ci au mouvement d'effervescence qui a suivi la défaite d'Iéna. On s'imagine pourtant assez communément que c'est ce grave désastre qui a introduit en Prusse des idées et des mœurs nouvelles ; que l'armée actuelle date de là ; que les bouleversements survenus depuis la mort du grand roi ont plus ou moins détruit son œuvre ; que toutes les traditions ont été renversées par les réorganisateurs d'après 1807 ; que les éléments de stabilité ont été introduits par eux.

Il serait plus juste, peut-être, de dire que les revers de cette époque ont donné une nouvelle consécration aux principes de Frédéric. On les avait méconnus, et c'est ce qui avait attiré de si dures expiations. Aussi ne fit-on guère alors que revenir aux règles dont on s'était écarté. On reprit la saine habitude de se mettre exclusivement au point de vue des nécessités de la guerre.

Ces nécessités avaient changé sans qu'on s'en fût aperçu, et c'est — chose singulière et trop peu connue — c'est la Révolution française qui avait bouleversé toutes les règles de la tactique. Du jour où la guerre fut devenue nationale, du jour où tous les soldats furent des citoyens armés pour la défense de leurs foyers ou la diffusion de leurs idées, et non plus des mercenaires, les vieilles habitudes de courtoisie qui avaient régi les relations des belligérants, disparurent tout naturellement. Les conventions du code du duel ne peuvent convenir, qu'à une société raffinée. Les peuples sauvages ou à demi civilisés comprennent difficilement qu'il faille tant de formes pour tuer son ennemi. En face des armées instruites du reste de l'Europe, les armées improvisées de la République se trouvaient dans la condition d'un paysan qui, n'ayant jamais manié une épée, mais leste, vigoureux et décidé à défendre sa peau, serait appelé à croiser le fer avec un habitué des salles d'escrime. Il ne s'embarrasserait pas des règles, négligerait les salutations du préambule, et enfoncerait sa lame où il pourrait, sans se soucier des prohibitions traditionnelles et conventionnelles.

Le caractère de la guerre changea donc après 1789. Les Romains et les Sabins avaient remis aux Horaces et aux Curiaces le soin de régler à eux six leur querelle, et ils restèrent sinon indifférents, du moins impassibles, pendant ce tournoi, qui pourtant allait décider de leur avenir. De même, autrefois, les peuples laissaient les souverains et leurs hommes d'armes régler à leur guise leurs affaires; pourvu qu'il ne fût pas sur le chemin des troupes, c'est-à-dire exposé au pillage, le paysan ne s'occupait guère du sort des batailles. Le commerce ne souffrait point des hostilités, parce qu'il ne vivait ni d'exportations ni d'importations. La cour et la ville ne prenaient aux opérations qu'un faible intérêt, un simple intérêt artistique. Aussi, quand un général avait compromis, par son incapacité, ce que nous appellerions aujourd'hui les affaires du pays, on ne se désolait ni ne s'indignait : après Rosbach, on chansonnait Soubise, et tout était dit.

En ce temps, on n'admettait pas, comme à présent, que la guerre suspendît toutes les règles du droit qui ont cours en temps de paix, et l'emploi de la force n'était pratiqué qu'avec des formes bien définies, dont on avait peine à se départir même dans les cas d'absolue nécessité. On voyait mourir de faim des troupes campées au milieu de champs de blé. Un auteur rapporte qu'en 1806 les Prussiens gelèrent, dans la nuit du 11 au 12 octobre, et qu'ils passèrent toute la journée du lendemain sans feu pour faire la soupe, quoiqu'ils fussent bivouaqués à côté d'énormes piles de bois ; on ne se décida à brûler ce bois que quand on vit les soldats agir d'eux mêmes et abattre des arbres dans le voisinage du camp. En ces mêmes jours de détresse, l'avoine pour les chevaux faisait entièrement défaut, et pourtant il y en avait des quantités considérables emmagasinées à l'hôtel de ville d'Iéna. Mais, quoique l'armée française fût proche, les chefs prussiens se crurent obligés d'écrire au préalable à Weimar pour demander à l'administration ducale si on pouvait acheter l'avoine dont on avait besoin. On ne sait quelle fut la réponse, mais ce qu'on sait, c'est que, dans l'intervalle, nos troupes s'emparèrent des approvisionnements ! Les chevaux français s'étaient chargés de fournir, pour ce cas délicat, une solution on ne peut plus pratique. Le commissaire aux vivres du duc de Weimar n'était pourtant pas le premier venu, encore moins un pédant : c'était tout bonnement le conseiller privé et ministre d'Etat de Gœthe, un grand bel homme, nous dit un témoin oculaire, et qui ne se montrait qu'en habit de cour brodé, la petite épée au côté, les cheveux et la queue poudrés : ministre des pieds à la tête et plein de dignité, comme son rang l'exigeait.

Si de telles choses se passaient quand déjà le monde avait assisté à toute une série de campagnes napoléoniennes, il faut bien que cette manière de procéder, devenue traditionnelle, ait été motivée par des raisons pratiques fort solides.

Ces raisons sont faciles à démêler. Le système d'enrôlement qui, avec les contingents provinciaux, forma, jusqu'à la Révolution française, le principal mode de constitution des armées, établissait une sorte de contrat bilatéral entre le soldat et le monarque. Il obligeait celui-là à l'obéissance envers celui-ci ; mais par contre, le roi était tenu de fournir ponctuellement à la recrue la solde, les armes, l'équipement, les vivres. C'est de là que provenait le système si étrange des magasins, qui suffit à lui seul à imprimer un cachet particulier à l'art militaire du XVIIIe siècle. Les mouvements des armées en étaient gênés, confinés qu'ils étaient dans des cercles étroits, maintenus dans la dépendance des magasins et des boulangeries, entravés par un train énorme[1]. Il n'était possible de marcher en avant que pendant un nombre fixe et restreint de journées. A chaque pas fait au delà de cette limite, les mailles du réseau si savamment combiné se défaisaient ; les convois de farine et de pain, minutieusement

1. Chaque régiment traînait avec soi une boulangerie de campagne très complète et un nombre considérable de voitures pour le transport du blé, du pain et des autres provisions de bouche. Les charrois n'employaient pas moins de 12.000 hommes et de 32.000 chevaux. On se fait aisément une idée de l'énorme quantité de fourrage qu'exigeait, à soi seule, la nourriture des attelages affectés au service du train, et, par suite, du nombre considérable des véhicules sur lesquels était chargé ce fourrage, puisqu'on ne se le procurait pas sur place.

organisés entre les magasins et l'armée, cessaient de fonctionner.

Il se produisait pour le moins un temps d'arrêt jusqu'à ce que de nouveaux approvisionnements fussent amenés et de nouveaux magasins établis. De telles sujétions entravaient singulièrement la liberté d'action des généraux en chef. Et si de grands capitaines, tels que Frédéric, ont su à l'occasion ne pas trop s'en laisser embarrasser, la plupart des chefs d'armée étaient liés par elles : le système des magasins était la garantie la plus sûre qu'on eût pour que les armées fussent ponctuellement nourries, et il importait qu'elles le fussent, si on voulait réussir à enrôler des hommes et à maintenir la discipline. Tout soldat représentait un capital que le monarque payait sur les fonds pris dans le Trésor de guerre, c'est-à-dire, selon les idées du temps, avec sa propre caisse. De là une comptabilité pédante d'hommes et d'argent que ne connaît pas le commandement moderne. En outre, une partie de l'armée était composée d'étrangers venus de tous pays. Le sentiment de la nationalité n'était pas encore le lien qui tenait unis tous les éléments de la troupe ; il n'était que fort imparfaitement remplacé par le dévouement au monarque. La force seule permettait d'imposer une certaine discipline. Les troupes étaient, par suite, tenues concentrées avec un soin extrême ; des armées entières marchaient en colonnes serrées, sans dislocation aucune ; les campements étaient méticuleusement organisés, de façon qu'il fût possible d'exercer une surveillance sévère et d'empêcher les désertions, c'est-à-dire la dislocation d'une masse d'hommes. Voilà pourquoi cette masse, qui avait coûté gros, se mouvait et combattait en bloc sur l'ordre d'un chef unique. La tactique linéaire, qui visait à faire participer tous les hommes à l'action, en les maintenant alignés coude à coude, permettait seule, sur le champ de bataille, la surveillance des officiers sur leurs enrôlés : une nécessité sociale, autant qu'une raison de métier, imposait donc cette tactique.

La Révolution française détruisit tous les préjugés militaires d'alors en en supprimant la cause. C'est d'elle que date l'ère actuelle : elle inaugura de nouveaux principes de guerre, qui sont encore en vigueur et qui continueront à subsister jusqu'à ce qu'un nouveau bouleversement social en introduise d'autres.

D'un seul coup elle fit taire toutes les objections qui s'élevaient lorsqu'il était question de nourrir la guerre par la guerre, de faire vivre l'armée aux dépens du pays sur lequel elle se trouvait et de suspendre l'effet des lois, tant que tonnerait le canon.

La conscription fournit des masses considérables d'hommes, ce qui permit, en cas de besoin, de prodiguer la vie humaine. En même temps, le système moderne d'affaires et de banque facilitait les emprunts et remplaçait les trésors de guerre, si minimes par rapport à l'ensemble du crédit de l'Etat. Celui-ci concourut dès lors aux entreprises guerrières, qui, par là, devinrent plus rapides, le général en chef n'étant plus entravé par le souci de faire fabriquer du pain et de se procurer de la farine. La stratégie et la tactique en reçurent une impulsion nouvelle. La nécessité de vivre aux dépens du pays occupé contraignit les armées à s'étendre suffisamment, à disloquer leurs forces, à rendre leurs fractions plus indépendantes. Comme on avait cessé de craindre la désertion, on ne redouta plus d'éparpiller les troupes, sauf à assurer leur jonction au moment décisif, en couvrant les colonnes par des avant-gardes et par des masses de cavalerie lancées en avant. La ligne de bataille put s'émietter en tirailleurs, ce qui permit d'utiliser pour le mieux les abris que présentait le terrain. La nécessité de toujours surveiller ses soldats inspirait au grand Frédéric les recommandations suivantes, qu'il adressait à ses généraux : « Ne pas camper dans le voisinage d'une forêt; ne pas exécuter des marches de nuit ; en passant dans un bois, flanquer les régiments de patrouilles de hussards ; ne permettre aux hommes de faire du bois ou de chercher du pain que s'ils y vont en troupes ». Les mercenaires du roi de Prusse n'auraient pas consenti, eux, à dormir autrement que sous la tente, et, pour plier et déplier toute cette voilerie, pour la conduire aux endroits où la troupe devait camper, il fallait tout près de 3.500 hommes et de 7.000 chevaux[1]. Combien de telles exigences gênaient la marche des armées ! Non seulement, avec les volontaires de la République, on n'eut plus la constante préoccupation de les retenir au corps, sachant qu'on pouvait compter sur leur fidélité, mais on sentit qu'il était possible de leur imposer les plus dures privations. Et Napoléon n'hésita pas à faire coucher ses grognards sur la dure, à la belle étoile, autour de feux de bivouac (quand il permettait d'en allumer).

Le commandement recouvra ainsi cette simplicité et cette indépendance qu'il avait perdues au XVIIIe siècle, que la vie sociale tout entière avait perdues à ce moment-là, et qui avaient été remplacées par une méthode née de la vanité et d'une certaine indigence intellectuelle. Frédéric le Grand avait montré au monde jusqu'où on pouvait aller avec les moyens restreints dont on disposait à son époque. Au début de la nouvelle période, Napoléon montra jusqu'où pouvait aller la guerre quand rien ne vient la gêner. Nous en sommes restés aux principes qu'il a inaugurés : comme lui, nous considérons qu'il importe avant tout d'anéantir les forces

1. Nous retrouverons, dans l'armée anglaise actuelle, les mêmes nécessités et, par suite, les mêmes embarras.

ennemies ; la bataille est ce qui décide de la guerre.

Naturellement il fallut bien du temps avant qu'on acquît le sentiment de cette profonde transformation des mœurs militaires dont nous venons d'exposer l'origine et l'évolution[1]. L'armée prussienne continua donc à appliquer, plus ou moins judicieusement, les règles posées par Frédéric ; au lieu de donner de l'élasticité et de la souplesse aux formations, on maintint dans toute sa rigueur la tactique linéaire, qui, se prêtant aux mouvements de parade, autant que la tactique dispersée y est rebelle, devait aussi nécessairement dégénérer en formalisme, que l'usage du combat en tirailleurs tend au laisser-aller et à l'à-peu-près.

Cet inconvénient, qui se fit peu sentir tant que le maître garda en mains les rênes du gouvernement et de l'armée, devint de plus en plus grave et visible sous ses épigones. On commença à tracer en cachette et à jalonner subrepticement les directions que devaient suivre les troupes ; on faisait cette opération la veille, quand on connaissait le plan de la manœuvre ; les généraux et leurs aides de camp allaient reconnaître le terrain à l'avance, de façon à ne laisser échapper aucune des facilités qu'ils pouvaient y trouver pour assurer la direction de la marche. Rien ne peut mieux

1. D'après le baron von der Goltz qui, dans son beau livre, *la Nation armée*, les a montrées avec tant de relief et d'une façon si saisissante. On ne peut donc dire que cette métamorphose et sa genèse soient ignorées des gens du métier. Mais le grand public paraît ne pas connaître la question et ne pas se rendre compte du très vif intérêt philosophique qu'elle présente. Aux personnes qui s'y intéresseraient je signale un remarquable article de M. Nathan-Forest sur *La politique militaire de la Prusse après Iéna*, publié dans les *Annales de l'École libre des sciences politiques* (15 septembre 1894). J'y ai fait de nombreux emprunts qu'on trouvera plus loin et qui confirment, par des exemples concrets, les explications de von der Goltz. J'ai mis aussi largement à contribution, ici et plus loin, d'excellentes études qui ont paru dans la *Revue militaire de l'étranger*.

caractériser la tendance de cette époque que l'emploi d'un astrolabe fixé à la carabine du sous-officier porte-fanion. Cet appareil servait à tracer des lignes sur le terrain, avec les bataillons, comme on eût pu faire dans une opération topographique! Naguère encore les Russes ne se proposaient-ils pas, comme critérium du dressage de leurs soldats, de les faire marcher sans qu'une goutte d'eau tombât d'un verre plein placé sur leur shako ?

On apporta à la théorie et à la pratique de la tactique une telle minutie, des précautions si exagérées, que l'application en devint impossible en face de l'ennemi. Tout l'art de la guerre, dénaturé alors en Prusse, et par conséquent ailleurs, ne s'appliquait plus qu'à des bagatelles, à des manœuvres compassées tout à fait inexécutables sur le champ de bataille, à des feux compliqués exécutés par pelotons et bataillons. Les officiers de tous grades en étaient infatués. « L'art militaire, indignement rapetissé, ne fut plus qu'un code de futilités, dont le vide était voilé par un lourd pédantisme, et ce ne fut qu'après de sanglants revers que les études prirent une meilleure direction[1] ».

Les désastres retentissants de 1806 et de 1807 furent, en effet, les conséquences de ce mode d'instruction, qui n'avait plus rien de commun avec une réelle préparation à la guerre. L'armée n'avait pourtant pas manqué d'hommes clairvoyants pour montrer les dangers auxquels on s'exposait en restant engagé dans cette mauvaise voie. Frédéric-Guillaume III fut lui-même du nombre de ceux-ci. On sait d'ailleurs que, s'il fut timide et irrésolu, ce prince ne manquait ni d'intelligence ni de patriotisme.

1. *Traité de l'organisation et de la tactique de l'artillerie*, par le major Grewenitz.

L'homme de chez nous qui a le mieux senti la nécessité de marcher avec le siècle et de refondre la constitution de l'armée prussienne sur les principes de la nouvelle tactique, c'est le roi, dit un panégyriste contemporain qu'on croit être un de Humboldt. Juge excellent et toujours impartial, il ne cessait d'admirer les ressources des armées françaises; il ne méconnaissait pas l'avantage que leur donnait sur la nôtre le peu de besoins des troupes; il admirait l'endurcissement de leurs officiers et les facilités qui en résultent pour vivre et pour se mouvoir. Pénétré de la nécessité d'une réforme, il en avait lui-même étudié les principes. Sans cesse il pressait ses généraux de confiance d'aller de l'avant pour le détail. On lui a toujours répondu que la chose était impossible, et c'est au moment où il allait prouver le contraire que l'heure de la catastrophe a sonné.

Et qu'on ne croie pas si facile le renversement d'une constitution longtemps en honneur. D'abord, chaque réforme blesse à l'infini les intérêts particuliers; et puis, dans les souvenirs glorieux qui font sa force, l'armée confond si aisément ce qu'elle a accompli et ce qu'elle a été, ses victoires et ses formes, les causes et les accessoires, qu'on ne touche pas même sans danger à ses vieilles habitudes. Mais, quand tout périt, il en coûte moins de rebâtir, et le système militaire français s'est élevé sur les ruines de l'Etat. Aujourd'hui Frédéric-Guillaume peut trancher dans le vif; tous les amours-propres sont muets; chacun plie sous le poids du malheur public et de sa propre nullité.

Cette réforme ne consista pas seulement dans la reconstitution de l'armée, mais encore dans l'infusion d'un sang nouveau et de principes vivifiants, non pas uniquement dans cette armée, mais même dans tout le corps social.

II

On croit généralement et on dit que le système militaire prussien a été créé de toutes pièces à la suite des nécessités imposées par la convention du 8 septembre 1808, qui ne permettait à la Prusse d'entretenir que 42.000 hommes sur pied de paix. Ce n'est pas tout à fait exact; car, d'une part, l'ordonnance royale qui a fixé les effectifs est du 6 août 1808, c'est-à-dire antérieure d'un mois à la convention, et, d'autre part, nous l'avons vu, Frédéric avait déjà inauguré les principes actuellement en vigueur; son armée était déjà composée d'un noyau permanent de mercenaires étrangers et, en outre, de nationaux qu'on gardait au corps deux ou trois ans pour les instruire, puis qu'on renvoyait chez eux, sauf à les convoquer annuellement pour des périodes d'exercices.

Quel va être le progrès réclamé dans cette organisation par les vaincus d'Iéna ? Ce sera d'abord la suppression des mercenaires, vagabonds méprisables, dont le recrutement et l'entretien coûtaient fort cher, qu'il fallait surveiller et contenir avec une impitoyable rigueur, et dont la présence dans l'armée avait dépravé ses mœurs et émoussé sa délicatesse. L'écrivain anonyme que nous avons déjà cité s'exprime à cet égard avec beaucoup de netteté :

Ils ne suffisent plus aujourd'hui, les mobiles qui longtemps ont suffi pour diriger la machine. Des lumières nouvelles ont contraint à des procédés nouveaux. Partout on affecte de parler à la raison de l'homme. Mais vous qui, à la veille d'une guerre, en appelez, dans des proclamations oratoires, au patriotisme du soldat, à son intérêt, à son devoir, à ses affections domestiques, le pouvez-vous avec pudeur tant que *cinquante mille bannis* vous entendent, sans que, de toutes ces images, il en soit une seule à leur usage ?

On se plaint donc, après Iéna, précisément des soldats de métier, de ceux qui jamais ne quittaient la caserne, et l'on s'en plaint, parce que l'homme qui ne quitte jamais la caserne n'a plus d'affections domestiques, parce qu'il est privé de la source même du patriotisme, parce qu'il n'est pas mû par les ressorts moraux sans lesquels on ne peut plus être bon soldat.

De ces temps où les grands moyens de discipline étaient le châtiment et la crainte, où l'Etat entretenait des machines pour sa défense, il était resté sur l'état militaire des idées qui tuaient l'honneur. L'exemption du service était un privilège. Dans les villes les plus populeuses et les plus riches, on composait avec le premier devoir du citoyen; l'habitant était dispensé de porter les armes. Dans plusieurs classes, et c'étaient les plus honorées, l'état du père exemptait également les enfants. Ainsi, la patrie repoussait de préférence les défenseurs de qui surtout elle pouvait attendre et la dignité qui tient aux lumières, et le courage que donne la propriété. Ainsi, le citoyen appelé sous les drapeaux s'accoutumait à regarder comme une peine ce qui devait lui donner un rang. Ainsi, la capitale et les grandes villes, dont malheureusement tant de causes favorisent l'accroissement, se peuplaient encore de fugitifs qui venaient ou se dérober eux-mêmes à l'appel de la patrie ou y soustraire au moins leurs enfants.

On condamna donc le soldat de métier, on glorifia le service intermittent, on proclama que les armées les meilleures sont celles qui sont composées de citoyens instruits, à qui le savoir donne le sentiment de l'honneur, et qui, possédant quelque chose, ont la volonté de le défendre. La résurrection de la Prusse s'est faite ainsi : tout en gardant religieusement la forme primitive et traditionnelle, on a éliminé tout ce qui était caduc et corrompu; on a insufflé une âme nouvelle dans le vieux corps devenu inerte, et Lazare est sorti du tombeau. Dans un remarquable travail, auquel nous avons déjà fait de nombreux emprunts, l'intendant

Lahaussois a montré avec quel esprit de sage hardiesse cette réforme fut entreprise. Le premier soin du baron de Stein fut de porter la main sur la bureaucratie, non pour la détruire, — il s'en garda bien, — mais pour faire appel à la conscience des individus, en les soustrayant à la surveillance inquiète et jalouse du Gouvernement, en les délivrant de la suspicion qui abaisse fatalement les caractères. A l'action centrale et unique, toujours lourde et embarrassée, à la tutelle toujours critiquée, sauf si elle est exercée par un homme capable de devenir l'idole de la foule, il préféra l'action collective et locale. Rappelez-vous sa première circulaire, qui est restée justement mémorable :

> Les employés, y est-il dit, doivent cesser d'être des instruments muets et mécaniques entre les mains du prince, des machines à exécuter des ordres, dénués de volonté et de vues propres ; je veux que, désormais, ils fassent les affaires avec indépendance, de leur propre mouvement. *Je les laisserai sans instructions de détail, et je leur défends de consulter l'autorité centrale.* Je frapperai l'incapacité et la pusillanimité ; je récompenserai le courage et l'habileté.

Sur l'armée aussi se répandit comme un nouveau souffle de vie; l'intelligence détrôna enfin la routine, ce qui ne veut pas dire que le progrès y ait marché sans oscillation et que la préparation de la revanche n'ait point passé par des intermittences et des arrêts.

Dès le début, des tiraillements se produisirent, au sein même de la Commission chargée de la réorganisation militaire et que, par esprit de conciliation ou d'incertitude, le roi avait composée d'hommes de progrès et de révolutionnaires. Sur cinq membres, trois étaient partisans du vieux système. Contre eux luttaient Gneisenau et Scharnhorst, infatigables défenseurs des réformes radicales. Etant en minorité, ils ne purent rien obtenir. Près d'une année se passa à piétiner sans avancer; la composition de la Commission fut enfin modifiée et, grâce à l'intervention de Stein, ses travaux aboutirent aux grandes ordonnances qui devaient transformer l'armée. Le 3 août 1808, Frédéric-Guillaume III signa les trois premières.

Ces ordonnances n'étaient pas inconsciemment inspirées par la Révolution française : c'est de propos délibéré c'est avec une parfaite intelligence des idées nouvelles introduites par la Déclaration des droits de l'homme que Stein, Gneisenau, Scharnhorst, établirent les grandes lignes de la réforme, d'après cette idée que l'âme d'une nation est le composé, la résultante des âmes des citoyens. La Révolution avait mis en lumière l'individu : elle l'avait délivré des collectivités oppressives où il vivait en captif et qui l'annihilaient. L'ancien régime disait à chaque Français : « Tu es noble, tu es bourgeois, tu es orfèvre : tu ne dois agir qu'en noble, qu'en bourgeois, qu'en orfèvre ». L'esprit nouveau lui avait dit : « Tu es un homme; agis comme tu dois ». C'était lâcher bride aux mauvais instincts, mais c'était aussi rendre la main aux bons; à la place de l'apathie et de l'indifférence, de la docilité plus ou moins résignée, c'était mettre au cœur de tout citoyen les aiguillons les plus puissants pour les actions héroïques et grandes : l'ambition soutenue par une passion, l'enthousiasme, la conscience du devoir. Gneisenau exprimait son opinion en des termes qui prouvent combien profondément il avait analysé la philosophie des événements : « La Révolution a réveillé toutes les énergies, disait-il, et elle a donné à chacune d'elles la sphère d'activité qui lui convient. Quelles forces inépuisables dorment non développées et inutilisées dans le sein d'une nation ! Des milliers et des milliers d'hommes ont dans leur poitrine un grand génie, dont leur humble situation sociale paralyse les ailes au moment où il voudrait prendre son essor ».

Avec de telles idées, la préoccupation des réformateurs devait être la mise en valeur, jusqu'alors négligée, de l'intelligence du soldat, l'utilisation des forces non développées qui dormaient en lui. Autrefois on ne lui avait demandé que d'être un corps, maintenant on lui demandait d'être un corps avec une âme.

« Nous réorganisons l'armée au point de vue de sa constitution, de son armement, de son instruction, mais surtout au point de vue de son esprit. » Cette affirmation de Scharnhorst ne saurait être trop méditée. Elle établit que les questions d'outillage passent après les questions de principes, que la perfection des règlements importe moins que la noblesse des sentiments. C'est à sa valeur morale que l'armée prussienne a dû ses succès, tant ceux de 1814 que les tout récents. Ses fusils ont pu ne pas valoir ceux de ses adversaires, ses stratèges ont pu être inférieurs aux généraux qui leur étaient opposés, elle n'en a pas moins triomphé, parce qu'on s'y est efforcé de donner essor aux milliers et aux milliers de génies qui habitent les cœurs des hommes. C'est parce qu'il en a vu clairement la nécessité qu'un de Moltke est grand, malgré les fautes qu'il a pu commettre contre les règles de l'art militaire : comme psychologue, il vaut plus que comme tacticien...

Le principe du service obligatoire existait. Mais mille exceptions, mille privilèges, mille injustices en faussaient l'application. Inscrit dans les lois, il n'était donc pas entré dans les mœurs. Loin de là, car l'armée avait une réputation déplorable, et un honnête homme des classes aisées se fût cru déshonoré en endossant l'uniforme. Le grand Frédéric n'avait jamais recherché la moralité et l'intelligence chez le soldat. Il ne voyait en lui qu'une machine. Il incorporait pêle-mêle, dans ses régiments, des étrangers, des forçats, des vagabonds et même ceux de ses ennemis qu'il avait faits prisonniers. Dans une armée ainsi composée, menée à coups de bâton, soumise aux châtiments les plus cruels et les plus révoltants pour un homme d'un peu de cœur, il n'y avait nulle place pour les gens de quelque culture. Aussi le premier devoir de la Commission de réorganisation était-il de réhabiliter l'armée dans l'opinion publique en l'épurant, en élevant son niveau moral, en écartant d'elle tout ce qui la dégradait. Elle y réussit en éliminant de l'armée les mercenaires, en établissant un système pénal plus humain et plus compatible avec la dignité humaine, en réservant le grade d'officier au savoir, à l'intelligence et au zèle, alors qu'auparavant la naissance seule y donnait accès.

Chose singulière : c'est depuis le grand Frédéric que ce privilège du blason était devenu exclusif. L'ami de Voltaire aimait mieux offrir du service à des étrangers nobles qu'à des Prussiens de la bourgeoisie. Cette préférence, quelque peu surprenante de la part du roi-philosophe, s'explique par son caractère d'aristocrate dédaigneux ; par la conviction qu'il avait de ne trouver que dans les hautes classes les qualités chevaleresques nécessaires à celui qui commande ; peut-être aussi par des considérations économiques et politiques, telles que l'obligation de fournir de quoi vivre aux seigneurs besogneux qui fourmillaient en Prusse, tous très fiers de leur rang et dont la plupart auraient croupi dans la misère plutôt que de faire œuvre de leurs doigts en acceptant des occupations qu'ils regardaient comme avilissantes. En défendant ainsi les grades à la roture et en supprimant par là une concurrence qui eût forcé l'aristocratie au travail, Frédéric se trouvait avoir créé une prime à l'ignorance : ses officiers, dont un grand nombre savaient à peine lire, encore moins écrire, se contentaient de produire des parchemins et n'apportaient à l'armée ni instruction ni intelligence. Les nouvelles ordonnances permirent qu'on devînt lieutenant soit après examen soit en passant par des Ecoles de cadets ouvertes à tous les fils d'officiers pauvres, nobles ou non. Une Ecole de guerre fut créée, dont les programmes, inspirés par Scharnhorst, étaient extrêmement libéraux, en ce sens que les professeurs traitaient comme ils l'entendaient les sujets qui leur étaient imposés, et que les élèves avaient, de leur côté, le droit de choisir ceux des cours qu'ils désiraient suivre.

Un des résultats de la disparition du privilège des nobles fut qu'on put forcer les officiers des grades inférieurs à marcher à pied à côté de leurs soldats, tandis qu'avant ils les précédaient à cheval. Mettant le chef en contact avec ses hommes, lui imposant les mêmes fatigues qu'à eux, cette mesure lui donnait l'occasion de les connaître, de les mieux apprécier ; elle créait une intimité d'où devaient résulter une confiance et une sympathie réciproques. En vain les jeunes gentilshommes protestèrent-ils contre l'application de cette règle, encore aggravée par l'obligation pour les officiers non montés de porter le sac. Les réorganisateurs ne se laissèrent pas arrêter. Ils supprimèrent encore quelques abus singuliers qui constituaient des prérogatives des hauts grades, comme le droit d'emporter en campagne des bagages inutiles et des objets de luxe tels que des pianos, de la vaisselle, de la literie, d'emmener plus de chevaux que le nombre nécessaire, de traîner à sa suite famille et domesticité.

Si les protestations et les criailleries des intéressés n'arrivèrent pas à entraver l'œuvre des réformateurs, elle fut arrêtée, en 1809, par la volonté de Napoléon. Mécontent de l'agitation patriotique qu'il constatait en Prusse, l'empereur profita de ce que le paiement de la contribution de guerre était en retard, et il déclara que, pour en finir, il fallait ou bien lui abandonner une partie de la Silésie ou bien faire des économies en réduisant l'armée à 6.000 hommes. Le Gouvernement prussien, terrifié, s'abaissa à mille démarches humiliantes; il ne garda qu'un effectif de 20.000 hommes sous les drapeaux, et il accepta la démission de Scharnhorst, si même il ne la lui demanda.

Parmi les plus notables progrès accomplis par ce grand réformateur, il convient de mentionner la transformation accomplie dans les exercices militaires. Jusqu'alors la principale occupation du soldat avait été de monter la garde et de se préparer à être passé en revue. On ne lui demandait que de la correction dans sa tenue, de la précision dans ses mouvements de parade; on ne s'attachait pas à le préparer à l'œuvre de la guerre. L'artilleur était peu familiarisé avec son canon, et le fantassin, dont le pas était si harmonieusement cadencé, mais qui n'allait pas à la cible, ne savait pas se servir de son fusil. Le soldat ne restant plus que très peu de temps sous les drapeaux, Scharnhorst voulut qu'on se bornât à lui enseigner ce qui était absolument nécessaire pour le service en campagne : on lui apprit donc uniquement à se mouvoir avec aisance, à bien viser et à tirer. Enfin on lui fit exécuter des exercices en terrain varié, qui, n'ayant rien de théâtral, comme les évolutions auxquelles on se complaisait sur les places publiques, se rapprochaient d'aussi près que possible des conditions de la guerre.

Pendant sa captivité, le prince Auguste de Prusse, neveu du grand Frédéric, avait rédigé un mémoire daté de Soissons, 13 juin 1807, dans lequel, entre autres projets qu'il présentait pour améliorer la constitution militaire de la Prusse, il proposait de modifier les règles suivies aux manœuvres. Il critiquait l'habitude de donner les *thèmes* trop longtemps à l'avance et de les rédiger trop en détail, en traçant à chaque bataillon ses mouvements d'une façon invariable, ce qui permettait d'en faire de nombreuses répétitions. La Commission de réorganisation tint grand compte des principes développés dans ce mémoire : ce sont encore ceux qui règlent la matière aujourd'hui.

La situation précaire du Gouvernement ne permit pas tout d'abord de faire les choses en grand. L'Instruction provisoire du 3 juin 1808 ne vise que des manœuvres à petite échelle, mais elle insiste sur le caractère pratique qu'il convient de leur donner. Ainsi on ne devait jamais tirer un coup de fusil sans avoir devant soi un objectif réel ou représenté, afin que les jeunes officiers ainsi que les sous-officiers et les hommes apprissent à tenir compte du terrain, des circonstances, de l'éloignement de l'ennemi, etc. ; on devait s'efforcer de montrer aux troupes l'appui mutuel que les armes se prêtent les unes aux autres, et donner une grande attention à ce point important de l'instruction, très négligé auparavant.

On put bientôt se convaincre en haut lieu qu'un pareil cadre était trop restreint, et, dès 1809, un ordre de cabinet prescrivit des concentrations de brigades (sept bataillons, douze escadrons, seize pièces).

Les manœuvres de la brigade York, conduites entièrement dans l'esprit même des nouvelles Instructions, servirent bientôt de modèle aux autres troupes. Le talent manifesté par le général York avait déjà été reconnu par le roi en personne ; mais, en 1810, à Dirschau, ses dispositions provoquèrent l'admiration des étrangers eux-mêmes, accourus en grand nombre à Dantzig, et qui se composaient principalement d'officiers polonais. Les opérations durèrent du 18 septembre au 9 octobre ; elles commencèrent par deux jours de service d'avant-postes suivis de reconnaissances, d'alarmes, d'embuscades et d'exercices de combat. Le 1er octobre commencèrent les *Feldmanöver* proprement dites, au sens actuel du mot. Des exercices par armes formèrent la clôture de ces travaux aussi fatigants qu'instructifs.

York rendit d'éminents services dans l'instruction de la nouvelle armée, et il devint un des maîtres les plus éminents de celle-ci. Ce n'est point par un grand talent d'organisateur, ni par de géniales conceptions stratégiques qu'il a mérité la reconnaissance de sa patrie d'adoption, mais par l'intelligence, par la fermeté, par l'esprit de suite avec lesquels il a mené à bonne fin la préparation tactique des troupes confiées à ses soins. C'est sous ses ordres que se sont formés nombre de jeunes officiers qui allaient s'illustrer dans la « guerre de délivrance ».

C'est ainsi préparée que la nouvelle armée engagea la lutte avec « l'ennemi héréditaire », et les résultats du travail acharné du temps de paix ne se firent pas longtemps attendre. Officiers et soldats savaient maintenant que l'art de la guerre ne réside pas dans la reproduction de certaines formes, dans l'exécution de certaines évolutions, mais plutôt qu'il présente tous les jours des situations nouvelles, pour lesquelles on peut bien formuler quelques principes généraux, mais pas de règles précises applicables à chaque cas particulier[1].

1. Nous avons vu que l'œuvre de la réorganisation avait été contrariée, en 1809, par les exigences de Napoléon. A plusieurs reprises, on essaya plus ou moins sourdement de la reprendre; mais, à chaque froncement de sourcil de Jupiter, tout le monde tremblait. La dernière humiliation fut le traité du 24 février 1812, par lequel Frédéric-Guillaume III fournissait 20.000 hommes à l'empereur contre la Russie; il laissait l'armée française occuper librement toute la Prusse, y vivre de réquisitions et y faire la police; il lui livrait son artillerie, les munitions de guerre que

Les premières batailles de Lutzen et de Bautzen prouvèrent à Napoléon qu'il n'avait plus devant lui les troupes battues à Iéna ; la retraite sur l'Elbe, exécutée avec ordre et avec lenteur, le força de reconnaitre que s'il avait pu faire échec à l'offensive des Alliés, il ne les avait pas vraiment vaincus. Enfin la Prusse triompha en 1814 et 1815. Car c'est l'armée de ligne, dressée par les manœuvres de 1808 à 1812 qui a formé le noyau autour duquel sont venues se grouper les masses de la nation assoiffées de vengeance.

Mais croirait-on que l'éclat des succès obtenus n'ait

contenaient ses arsenaux. Ah ! combien le cœur des patriotes prussiens, excités par le Tugendbund, devait saigner en voyant les Français se servir de tous ces matériaux péniblement amassés, et amassés contre eux. Mais l'heure de la revanche n'était pas loin. L'hiver survint, le terrible hiver, avec la défection d'York, avec le désastre de la Bérésina, avec la retraite de la Grande Armée. Ces catastrophes provoquèrent un enthousiasme violent des Prussiens pour la « guerre de délivrance ». L'armée fut en peu de temps portée à l'effectif de 120.000 hommes, et elle ne tarda pas à être prête à lutter et à vaincre. On a donc pu dire que Blücher conduisit à Waterloo des soldats improvisés, et que les troupes prussiennes d'alors furent de véritables milices. N'oublions pas, cependant, que si des mesures militaires de la plus grande importance et dont l'efficacité fut considérable ont pu être prises ainsi coup sur coup, c'est que les travaux de Scharnhorst et de Gneisenau les avaient préparées depuis longtemps.

D'ailleurs. comme le dit si bien M. Nathan-Forest, « la réorganisation dont nous venons de parler ne suffirait pas à expliquer » les exploits et la ténacité des troupes de Frédéric-Guillaume III, » si on l'isolait des autres événements qui s'étaient passés à » l'intérieur de la Prusse à la même époque. Les changements » apportés dans l'Administration et le Gouvernement, concomitants des transformations dans l'armée, les rendirent possibles » et y aidèrent. Sans l'édit d'émancipation des serfs, l'égalité » dans l'armée eût été une ironie. De plus, si on veut avoir une » idée complète de ce qui assura le succès des Prussiens dans la » guerre qui se termina à Waterloo, il ne faut pas oublier l'état » d'esprit dans lequel ils se trouvaient. Les humiliations et les » privations imposées par le vainqueur, unies à la propagande » des sociétés patriotiques, des universités et du Gouvernement, » qui avait organisé militairement jusqu'aux écoles de garçons, » tout contribua à provoquer chez les Prussiens une haine sans » merci contre le Français, et leur force fut décuplée par la » colère ».

pas éclairé la nation sur les causes auxquelles elle les devait? Croirait-on que, après son grand effort de relèvement, le pays soit retombé dans la prostration, méconnaissant la grandeur de la réforme accomplie, et n'en comprenant plus la portée, le caractère et l'esprit? C'est pourtant ce qui se passa. Et l'histoire de cette erreur d'un peuple est trop instructive pour n'être point, au moins brièvement, racontée ici.

Depuis Waterloo jusqu'à l'avènement du roi Frédéric-Guillaume IV s'étend une longue période de recherches et de tâtonnements. Importance d'une solide préparation des troupes à la guerre pendant les loisirs de la paix, utilité des manœuvres, nécessité de couronner toujours les travaux annuels de l'armée par des exercices d'armes combinées sur une grande échelle, certes ce sont là principes acquis et hors de discussion. Mais il y a des obstacles : telles les considérations budgétaires, telle une certaine confusion dans les idées, tel enfin un attachement obstiné au rigorisme des formes qu'on ne veut répudier à aucun prix. En 1822, on fait participer effectivement l'artillerie aux exercices de fin d'année ; toutes les pièces attelées y assistent. Mais la faiblesse des ressources pécuniaires et la certitude d'une période de paix prolongée avaient précisément fait prévaloir dans les batteries des tendances à l'économie, qui se traduisaient par la réduction du nombre des attelages nécessaires et par la lenteur des allures. Les voitures traînées par quatre chevaux seulement n'avaient pas la mobilité et la vitesse qu'on est en droit d'attendre des équipages de campagne, de sorte qu'on fut conduit à interdire de trotter pendant plus de cent pas et qu'on ne permit aux servants de monter sur les caissons que dans des cas tout à fait extraordinaires. Dans la cavalerie aussi, on ménageait les chevaux, et il en résultait de choquantes invraisemblances : ainsi on entendait sonner le galop et la charge sans que les cavaliers prissent une allure plus vive que le trot rassemblé. D'une façon générale, on peut dire des manœuvres de cette période qu'elles perdaient tous les ans de leur caractère pratique, et se transformaient peu à peu en spectacles militaires. La reproduction de la bataille de Waterloo, exécutée en 1827, à Berlin, ne fait-elle pas songer involontairement à ce fameux tacticien qui couronnait ses opérations par une figure, par un tableau final où le groupement des troupes dessinait sur le sol les initiales de leur souveraine ? De pareils tours d'adresse ne pouvaient donner aux jeunes officiers que des images et des idées fausses. La décadence s'accusait de plus en plus, au fur et à mesure que disparaissaient les officiers qui avaient l'expérience de la guerre.

On voyait alors l'infanterie s'établir en longues lignes garnies de canons, les batteries se répartissant symétriquement par deux pièces aux ailes de chaque brigade. La cavalerie prenait des formations artistiques, l'artillerie se « collait » servilement aux autres troupes, prenait l'alignement et le tact des coudes, sans avoir égard au terrain, ni aux circonstances !

Tandis que, dans les exercices du corps d'armée, on imposait aux troupes des efforts inouïs au point de vue de la tenue, de la précision et de l'attention, la plus légère apparence d'ordre suffisait pour la petite guerre (*Feldmanöver*) ; au lieu de *s'exercer* pour mieux *manœuvrer* ensuite, on s'attachait, pendant les manœuvres, à montrer qu'on pouvait aussi faire des exercices corrects. Les jeunes officiers, élevés uniquement sur la place d'armes, commençaient à s'immobiliser dans la routine ; la forme faisait oublier le fond, la lettre passait avant l'esprit ! Une brochure du temps, écrite avec beaucoup de bon sens et attribuée à un officier qui est devenu plus tard un illustre général, demandait « qu'on mît un peu plus de vie dans les exercices, qu'on fît à l'esprit d'invention une part plus large qu'à la routine et qu'on se débarrassât des liens étroits d'un formalisme qui déprimait et éteignait toute intelligence ».

Le système des manœuvres fut complètement remanié en 1840 : des instructions ultérieures l'améliorèrent encore. Malheureusement on était toujours retenu par des raisons d'économie, et, en particulier, l'instruction des armes techniques resta en souffrance : les batteries étaient toujours condamnées aux allures lentes. Les pionniers étaient encore moins bien partagés. L'organisation du train faisait complètement défaut, de sorte qu'on faisait atteler les équipages de pont par des chevaux de réquisition. Les attelages, naturellement, n'étaient pas à six chevaux, et les haquets pouvaient à peine circuler sur les routes. Encore bien moins se risquaient-ils à travers champs. Plus tard, on se décida à faire atteler les équipages de pont par des chevaux loués pour la durée des manœuvres et confiés aux soins de l'artillerie. Cette mesure fut considérée comme un grand progrès.

III

Un nouveau souffle de vie, plus puissant, plus efficace, commençait donc à se faire sentir quand le roi Guillaume Ier prit en main les rênes du Gouvernement. Dès 1858, comme prince régent, il avait réglé à nouveau les attributions du commandement local et des arbitres, dont l'institution était devenue définitive l'année précédente. Ce furent précisément les conflits d'attribution auxquels donna lieu cette innovation, qui nécessitèrent son intervention.

Il trouva un concours précieux, pour la réforme de l'instruction, dans la personne de son ministre de la Guerre, le comte de Waldersee. C'est en 1850 que ce général publia sa *Méthode d'instruction pour les troupes d'infanterie et pour leurs chefs, en ce qui concerne le service de guerre*, brochure qui fit sensation et fut chaudement accueillie par toute l'armée. L'auteur réclamait les exercices de détachements combinés pour chaque garnison, lors même que celle-ci ne serait point la résidence d'un officier général; il redemandait que les thèmes fussent communiqués aux intéressés seulement un peu avant la manœuvre, afin de rendre impossible toute reconnaissance préalable du terrain et pour obliger la critique à viser ce qui avait été fait, et non pas ce qu'on aurait dû faire. De même aussi il s'élevait contre la coutume de fixer rigoureusement les lignes à occuper par les avant-postes, et de placer ceux-ci à loisir, la manœuvre finie, sans que les deux partis en tinssent le moindre compte.

Mais toutes les doctrines que l'auteur formulait manquaient de sanction officielle; elles n'avaient aucun caractère obligatoire ou réglementaire. Or, avec la grande diversité des éléments appelés aux manœuvres et le peu de temps consacré aux concentrations annuelles de ces éléments, le besoin d'une réglementation officielle s'était fait sentir depuis longtemps.

Le roi, dont la prévoyance pour tous les besoins de son armée ne s'est jamais reposée un instant, devait combler cette lacune en réunissant toutes les prescriptions antérieures en un code unique qu'on appelle le *Livre vert* (*Grünes Buch*), à cause de la couleur de sa couverture. Cet ouvrage est devenu comme le bréviaire de l'armée allemande; ses éditions successives ont subi quelques remaniements; mais, du premier coup, il acquit une haute autorité, non seulement à cause de son origine, mais surtout à cause de sa valeur intrinsèque. C'est là, en effet, que furent formulées pour la première fois les règles tactiques sur l'emploi du fusil à aiguille et les indications sur le rôle de l'artillerie rayée. C'est d'après les règles posées par le *Livre vert* que la Prusse se prépara au combat; c'est ainsi instruite qu'elle triompha successivement du Danemark, de l'Autriche, de la France.

Le général Trochu a rendu un juste hommage à cette préparation si intelligente et si acharnée de la Prusse, dont le triomphe est dû, disait-il dès 1867, à ce qu'elle a su prévoir l'évolution des voies et moyens de la guerre moderne, à ce qu'elle en a étudié très attentivement les conditions pendant une longue paix, à ce qu'elle les a trouvées pour la plupart et en a fait opportunément et résolument l'application. Et il ajoute :

Il est, en effet, difficile d'imaginer des efforts mieux dirigés, plus suivis, que ceux que la Prusse a consacrés, depuis les guerres du premier Empire, à la préparation de son armée.

A dater de 1860, la préparation de l'armée prussienne a offert un caractère de spécialité, de suite et d'activité qui aurait suffi à trahir ses desseins et l'objectif qu'elle se proposait, si les détails en avaient été étudiés avec toute l'attention qu'ils méritaient. Le nombre des régiments d'infanterie porté au double; la distinction définitivement établie entre le rôle, pendant la guerre, des troupes actives et de la landwehr (origine de la lutte du pouvoir exécutif avec le Parlement); des réserves d'argent, c'est-à-dire des finances prêtes à des efforts que l'Etat, en possession de la direction du budget aux lieu et place du Parlement, était libre de conduire selon ses vues; des études de topographie et de statistique faites avec des soins minutieux dans toutes les directions où devait se porter la guerre; la recherche chez les particuliers et l'inscription en matricule des chevaux applicables aux divers services de l'armée, etc., etc., tel fut l'ensemble des dispositions et des faits qui précédèrent et qui présageaient l'orage.

Ainsi la campagne de Bohême fut comme l'*effet explosif* de toutes les forces et de tous les moyens réunis par une préparation générale fort ancienne et par une préparation spéciale vieille elle-même de six ans au moins. Cette dernière, exempte d'irrésolutions comme de scrupules, s'accomplit avec une habileté et une vigueur d'attitude qui lui mériteraient non pas le nom de préparation, mais de *conspiration* de guerre, si l'homme considérable qui la dirigeait avait fait plus de mystère de ses vues.

J'ai dit déjà que les efforts du Gouvernement prussien ne se sont pas limités à l'amélioration du militaire. L'amélioration de l'esprit public a préoccupé tout aussi vivement les pouvoirs publics, et ce n'est pas sans raison qu'on a imputé au maître d'école allemand la victoire de Sadowa. Nous en avons la preuve dans cette lettre que Guillaume écrivait de Versailles, le 13 octobre 1870, à l'impératrice Augusta :

Je te recommande un article de la *Gazette de Spencer* (nº 233, du 7 octobre, dans le deuxième supplément). Il est emprunté à un journal américain et parle de nos institutions militaires basées sur l'éducation toute morale de notre peuple. On n'a rien écrit de plus juste et de plus vrai à cet égard. Je t'ai souvent exposé que c'est là la caractéristique de nos institutions et qu'on ne saurait être assez reconnaissant envers mon père et mon frère d'avoir attaché une si considérable importance à l'extension de l'organisation scolaire, qui a porté de si beaux fruits en un demi-siècle.

IV

La régénération opérée dans l'armée prussienne porte donc, avant tout, sur l'âme de la population d'abord, sur le caractère et l'esprit et le tempérament des militaires, ensuite. Voulant obtenir la mise en œuvre de toute l'activité dont l'officier et la troupe pouvaient disposer, on a repris consciemment, avec suite et ténacité, les règles que s'imposait déjà le grand Frédéric et qui se traduisent, — nous l'avons dit, nous le répéterons encore, nous ne saurions trop insister sur ce point, — par un extraordinaire libéralisme de moyens. Avec le mécanisme actuel des guerres, la décentralisation s'impose. Les Prussiens ont su le comprendre. Les batailles de la période contemporaine, comme celles de l'antiquité, ne sont plus que des luttes corps à corps où chacun agit isolément, pour son propre compte. Ecoutez-en l'aveu dans la bouche du prince de Bismarck :

Ce n'est pas le commandement qui, chez nous, ordonne et dirige les batailles, ce sont les troupes elles-mêmes. On se croirait revenu au temps des Grecs et des Troyens. Deux sentinelles se prennent de bec, se disent des sottises; elles en viennent aux coups, elles dégainent; d'autres accourent, dégainent aussi, et il en résulte une bataille. D'abord les avant-postes se fusillent sans nécessité; si cela va bien, d'autres s'avancent; un sous-officier amène son peloton, après quoi arrive un lieutenant avec un peu plus de monde, puis le régiment, puis enfin le général avec tout ce qu'il a sous la main. Ce fut ainsi que s'engagea la bataille de Gravelotte, qui, à proprement parler, ne devait avoir lieu que le 19.

Avec les multitudes armées que nous employons, il est impossible qu'il en soit autrement. Prenons-en notre notre parti et disons-nous que le chef ne peut plus faire tout ce qu'il veut. Le meilleur moyen d'obtenir une action utile est de styler les sous-ordres à agir pour le mieux et librement ; on doit se contenter de leur tracer à grands traits non pas même leur tâche, mais simplement la direction qu'ils doivent donner à leurs efforts, le sens dans lequel on désire avancer.

Abandonner les rênes, c'est montrer une grande confiance dans son coursier. Pour renoncer à maintenir toute la rigueur et toute la fermeté du commandement, pour se dessaisir de ses droits, pour accepter la responsabilité d'événements qu'on n'a pas provoqués et sur lesquels on n'a eu aucune action, il faut véritablement une haute dose de grandeur d'âme. Ne croyons donc pas que l'empereur et ses conseillers soient d'un absolutisme étroit et intolérant, et reconnaisons la remarquable largeur ainsi que la justesse de leurs vues. Cessons de considérer les fonctionnaires prussiens comme des automates et les généraux allemands comme des pantins dont le chef de l'armée tient les fils. Rien n'est moins exact ; les commandants de corps d'armée sont les auxiliaires du généralissime, et il n'est pas jusqu'au moindre capitaine qui ne collabore à l'œuvre d'ensemble « avec indépendance et de son propre mouvement ».

Le chef de l'état-major général laisse ses inférieurs sans instructions de détail ; il ne donne pas même des ordres à proprement parler. Il fait connaître ses volontés sous forme de *directives*, indiquant la ligne de conduite à suivre. Il ne s'occupe que d'assurer le concert dans les opérations, laissant aux commandants en sous-ordre, qui sont sur les lieux et voient de plus près les choses, le soin de prescrire les dispositions de détail. Mais il a soin — pour obtenir la convergence des efforts — de bien indiquer à ses auxiliaires la situation des deux armées en présence, et il les met bien au courant du but qu'il se propose d'atteindre, en spécifiant nettement le rôle qui, dans l'opération, est dévolu à chacun d'eux.

La sobriété et la simplicité des instructions formulées par le grand quartier-général pendant la guerre de 1870-1871 en font des chefs-d'œuvre désormais classiques. Sans être tout à fait aussi laconique que celui de Frédéric à Kolin, l'ordre qui a amené la bataille de Saint-Privat, c'est-à-dire une collision de 200.000 hommes, tient tout entier dans une page. Les mêmes règles sont appliquées en bas de l'échelle hiérarchique et au sommet; tout officier jouit largement des prérogatives de sa responsabilité[1], surtout dans l'infanterie, qui est la maîtresse arme. Dans les armes qui sont de leur essence subordonnées, on se préoccupe moins de développer le sentiment de l'indépendance. Le contraire se remarque en France. On a réprimé dans notre infanterie toute vélléité d'autonomie, tandis que l'artillerie a longtemps joui, sinon en droit, du moins en fait, de la plénitude de la sienne, et alors que la cavalerie l'acquérait par les règlements qui ont institué le principe de l'instruction par escadron.

En Allemagne, le capitaine de cavalerie, tout en restant théoriquement responsable de l'instruction de ses hommes, est pourtant, bien plus que son collègue de l'infanterie, restreint dans sa liberté d'action en ce

1. Le baron Kaulbars cite l'exemple d'un colonel sévèrement blâmé par ses supérieurs pour avoir établi lui-même et imposé dans son régiment un programme d'instruction pour les volontaires d'un an. On lui reprochait de détruire ainsi toute initiative, toute indépendance chez ses officiers instructeurs, ce qui, de l'aveu général, ne peut conduire qu'à des résultats médiocres, parfois même absolument mauvais.

qui concerne non seulement le temps à consacrer aux divers exercices, mais aussi les règles à suivre pour donner l'instruction. On explique cette différence par cette particularité spéciale aux armes montées, qu'il s'agit pour elles d'arriver à fondre en un seul des éléments de nature bien différente : l'homme et le cheval. Or, le caractère de l'homme, si multiple et si varié, permet de le conduire à un même but par une foule de voies différentes, tandis qu'un animal, au contraire, dont les facultés sont moins développées, ne peut acquérir le degré d'instruction dont il est susceptible qu'au moyen de certains exercices, sanctionnés par une longue pratique et qui n'admettent guère de variations bien importantes.

Aussi paraît-il dans tous les régiments de cavalerie, du jour où reprend la série des exercices annuels, des ordres des chefs de corps réglant l'emploi du temps pour chaque période et parfois même le nombre des séances à consacrer par semaine aux différentes branches de l'instruction. Les commandants d'escadrons sont obligés de se conformer d'une manière générale à ces indications, sans pouvoir s'en écarter de plus d'une quinzaine de jours, et seulement en ce qui concerne l'instruction d'un petit nombre d'hommes et de chevaux. Mais, pour l'ensemble, les exercices doivent se succéder dans les délais prescrits.

Les différences entre l'infanterie et la cavalerie se manifestent encore clairement par ce fait que, pour la première, il n'existe presque pas de règlement, ceux-ci se bornant d'ailleurs à l'indication du but à atteindre et ne formulant que dans des cas exceptionnels l'obligation d'appliquer certaines règles pour y arriver. Dans la cavalerie, au contraire, le dressage des chevaux, l'équitation des recrues, des anciens soldats, etc., sont l'objet de prescriptions multipliées. Et tandis que la littérature militaire de l'infanterie est inondée d'une foule de traités particuliers sur telle ou telle branche de l'instruction, on ne remarque rien de semblable dans la cavalerie; la plupart des ouvrages qui se publient sur cette arme traitent plutôt de son emploi sur le champ de bataille et des diverses questions relatives à son service en campagne.

Malgré les réserves que nous venons de formuler, nous devons reconnaître que, en Allemagne, on réagit le plus possible contre l'asservissement des esprits à la règle. Que chacun la comprenne, et l'aime, et s'y soumette, mais à sa manière, mais avec son tempérament propre, mais avec ses aptitudes personnelles : tel est le but. A quoi bon tailler tous les officiers sur le même patron, les couler dans le même moule ? C'est bon à l'égalitarisme français de vouloir tout niveler au risque d'étouffer les originalités. Comme s'il pouvait y avoir, sans originalité, des intelligences supérieures ! En Prusse, nous ne voyons pas de ces examens dont le résultat est d'assurer la prééminence à la médiocrité, où l'incontestable supériorité succombe parfois sous le poids des défauts qui en sont la contre-partie et où triomphe l'honnête moyenne. Avec notre système actuel, on l'a dit, Napoléon eût échoué à l'Ecole de guerre, à cause de son orthographe. Le caractère de Pélissier ou la mauvaise tenue de Frédéric eût empêché qu'on les proposât au choix. Vauban aurait été arrêté par la limite d'âge. Et c'est dans notre pays si primesautier qu'on étouffe l'individualité, tandis que les Allemands laissent volontiers « la bride sur le cou » de leurs officiers, permettant à chacun de se développer dans le sens qui lui convient le mieux et de se porter là où ses aptitudes l'appellent. Il faut ajouter que l'amour et le respect de leur métier sont la sauvegarde et le centre de ralliement des bonnes volontés individuelles. Ils leur imposent seuls l'uniformité qui caractérise celles-ci ; ils empêchent de leur part les écarts trop fantaisistes et les accents trop personnels qui détonneraient.

En ce qui est des sous-officiers, la différence n'est pas moins grande entre nos principes et ceux d'outre-Vosges. Nous voulons les nôtres d'un certain modèle : nous rêvons un type de gens accomplis et « bons à tout faire ». C'est pourquoi peut-être celui que nous réalisons coûte tant d'efforts pour donner d'assez médiocres résultats. En Prusse, bien loin de chercher cette uniformité, on la fuit. Les capitaines croient à la nécessité d'avoir, dans les compagnies, un personnel de gradés subalternes composé des éléments les plus disparates, les plus hétérogènes au point de vue physique, intellectuel ou moral. Ils y trouvent l'avantage de posséder ainsi, en paix comme en guerre, tout un assortiment varié d'aptitudes différentes, ce qui permet de faire face beaucoup plus aisément aux exigences si diverses du service, étant donné toutefois que le commandant de la compagnie est maître chez lui, qu'il peut donc répartir les emplois entre ses subordonnés d'après les qualités qu'il leur a reconnues et qu'il n'est gêné par aucune intervention pour organiser au mieux une rationnelle division du travail. Avec l'ingérence perpétuelle de notre salle des rapports, pareils principes ne sont guère applicables au recrutement et à la préparation de nos hommes de cadres. Aussi les formons-nous en bloc pour tout le corps, dans des pelotons d'instruction qui sont une sorte d'Ecole normale régimentaire et où chaque capitaine vient s'approvisionner en caporaux et en sergents. Les capitaines allemands forment eux-mêmes leurs auxiliaires, les habituant à leur manière de faire personnelle et s'habituant à la leur, les façonnant à leur convenance et les étudiant en même temps, de façon à tirer d'eux le meilleur parti possible.

La liberté laissée aux commandants de compagnie pour l'instruction de leurs hommes est complète quant aux moyens ; mais, d'une part, le règlement fixe la nature des connaissances à acquérir et, d'un autre côté, le chef de corps indique dans quel délai elles devront être acquises, ce dont il s'assure en passant au terme de ce délai une « inspection de compagnie », sorte d'examen qui correspond à peu près à notre admission au bataillon. Hors ces deux points, programme et date de l'examen, rien n'est fixé, et personne n'intervient.

Si un général manifeste à un des capitaines sous ses ordres son étonnement de la méthode qu'il lui voit suivre pour l'instruction de sa compagnie, il ne lui défend pas de continuer. Il se contente de lui dire, par exemple : « En procédant ainsi, capitaine, je vous réponds que vous n'arriverez à rien de bon » ; ce qui n'empêche pas le moins du monde le capitaine de persister, sans la moindre hésitation, dans sa manière de voir et de faire. Vienne le jour de l'inspection de compagnie, si le colonel trouve les hommes du capitaine convenablement instruits et lui en témoigne hautement sa satisfaction, le général, heureux d'avoir eu tort, ne manquera pas de s'associer à ces éloges. On en a vu, en pareille occurrence, dire devant tous les assistants : « Eh bien ! capitaine, vous m'avez définitivement battu, je dois en convenir ; et, quoique certains détails eussent pu être traités autrement, vous avez obtenu des résultats auxquels j'étais loin de m'attendre. » Puis il le félicita chaudement, dit Kaulbars, et ajouta, en se tournant de notre côté : « Cela nous prouve, Messieurs, qu'on s'instruit à tout âge. »

On pourrait citer mille exemples du même genre. En voici un qui est assez significatif. Pendant toute une

CAHIER (S) OU PAGE (S) INTERVERTI (S) A LA COUTURE RETABLI (S) A LA PRISE DE VUE.

DE LA PAGE 73
A LA PAGE 84

année, certain colonel de cavalerie n'avait pas donné un seul picotin d'avoine à ses chevaux. Dénoncé pour ce chef au cabinet de l'empereur et interrogé par le souverain, il répondit : « C'est parfaitement exact, mais je leur ai donné autre chose ; mes comptes sont là, on peut les voir, et mes chevaux aussi. Je réponds de la régularité des uns et du bon état des autres. » Et le colonel, après avoir raconté cette histoire, ajoute avec un mouvement d'orgueil bien légitime : « Qu'on me cite une armée où un colonel oserait en faire autant ! »

Une telle manière de procéder, en effet, est assez en dehors de nos habitudes, quoique la liberté soit un puissant aiguillon, même pour les officiers français, comme on peut s'en apercevoir aux luttes qui s'établissent pour les concours de tir à la cible. Une saine rivalité excite alors les commandants de compagnie, au grand profit de l'instruction de tout le corps. Mais il est rare qu'on étende à d'autres objets cette latitude laissée aux capitaines pour le tir, par une exception particulière. Encore ne la leur accorde-t-on pas aussi complète dans tous les régiments. Chacun semble avoir peur de se dessaisir d'une partie de son autorité en n'intervenant pas dans les moindres détails. On ne comprend pas assez qu'il y a une hiérarchie dans les occupations, qu'il en est d'inférieures et de supérieures, celles-ci étant du ressort des généraux, les autres devant être réservées aux sous-officiers. C'est ainsi qu'en France toute inspection d'un général comportait naguère encore une revue de détail, c'est-à-dire l'examen des menus objets qui constituent l'équipement du soldat, jusqu'à son peigne, ses boutons, son fil et ses aiguilles. L'usage de ces sortes de revues est, au contraire, proscrit en Prusse, parce que, dit l'ordre royal du 16 décembre 1858 :

Si les supérieurs s'ingèrent dans les attributions des inférieurs, il en résulte immanquablement que ceux-ci perdent le goût, l'amour et le zèle du service; on empêche le développement des individualités, qui sont cependant si nécessaires, et celui du courage en face des responsabilités. Les supérieurs eux-mêmes ne sortent plus alors d'un cercle d'idées étroit : au lieu de se préparer à remplir des fonctions plus élevées, leur esprit en reste au point où il était dans leur dernier grade. Il est du devoir des généraux d'agir énergiquement contre cette tendance.

Quand un officier est promu à un nouveau commandement, il doit passer une revue de détail de sa troupe, afin d'apprendre à connaître les personnalités sous ses ordres et pour se rendre exactement compte de l'état de la troupe; mais, à moins de circonstances exceptionnelles, il devra ensuite s'en abstenir.

Ainsi donc, comme si on avait voulu réagir contre les tendances qui sont de nature à étouffer les défauts originels, on exalte l'initiative des Allemands, alors qu'on réprime l'ardeur des Français. Rien n'est plus uniforme que nos méthodes d'instruction, de plus monotone que notre vie de caserne. C'est seulement par des agitations, par des accès de fièvre que s'y révèle notre tempérament national. Il arrive que la surface soit secouée; au fond il y a immobilité, pour ne pas dire stagnation et croupissement.

La vie militaire allemande, au contraire, est calme; on n'y voit ni remous ni effervescence troubler la surface, et pourtant un courant continu entraîne toutes les couches par un progrès incessant. L'individualité est mise en jeu avec autant d'activité qu'il est possible, et pourtant le respect de la tradition couvre tout d'un masque rigide. En ne voyant que les dehors, on est porté à crier à la routine. C'est ce qui trompe l'opinion publique, qui se forme d'observations superficielles.

Sous l'écorce inerte circule une sève toujours en mouvement qui va porter la vie jusque dans les extrémités de l'arbre. Chez nous, tout est réglementé. On composerait une énorme bibliothèque rien qu'à réunir les innombrables circulaires, règlements, ordonnances et autres documents de même nature qui émanent du Département de la Guerre. En Prusse, un petit volume suffit à indiquer l'objet à atteindre. Le programme est officiellement défini; à chacun de choisir, de son mieux, les voies et les moyens qui lui conviennent. Et c'est, en effet, une lutte entre tous les officiers, dont chacun veut montrer que la méthode qu'il a adoptée est la meilleure. Assurément chacun n'a pas la sienne propre. On se contente de prendre, dans les procédés du voisin, ce qu'on trouve de mieux, de plus conforme à ses propres instincts. Et ainsi se crée d'elle-même l'uniformité; ainsi se forme tout naturellement la tradition : on s'y soumet de son plein gré et non parce qu'on y est forcé. Les règles ne sont pas imposées par l'autorité supérieure, elles s'imposent d'elles-mêmes; elles résultent d'une moyenne d'initiatives régularisées et calmées par quelques écarts individuels plutôt que troublées par eux.

Nulle part, peut-être, la *forme* n'est aussi scrupuleusement respectée que dans l'armée prussienne, et nulle part, pourtant, elle n'a moins d'importance réelle. Une série d'usages bien connus de tous et consacrés par le temps se sont comme incarnés dans les individus, qui s'y conforment, en quelque sorte, machinalement. Mais c'est tout. Et si l'on veut aller au fond des choses, on arrive forcément à conclure que *chacune des institutions militaires allemandes repose, en général, sur une logique irréfutable, exclusive de toute espèce de considérations personnelles, et n'ayant presque uniquement en vue que les intérêts des troupes et de l'Etat.* Cette façon d'envisager les choses est profondément enracinée dans le monde militaire prussien, et l'armée y gagne de n'avoir à peu près jamais à subir, pas plus dans le service que dans sa vie intime, de ces agitations ou de ces à-coups qu'amène trop souvent chaque changement de chef. Ces changements s'accomplissent d'une façon si coulante, si facile, que les subordonnés ne s'en aperçoivent même pas, et que tout, autour d'eux, continue de marcher après comme avant : un chef nouveau n'introduit pas de nouveaux arrangements, de nouveaux systèmes. Toute la différence qu'on peut établir entre lui et ses prédécesseurs consiste dans la rigueur plus ou moins grande avec laquelle *il exige que chacun travaille, dans la mesure de ses forces et de ses moyens, à rapprocher l'armée du* BUT UNIQUE *qu'elle poursuit sans cesse :* ÊTRE ABSOLUMENT PRÊTE A LA GUERRE, EN TOUT, A TOUTE HEURE ET CONTRE TOUS.

Ainsi s'exprime le colonel baron Kaulbars, de l'état-major russe, dans un rapport qu'il a adressé à son Gouvernement au retour de la mission que celui-ci lui avait confiée en l'envoyant à Berlin, en 1875, pour étudier à fond l'organisme de l'armée prussienne, redevenue l'école des généraux, comme elle l'était déjà au siècle dernier. Le travail, aujourd'hui classique, dans lequel le colonel Kaulbars a résumé ses impressions est un véritable monument. J'y ai déjà fait divers emprunts et j'y prendrai encore de quoi esquisser la physionomie actuelle de cette puissance militaire. Je ferai aussi appel à des documents postérieurs et me servirai de renseignements personnels. Comme dans ce qui précède, c'est la physionomie générale, ce sont les ressorts, c'est l'âme même de ce grand corps que je voudrais surtout mettre à nu, et les éléments moraux qui font sa force, plutôt que les ressources matérielles dont il dispose, de façon à montrer les différences essentielles qui existent entre les principes en vertu desquels agit cette armée et ceux qui dirigent la nôtre.

L'ÉTAT ACTUEL DE L'ARMÉE ALLEMANDE

On a vu que c'est vers 1850 seulement, et sous l'action personnelle du roi Guillaume, que l'armée prussienne reprit la marche ascendante qui devait l'amener aux victoires de Kœniggrætz et de Sedan. Un instant, elle parut prête à s'endormir de nouveau; mais sur ses lauriers, cette fois. Elle ne sut pas céder à la tentation qu'elle pouvait avoir de se reposer. Ses progrès ont été incessants, et la juvénile ardeur du souverain actuel a porté au paroxysme l'esprit belliqueux qui anime la nation et surtout son armée. Celle-ci est devenue l'instrument de guerre le plus admirable qui existe actuellement, la machine la plus parfaite, celle qui donne le rendement maximum et qui tire le meilleur parti possible des ressources que lui fournit le pays, ressources matérielles et ressources morales.

L'indemnité de guerre a permis de reconstituer l'outillage et, si ni le nouveau fusil ni le nouveau canon de l'Allemagne ne valent l'armement de notre infanterie et de notre artillerie, du moins peuvent-ils l'un et l'autre affronter notre Lebel perfectionné et nos modèles de bouches à feu les plus récents. Mais c'est surtout la judicieuse utilisation des caractères et des intelligences, des traditions et des mœurs, qui a contribué à faire des officiers et des soldats qui sont d'une qualité remarquable. Je l'ai déjà dit, mais je ne crains pas de le répéter.

A des tempéraments lents et lourds elle a su donner de la vivacité, en développant l'exercice de l'initiative.

A des esprits pondérés elle a su épargner tout écart de fantaisie, en adoptant des règles simples, qu'on a laissées aussi immuables qu'on l'a pu. Tout en donnant satisfaction au besoin de stabilité, au désir de sécurité qui sont dans la nation, on a conservé ce qui y reste d'habitudes féodales, et on en a tiré un merveilleux parti, profitant d'un certain sentiment de la hiérarchie et d'un certain instinct de respect, voisin du servilisme, qui sont sur le point peut-être de disparaître, qui, en tous cas, sont déjà ébranlés, mais qui n'en subsistent pas moins encore.

Le commandement est donc bien assuré; l'autorité s'exerce avec force; les liens de la discipline enserrent toute l'armée et en unissent les éléments : le tout est cohérent, homogène et, par cela même, solide. Assurément l'esprit du siècle s'y fait sentir, cet esprit iconoclaste qui démolit les idoles : le soldat prend peu à peu conscience de sa valeur, de ses droits, de son individualité, par quoi il cesse d'être aussi souple que par le passé dans la main de ses chefs. Ceux-ci n'ont pourtant rien perdu de leur supériorité, et surtout ils n'en ont pas perdu le sentiment. Ils ont une haute idée de leur mission, et ils s'en acquittent avec une infatigable conscience. C'est par eux qu'il convient de commencer l'étude de l'organisme qui nous occupe. Nous examinerons ensuite ce qu'est la matière vivante qu'ils ont à pétrir. Après les officiers, les sous-officiers et la troupe. Après le personnel, enfin, les institutions, les règles qui régissent le militaire allemand, les principes qu'on applique dans la préparation et la direction de l'armée. Si nous ne parlons pas de l'outillage, c'est que nous tenons ce côté de la question pour secondaire. Le bon ouvrier tire parti d'un outil médiocre ou passable. Le meilleur outil ne servira de rien au mauvais ouvrier. La valeur morale des hommes, la prévoyance des institutions, comptent, dans les victoires, pour plus que les progrès de la métallurgie ou les acquisitions de la balistique.

Encore que leur industrie se soit fort développée et se développe journellement, les Allemands ne nous ont surpassés, je le répète, ni par le modèle de leurs armes portatives, ni par la puissance de leur poudre, ni par la rapidité de tir de leurs pièces d'artillerie, ni par l'ingéniosité de leurs fortifications, ni par le développement de leur aéronautique. Où ils nous sont supérieurs, c'est dans l'art de mettre en œuvre le matériel et le personnel dont ils disposent.

I

L'officier allemand se considère — et à bon droit — comme étant d'une essence autre que le commun de la nation. Il est moins une élite qu'une caste. Sa science est courte : en dehors de sa profession, il n'est que médiocrement et superficiellement instruit. Mais les savants n'ont pas de raison pour ne pas s'isoler ; outre qu'il leur arrive, à eux aussi, de se confiner dans leur spécialité, ils se cantonnent dans leur individualité. Un professeur de chimie n'a guère d'affinités pour les littérateurs, et un physiologiste n'a aucune raison pour se solidariser avec un grammairien. L'estime mutuelle que des hommes laborieux peuvent éprouver pour d'autres hommes laborieux, tel est à peu près le seul lien qui les unisse, avec la commune satisfaction de jouir de la considération de la foule et d'appartenir au corps enseignant. Mais la possession d'une chaire dans une université, la publication d'un traité remarqué, l'identité même du titre de docteur n'entraînent pas l'unité de sentiments et l'esprit de corps. L'individualisme subsiste, cet individualisme que nous retrouvons chez nos officiers et grâce auquel les tares de l'un n'atteignent pas les autres, mais par suite duquel, en revanche, les mérites de certains, fussent-ils la majorité, ne rejaillissent pas sur la collectivité. Aussi, appliquée à notre armée, l'expression « corps d'officiers » n'est-elle pas tout à fait exacte. Elle l'est complètement, appliquée à l'armée allemande : les membres de ce corps sont plus unis que s'ils étaient affiliés à une confrérie, que s'ils avaient prononcé des vœux. Ce sont gens du même monde, ayant la même valeur intellectuelle (j'ajoute qu'elle n'est pas transcendante), ayant la même volonté arrêtée de faire loyalement tout leur devoir, ayant la même ambition d'un avancement modéré, appartenant tous à la noblesse d'épée et constituant une caste extrêmement soucieuse de sa dignité et de son bon renom.

Que ces hobereaux aient une culture littéraire très élevée et une grande somme de connaisances générales : non ; mais tout l'effort de leur pensée est tourné vers un but unique, qui est l'accomplissement méticuleux de la mission dont ils sont chargés. Ils ne s'entre-jalousent pas. Sachant qu'ils arriveront au grade supérieur, à moins de démérite notoire, d'après leur rang d'ancienneté, ils ne sont divisés ni par les convoitises ni par les rancœurs. Chacun avance à son tour, sans avoir à craindre de passe-droits ni à espérer de faveurs ; dès lors, ni impatiences fébriles ni intrigues. Jouissant d'une sorte d'inamovibilité, on se sent très libre, très indépendant ; on ne craint pas de proclamer son opinion, fût-elle révolutionnaire ; on est autorisé à la publier, à l'imprimer. On parle à ses supérieurs sans la moindre appréhension ; on s'adresse à eux comme un homme du monde à un autre homme du monde, sans autre gêne que cette réserve qu'inspire la bonne éducation. Dans certaines autres armées, on tremble en présence de tel chef, qu'on dénigre, d'ailleurs, dans son for intérieur, voire ouvertement, mais à la merci duquel on est : une note donnée par lui peut vous faire déplacer, peut compromettre vos chances d'avenir ; aussi redoute-t-on naturellement sa puissance, qui lui permet de faire beaucoup de mal à ses subordonnés, mais seulement peu de bien. Dans ces conditions, on s'explique aisément que l'union ne règne pas. Ce qui fait la force des officiers allemands, c'est qu'ils forment un corps uni, homogène, dont tous les éléments se valent, dont toutes les parties se tiennent. Ils ne sont pas recrutés, je l'ai dit, dans ce que la nation possède de plus intelligent ou de plus instruit, car ce n'est pas par voie de concours et à la suite d'examens qu'on leur délivre le brevet de second lieutenant ; mais ils proviennent d'une classe déterminée, et, sinon de la noblesse, du moins de la bourgeoisie aisée, aucun *avantageur* n'étant admis à s'engager et à briguer le titre d'officier que si ses parents lui font une rente, qui, dans certains régiments, n'est pas inférieure à 150 ou 200 marks par mois. Un édit somptuaire de l'empereur actuel a même dû intervenir pour limiter ces exigences.

Si, à partir du grade de capitaine, la solde est relativement fort élevée, et si, à cette solde, s'ajoutent de nombreux accessoires, tels que des indemnités de monture ou de logement, et, en cas de déplacement, des frais de voyage calculés fort largement, les lieutenants sont bien maigrement payés, et les dix ou quinze premières années passées au service coûtent gros à la famille. Une sélection s'opère donc ainsi : la roture est exclue, parce que la pauvreté est un obstacle insurmontable. Le milieu d'où sortent les officiers est riche, ce qui implique une éducation assez affinée. Et, en effet, le trait caractéristique de ces messieurs est une politesse très attentive. Dans la société souvent un peu fruste qui les entoure, leurs manières paraissent distinguées, et ils sont les représentants du bon ton. Parmi les nombreux auteurs qui ont parlé d'eux, en voici un qui met parfaitement en relief la supériorité qu'ils possèdent à cet égard[1] :

Il est probable, dit M. Luc Gersal, que l'élément aristocratique qui domine dans ce corps — la cavalerie, par exemple, n'a presque point d'officiers roturiers — lui a peu à peu laissé sa marque. Or, le savoir-vivre n'est pas en Allemagne, et même à Berlin, le privilège de tout homme instruit. On y voit les gens les plus respectables du monde et les plus cultivés conserver, malgré leur rang, une grande rudesse d'allures. Il y a bien des façons d'être poli ; l'Allemand du Nord a même une obséquiosité rêche qu'il prend pour de la politesse ; mais, en dépit des saluts qui plient son corps en deux, en dépit des formules excessives de respect que lui impose un protocole extrêmement méticuleux, il ne sait ni parler à une femme, ni s'entretenir d'une façon délicate. L'officier prussien se distingue en cela de la majorité de ses concitoyens : qu'il soit intelligent, paresseux, noceur, qu'il ait tous les vices et tous les ridicules, il n'en reste pas moins, à jeun, un homme de bonne compagnie.

Moins sensibles que nous à cette nuance, les Allemands ont presque toujours négligé de la relever. Elle donne pourtant à l'officier prussien une physionomie toute particulière, et le distingue, plus encore que sa fierté, du reste de la nation. Elle fait, en outre, que son commerce est pour nous infiniment agréable. Séparés du commun par l'uniforme, qu'ils ne doivent point quitter, par leurs manières polies et leur ton hautain, les officiers font bande à part. Ils ne sont pas curieux de se commettre avec des

1. Cette citation ne fait que confirmer ce que nous avons vu déjà (pages 35 et 37).

gens ordinaires... Aussi les voyez-vous, toujours ensemble, se promener par les rues, la moustache en croc, le monocle à l'œil, traînant le sabre, dévisageant les femmes... La raideur naturelle de leurs compatriotes se transforme chez eux en une tenue sévère qui leur va bien. La pose que trahit le moindre de leurs mouvements ne me déplaît pas : à une classe artificielle de la société ne faut-il pas des mœurs artificielles ?

Laissons les apparences, et allons au fond des choses. Laborieux, ces officiers le sont remarquablement : il n'est si infime détail du métier auquel ils ne s'appliquent avec toute la conscience possible, avec ce qui nous semblerait presque un excès de conscience. Ils étudient gravement de futiles problèmes que nous serions tentés de considérer comme indignes de l'attention d'hommes de valeur, et ils dissertent pesamment sur des riens ou des presque riens. Les questions de boutons de guêtre n'ont pas de mystère pour eux. Dans l'examen des minuties les plus insignifiantes, ils se servent des méthodes que les docteurs en philosophie ou les épigraphistes de leur nationalité emploient pour étudier les problèmes les plus épineux de casuistique ou pour interpréter les inscriptions plus ou moins illisibles des monuments de l'antiquité. Ils divisent le développement du sujet en chapitres, en paragraphes et en sous-paragraphes ; finalement ils noircissent beaucoup de papier pour ne pas dire grand'chose. Mais, par contre, s'appesantissant sur tout, ils ne font rien à la légère. Leurs innovations ne sont pas improvisées, et, d'un règlement nouveau, comme d'un progrès réalisé dans l'outillage, ce règlement ne fût-il pas un chef-d'œuvre, leurs armes ne fussent-elles pas parfaites, ils tirent tout ce qu'il est possible de leur faire donner. C'est en quoi ils se distinguent d'esprits plus vifs, plus alertes, mais qui approfondissent moins et n'obtiennent guère.

Ce labeur ingrat se prolonge pendant des années et des années. L'avancement est très lent, et c'est pendant quinze ans, parfois davantage, qu'un *Hauptmann* ou un *Rittmeister* exerce le commandement de sa compagnie ou de son escadron. Mais ces natures calmes ne connaissent pas l'impatience ; elles prennent le temps comme il vient ; aucun relâchement dans leur manière de servir ne trahit leur lassitude. C'est une besogne pourtant fastidieuse et bien plate que l'instruction des recrues ; mais tous s'y adonnent avec une égale passion. L'inspection par quoi se termine le cycle des « classes annuelles » n'est pas une brillante revue où tout est sacrifié à la parade, c'est un examen individuel auquel chaque soldat est soumis un à un et que les « grands chefs » ne dédaignent pas de faire passer. Chaque printemps, au Tempelhof, le vieil empereur Guillaume interrogeait successivement et voyait à l'exercice les soldats de sa Garde, sans qu'il crût pour cela déroger. Sur ce point, les mœurs de l'armée allemande diffèrent des nôtres : nous nous préoccupons surtout de l'ensemble ; nous aimons faire évoluer des masses et manier de gros effectifs. Nous oublions que ces effectifs sont composés d'innombrables éléments dont chacun a sa personnalité, et qu'il faut mettre cette personnalité en valeur, à quoi on n'arrive qu'à force de persévérance et de soins. Voilà pourquoi les officiers allemands se livrent à une besogne plus ardue, moins superficielle, mais plus intéressante que les nôtres, d'autant plus intéressante même qu'ils ont affaire, eux, à des natures plus frustes, à des intelligences moins ouvertes, à des âmes plus quelconques, ce qui exige un redoublement d'efforts de la part tant des instructeurs que des éducateurs. Et ils sont, à la fois, ceci et cela.

Une grande indépendance leur est laissée pour l'accomplissement de leur mission : pour stimuler ce qu'il y a en eux d'esprit d'initiative, le rescrit impérial qui met en vigueur les Règlements de manœuvre menace des peines les plus sévères, et nommément de la mise à la retraite, les chefs qui se permettraient de limiter la liberté concédée par ces Règlements aux officiers responsables du dressage de leurs hommes, c'est-à-dire aux commandants de compagnie. Cette mesure rend le métier de ceux-ci non pas tolérable seulement, mais encore très attachant, puisqu'elle leur donne le moyen d'exercer efficacement leur action, de bien s'acquitter de leur mission. Voici la teneur de ce préambule :

J'approuve le présent Règlement, et je décide que ses prescriptions seront *seules* réglementaires. L'avantage provenant de la simplification de certaines formes ne doit pas être perdu par des additions verbales ou écrites, que l'on pourrait être tenté d'y apporter pour arriver à une uniformité extérieure exagérée ou dans tout autre but. Bien plus, la liberté laissée à dessein pour l'instruction et pour la mise en application du Règlement ne doit être gênée en rien par des restrictions systématiques.

Ainsi s'exprime le souverain, et ce ne sont point paroles en l'air. Aussi bien n'a-t-il pour ainsi dire jamais à craindre les écarts de direction inspirés par des idées fantaisistes et des imaginations dévergondées. Le tempérament national s'y prête peu : il lui plaît d'obéir aux traditions et de se laisser mener par l'exemple du plus grand nombre. Aussi voit-on peu de divergences dans les mœurs de l'armée allemande où, pourtant, rien n'empêche les novateurs de se donner carrière, tandis que, chez nous, d'un régiment au voisin, d'une division à une autre, nous constatons des différences considérables, en dépit d'une réglementation minutieuse, jalouse, oppressive. Ici, chacun interprète les ordres d'en haut, et nous voyons presque chaque année le directeur des grandes manœuvres d'armée publier une série d'Instructions desquelles on a pu dire que chacune de leurs prescriptions constitue une infraction aux volontés du ministre. Là-bas, il ne viendrait à personne l'idée d'aller à l'encontre des prescriptions du Règlement ; mais, comme celles-ci sont très larges et qu'on peut varier à l'infini la façon de s'y conformer, il se trouve par-ci par-là quelque hardi révolutionnaire qui essaye d'une méthode inédite. Celle-ci échoue-t-elle ? Il en est pour sa courte honte : le bruit de son insuccès se répand, et personne ne reprend plus à son compte l'expérience qui vient d'avorter. Une autre réussit-elle au contraire ? Les journaux militaires en colportent la nouvelle ; on la commente ; on la discute, et, une fois bien éclairé sur sa valeur, on l'adopte partout. Cette diffusion des nouveautés prouve, mieux que tout le reste, la curiosité toujours éveillée d'un corps d'officiers qui est sans cesse à l'affût du progrès, qui s'intéresse à tout ce qui se publie et qui, sans être routinier, reste fermement attaché à la tradition.

Aussi jouit-il de beaucoup de considération dans la société, à cause de la dignité de sa vie, à cause de sa conscience professionnelle. On sait avec quel sérieux il prend les obligations de son métier. On le tient pour incapable de négliger sa besogne (il en serait durement puni), comme aussi de s'abaisser devant un supérieur (il n'y gagnerait rien). On respecte son désintéressement, la sagesse de sa conduite et sa moralité. On ridiculise bien encore parfois, au théâtre, le « lieutenant de la Garde, pommadé, tortillant sa moustache naissante, parlant du nez, ayant constamment le monocle à l'œil », comme dit le prince Hohenlohe, et poseur, ajouterons-nous, et arrogant, et hautain, et fier de sa position, et plein de mépris pour le pauvre petit bourgeois. Mais ces défauts de forme peuvent le rendre antipathique sans qu'il cesse de mériter l'estime par son application et la pureté de ses principes.

Ne venez pas m'objecter qu'il y a des exceptions à la règle, qu'il existe des officiers qui, atteints de la maladie du temps, l'amour des plaisirs, gaspillent leur argent et la fortune de leur famille, et qui finissent par faire le plongeon, écrasés qu'ils sont par le chiffre de leurs dettes. Comment serait-il possible qu'il n'y en eût point quelqu'un, par-ci, par-là, qui se laissât gagner par l'épidémie à laquelle personne n'échappe ? Mais les exceptions ne font que confirmer la règle. Et la rumeur qui accueille ces sortes d'événements chaque fois qu'il s'en produit prouve on ne peut mieux qu'on s'attend à voir nos lieutenants mener toujours cette existence toute de renoncement qu'on est habitué à leur voir mener.

Et quel sentiment nourrit l'homme du commun, le simple soldat, à l'égard de ces officiers? Il est rempli pour eux non de pitié, mais d'admiration. Il est informé par son camarade, le brosseur du lieutenant, de l'état des affaires de celui-ci. Et il constate que cet officier est plus pauvre et moins bien payé que lui, toutes proportions gardées ; qu'il peut se donner moins de bon temps, s'offrir moins de plaisirs quoique, malgré tout, il soit son maître par sa science et ses connaissances, et quoique dans le danger il soit un modèle pour lui. Comment alors ne se sentirait-il entraîné par un vif désir de faire mieux[1] ?

La respectabilité est maintenue tant par le mode de recrutement que par la sévérité des pairs. Nul n'est admis comme officier dans un régiment s'il n'a obtenu l'assentiment de ses futurs camarades. Le candidat se présente à eux, vit pendant quelque temps avec eux, à

1. Ce passage est extrait de la septième des admirables *Lettres sur l'infanterie* par le prince Kraft de Hohenlohe-Ingelfingen (dont la traduction a paru à la librairie Hinrichsen). Il aurait fallu citer ici toute cette lettre, qui traite de *l'Officier de compagnie.*

leur table, afin qu'ils puissent bien le connaître. On fait une enquête sur l'honorabilité de sa famille, sur son passé, sur ses origines, et quand on est suffisamment renseigné, on décide au vote s'il est digne d'entrer dans le corps. Une fois reçu, il ne peut plus se négliger sous peine d'être exclu et chassé du troupeau, comme une brebis galeuse. Il s'applique sans relâche aux études de sa profession, avec cette gravité germanique qui amplifie les moindres choses et transforme les taupinières en montagnes. Un professeur de l'Université d'Heidelberg fera imprimer trois in-quarto sur une inscription chaldéenne, les variantes d'un chant de l'*Énéide*, ou la structure des nageoires d'un poisson. La littérature militaire allemande est féconde en livres du même acabit sur la tactique de détail des diverses armes. On examine, par exemple, et sans rire, les dispositions de combat de 20 hommes contre 20 ou contre 18 ou contre 22! On y discute pendant des pages et des pages si le capitaine doit rester à cheval pendant la bataille ou mettre pied à terre.

Chez des hommes à l'esprit large et aux connaissances étendues, ces études minutieuses produisent des œuvres admirables, où l'imagination s'appuie sur les réalités, où la hardiesse des idées trouve un fond solide au lieu de perdre pied et d'enfoncer dans le nuage mouvant des songes creux. Mais, à côté de *la Nation armée*, des *Etudes sur l'art de conduire les troupes*, du *Mémoire sur la manière de combattre les Français*, des *Lettres militaires* et de quelques autres livres remarquables, que de traités insignifiants sur des questions puériles! Tant de pédantisme ferait sourire, s'il ne valait pas mieux être pédant qu'ignare. La légèreté superficielle succombe en face d'une consciencieuse lourdeur. Les interminables parties de *Kriegsspiel*, les controverses sur les infimes détails du métier prennent beaucoup de temps dans les cercles allemands; on y consacre des heures précieuses, comme aussi sur le terrain, à des manœuvres qu'on dirige avec une attention religieuse, au risque de s'exagérer l'importance des enseignements que fournissent ces exercices. En France, on ne s'est pas décidé à prendre très au sérieux les simulacres de batailles qu'on livre à l'automne, pas plus qu'on ne s'est décidé à s'amuser au *Jeu de la guerre*, pas plus qu'on ne prend plaisir à couper les cheveux en quatre dans les questions de tactique.

En résumé, l'instruction des officiers allemands, est uniformément bonne, sans s'élever au-dessus d'une honnête moyenne. Elle n'est excellente qu'au point de vue professionnel, et encore manque-t-il peut-être à certaines armes de posséder une science assez étendue. L'artillerie, en particulier, qui est très manœuvrière, qui s'entend à mener ses canons au combat, paraît manquer de méthodes précises et logiques pour mettre en œuvre les qualités balistiques de ses pièces.

II

Au-dessous des officiers, les séparant du simple soldat, il y a les sous-officiers, presque tous rengagés, et qui, par conséquent, font du métier militaire leur véritable et unique profession. Bien entendu, ils n'ont pas l'espoir d'arriver à ce que nous appellerions l'épaulette. Sous-officiers ils sont, sous-officiers ils doivent rester, avec quelque emploi civil en perspective pour le jour où on les mettra à la retraite. Ils occupent donc un emploi relativement infime, qui exige moins de valeur intellectuelle que celui des contremaîtres dans certaines industries. Aussi les sujets qui se sentent capables de gagner leur vie dans une usine ou dans une boutique abandonnent-ils l'armée, faisant fi des avantages que l'Etat leur assure pour les retenir. Dans l'ensemble, ceux qui restent forment une classe médiocre ; ils ne sont guère considérés ni par leurs supérieurs, ni par leurs inférieurs, parmi lesquels beaucoup l'emportent sur eux par l'étendue du savoir et l'ouverture de l'esprit. On rend justice à leur conscience, à la solidité de leurs connaissances professionnelles ; mais c'est tout.

Contrairement à une opinion très répandue chez nous, le sous-officier allemand est tenu étroitement en tutelle par ses chefs qui savent que, s'ils le laissaient sans surveillance, il deviendrait bien vite un tyranneau, comme le sont chez nous tant de sergents qui jouissent de la confiance de leurs capitaines[1]. On sent le danger qu'il y a à laisser ces hommes, d'une instruction bornée et de capacités plutôt faibles, en contact trop intime avec de futurs docteurs, avec des étudiants, avec des ouvriers malins et frottés de doctrines subversives, avec des *avantageurs* surtout, c'est-à-dire avec des élèves officiers qu'ils pourraient être tentés de ne pas traiter avec tous les égards dus à leur situation à venir. Le Français, tourmenté de l'amour de l'égalité, prend un malin plaisir à voir un caporal de la ligne molester un saint-cyrien et user de la supériorité qu'il possède aujourd'hui sur celui-ci, en attendant que demain vienne renverser les situations. Il en va tout autrement en Allemagne. L'*avantageur* qui entre dans un régiment pour y faire un stage de simple soldat y est regardé comme un officier en herbe : un sergent serait mal venu à vouloir le soumettre à la loi commune. Dans le maniement de l'homme de troupe, il y a donc à faire

1. Voir la « Note complémentaire » à la fin du présent volume.

preuve d'un doigté, d'un tact, qu'on ne peut attendre de gens du commun, comme sont les sous-officiers.

Aussi les lieutenants, non contents de surveiller ceux-ci et de les tenir très serré, n'hésitent-ils pas à se substituer bien souvent à eux. Ils se réservent la formation de leurs futurs camarades. Ou bien, au lieu de se promener de long en large sur le Champ de Mars, à la française, ils prennent sur les rangs les recrues maladroites dont les cadres subalternes ne peuvent venir à bout, et ils se donnent la peine de les exercer eux-mêmes; ils entreprennent de leur enseigner le maniement des armes ou toute autre partie du service. Ils prouvent ainsi et leur aptitude au commandement et leur volonté de ne rien négliger pour arriver au résultat voulu, qui est de rendre toute la compagnie prête au service de guerre en y réduisant au minimum l'inévitable poids mort des retardataires et des non-valeurs. Pendant douze ou quinze ans, ils accomplissent ce métier, et, par suite, ils en enlèvent la charge à leurs sous-ordres, réduisant ceux-ci à des fonctions sans intérêt, sans grandeur, dont rien ne fait oublier la fastidieuse monotonie, si ce n'est l'honneur de porter l'uniforme et la gloire de servir l'empereur.

De telles gens n'attendons pas une moralité irréprochable, bien entendu, et ne nous étonnons pas si nous apprenons que les journaux à caricatures « blaguent » leur bêtise, ni s'il leur arrive d'accepter un pourboire à l'occasion ou d'allonger un coup de poing à un de leurs hommes; bref, ils ressemblent fort aux anciens soudards, aux sergents à brisques et à chevrons de notre armée d'autrefois, et ils appartiennent à peu près à la même couche sociale qu'eux. Ils diffèrent donc très considérablement des nôtres, qui ont une composition extrêmement mélangée, qui proviennent de sources très diverses, et qui portent la peine de cette inconcevable hétérogénéité, mais parmi lesquels beaucoup sont des jeunes gens bien élevés, intelligents, appartenant à des familles aisées, parfois fort légers, mais parfois aussi sérieux, dont quelques-uns n'ont aucune délicatesse de sentiments, mais desquels il en est d'autres qui sont, à cet égard, comparables aux officiers eux-mêmes, voire supérieurs à certains.

Que si maintenant nous passons à ce qui forme le substratum de l'armée, c'est-à-dire à la matière vivante fournie par le recrutement, nous y relevons d'abord un trait caractéristique. Il y a en elle l'homogénéité que donne l'identité d'origine. Tous les soldats d'un même régiment sortent du même pays. Ils ont ainsi les qualités et les défauts inhérents à leur région; ils en partagent les préjugés et parfois le particularisme. Le Prussien, qu'il soit de la Poméranie ou du Brandebourg, méprise le Bavarois et le Badois. Ceux-ci, par contre, ne l'aiment guère. Mais si, dans le contingent, il y a des traits communs et comme un même goût de terroir, le service étant universel, la valeur individuelle des recrues est extrêmement variée, en raison du degré d'instruction de chacune d'elles et du rang qu'elle occupe dans la société.

En général, l'esprit de cette jeunesse est de nature à rendre la tâche aisée à ceux qui s'occupent de la former au métier des armes. Sans grande vivacité, elle est malléable, facile à pétrir, peu disposée à la révolte. Le mouvement qui entraîne la nation vers le socialisme et les théories subversives qui s'infiltrent à travers les murs des casernes n'ont pas encore détruit les habitudes de docilité et les prédispositions à subir les rigueurs de la discipline, voire le penchant à la servilité, que l'on constate dans le peuple allemand.

C'est avec joie que le soldat se rend au régiment; c'est avec plaisir qu'il sert; c'est avec fierté qu'il parle du temps qu'il a passé sous les drapeaux. En rejoignant son corps, il n'a pas l'appréhension de l'inconnu. Le recrutement étant régional, en effet, c'est souvent dans le bataillon, dans la compagnie même où ont servi ses frères aînés, qu'il est incorporé à son tour. Son père, qui déjà en a fait partie, soit comme recrue, soit plus tard comme réserviste, y connaît encore certains officiers, la lenteur de l'avancement maintenant presque indéfiniment ceux-ci dans leur poste, et la coutume étant de ne les déplacer qu'exceptionnellement, même quand ils viennent à changer de grade. La recrue sait donc à l'avance le sort qui l'attend et comment elle sera traitée. Elle l'est fort bien, en général, étant donné qu'elle est presque directement en contact avec les officiers, puisque ceux-ci ne délèguent aux cadres subalternes qu'une très faible partie de leurs attributions.

Le soldat jouit à la caserne d'un bien-être comparable à celui qu'il a chez lui. Sans doute, le régime est un peu sévère, mais sans exagération. L'autorité militaire voit d'un bon œil les relations que la famille conserve avec ceux de ses enfants qui sont enrégimentés. Comme le dit M. de Pardiellan [1], « le fantassin se trouve généralement en garnison dans son chef-lieu d'arrondissement, d'où résultent une foule d'avantages tant pour l'Etat que pour lui. Vivant à proximité de ses parents, il peut recevoir d'eux une foule de douceurs. Et l'Etat en profite pour ne lui donner, en revanche, que juste ce qu'il faut pour l'empêcher de mourir de faim. Toujours très pratique, le Gouvernement a permis l'envoi à prix très réduit (3 kilogrammes pour 20 pfennings, c'est-à-dire pour 25 centimes) des *Soldaten-Pakete* (colis postaux pour militaires). De cette

1. On ne saurait accepter sans contrôle tous les racontars de son livre, sur *l'Armée allemande telle qu'elle est* (Librairie Charles-Lavauzelle) : mais il n'en renferme pas moins beaucoup de vérités.

façon, les parents qui en ont tant soit peu le moyen expédient chaque semaine des caisses de vivres à leurs enfants. Ceux-ci peuvent, grâce à ce renfort, compenser l'insuffisance de leur ration journalière et résister, par suite, aux fatigues considérables qui leur sont imposées. »

Car on fait énormément travailler cette jeunesse, et c'est encore ce qui l'entretient en belle humeur. Rien ne déprime plus que l'oisiveté; les loisirs que nous donnons si libéralement à nos soldats, sous prétexte d'éviter le surmenage, causent plutôt du dégoût, provoquent de la lassitude et incitent au mécontentement. L'activité, saine au corps, est saine à l'esprit. Mieux vaut dépasser tant soit peu la mesure de ses forces que végéter dans l'inaction, mieux vaut excéder la limite d'élasticité de ses membres que les laisser s'ankyloser. L'effort continu, énergique, s'il est bien dirigé, ne saurait qu'être fructueux, et, l'étant, il laisse à la conscience une impression joyeuse de satisfaction. Voyez comme l'œil d'un jeune Allemand brille lorsqu'on l'interroge sur le régiment. Il a le sentiment d'y avoir appris beaucoup, de n'avoir pas perdu son temps, d'être devenu un soldat capable de se battre utilement pour son pays.

III

Les institutions auxquelles il a été soumis n'ont rien qui choque son bon sens. Elles sont rationnelles et conformées en vue de leur fin. Sans renoncer à l'apparat, on vise avant tout à l'utile. Les règles sont simples; le matériel aussi. On évite tout ce qui est par trop ingénieux et compliqué. On préfère des doctrines médiocres, mais stables, à des théories qu'un incessant désir de progrès rend perpétuellement changeantes et comme insaisissables. Mieux vaut s'accoutumer à une imperfection qu'user ses forces à poursuivre la perfection.

Un des éléments de l'extrême simplification de l'administration, pour ne prendre que cet exemple, est dans la confiance qu'inspire la haute probité des officiers. La menace toujours présente de l'ingérence parlementaire oblige nos ministres de la Guerre à faire « éplucher » de près les comptes par les fonctionnaires du contrôle, au-dessous d'eux par l'intendance, dans les régiments enfin par les officiers comptables. Il est tenu dans chaque compagnie des écritures multiples, destinées à établir le nombre exact d'hommes présents chaque jour. Ce nombre sert au décompte de la solde et des différentes indemnités journalières, auxquelles les absents n'ont pas droit. Et c'est parfaitement précis... à moins qu'on ne fasse des inscriptions fictives et qu'on ne donne le fameux « coup de pouce » ou le « coup de grattoir », qui sont toute la science de certains fourriers et de certains sergents-majors. Le capitaine allemand, lui, reçoit une somme fixe par jour pour l'entretien de sa compagnie, que l'effectif y soit au complet ou que des causes accidentelles l'aient abaissé au-dessous du chiffre normal. D'ailleurs, cet effectif est, en principe, fixe : qu'un vide vienne à se produire, par suite de décès, de désertion, de renvoi de l'armée, on puise de quoi boucher ce trou dans les hommes que la loi met à la disposition du Département de la Guerre et qui, étant quelque chose comme les anciens *bons numéros* de chez nous, attendent dans leurs foyers qu'on ait besoin d'eux. Certes le commandant de compagnie pourrait être tenté de réaliser des économies en maintenant par des permissions le niveau de sa compagnie au-dessous de l'étiage normal. Mais aucun ne le fait : peut-être la crainte de dénonciation que permet la liberté de la presse, mais surtout le sentiment du devoir retiennent des officiers qui savent de quel intérêt il est d'avoir sous les drapeaux et d'instruire le plus d'hommes possible.

Ce n'est pas qu'ils considèrent comme indispensable de préparer chaque citoyen au métier des armes. Ils en exemptent leurs ouvriers, auxquels ils enseignent juste ce qui est nécessaire pour porter convenablement l'uniforme et ne pas déparer le régiment. En quoi, en effet, l'escrime à la baïonnette peut-elle contribuer au bon maniement de l'alène, ou l'école de compagnie à la coupe du drap? La force de l'industrie moderne est dans la spécialisation. Pourquoi l'armée n'y chercherait-elle pas la sienne? Loin de s'éparpiller dans une multitude de directions, se concentrer sur une; ne pas chercher à se rendre apte à divers métiers de façon à pouvoir passer de l'un à l'autre, mais appliquer toutes ses facultés à celui qui vous est assigné, et ne jamais le quitter; ces principes, dont on peut dire qu'ils sont l'inverse des nôtres (chez nous, la note : « Propre à tous les services » est considérée comme la plus enviable qui soit), ces principes ont contribué à assurer la puissance militaire de l'Allemagne. Car de même qu'on y laisse les tailleurs tailler et coudre, et les bottiers confectionner des bottes et en réparer, de même on y laisse les commandants de compagnie commander.

Un capitaine de cavalerie, par exemple, reçoit chaque année un nombre déterminé de chevaux provenant des dépôts de remonte, et il est obligé d'entretenir tant de montures en état de faire campagne. Le surplus qui excède ce chiffre minimum, il est libre de le garder ou de le vendre. En le maquignonnant, il peut, s'il est habile, en tirer de gros profits dont bénéficie la caisse de son escadron. S'il ne trouve pas un assez bon prix de ces vieilles bêtes usées et quelque peu impotentes, il les utilise de son mieux pour les corvées; il les emploie à traîner des fourgons, jusqu'au jour où il juge plus avantageux de les livrer à l'équarrisseur. Chez nous, par crainte des « tripotages », dès qu'un cheval est reconnu impropre au service, on le réforme. Il est alors livré à l'Administration des domaines, qui le met en adjudication pour le compte du Trésor, sans se mettre autrement en peine de choisir le jour le plus favorable, celui où il est probable que les cours seront le plus élevés, sans même faire la toilette de la bête avant de la mener au marché. Le capitaine allemand a des droits que même nos colonels, voire nos généraux, ne possèdent pas : celui, par exemple, de nourrir sa cavalerie comme il l'entend..., pourvu qu'il la nourrisse bien et qu'elle soit toujours en condition. L'obligation ne lui est pas imposée de donner à ces animaux une ration uniforme, qui ne varie ni avec la latitude et le climat, ni avec la saison, ni avec le travail fourni et les fatigues subies. Libre à lui de remplacer l'avoine par des tourteaux de maïs ou des féverolles, de substituer le trèfle au foin[1]. Et cette détermination de la nourriture convenable, exigeant une attention constante, tenant en éveil la sollicitude des officiers, donne à leur existence un intérêt qui, sans doute, n'est pas d'un ordre très relevé, mais qui n'en est pas moins fort réel et appréciable.

Est-il utile de répéter que pourtant nulle part l'initiative conférée à ces officiers n'est moindre que dans la cavalerie, attendu qu'on y redoute les effets fâcheux que l'inexpérience (ou... les expériences) des capitaines pourraient avoir sur les chevaux? Ceux-ci

1. Nous en avons déjà eu une preuve très nette (page 73).

qui représentent une valeur élevée, sont d'une conservation précaire; qu'on vienne à abuser d'eux, il en résulte d'irréparables conséquences : on les tare prématurément, on les ruine, on les rend rétifs et dangereux. Il faut donc les employer avec une extrême prudence, en tenant le plus grand compte de l'expérience des siècles passés. Si la matière dont est faite l'infanterie s'est beaucoup modifiée et par le mode de recrutement et par la diffusion du savoir et par les idées ambiantes dont elle s'est pénétrée, la matière dont est faite la cavalerie ne s'est guère transformée avec le temps. Les encouragements prodigués pour l'amélioration de la race chevaline n'ont eu qu'un faible retentissement sur l'état physique (et encore moins sur l'état intellectuel!) des quadrupèdes fournis par les remontes. En dépit des courses et des concours hippiques, la « plus noble conquête de l'homme » est restée aussi bête que par le passé, et on ne peut affirmer qu'elle ait gagné, dans l'ensemble, du fond, de la vitesse, de l'endurance ou de la force de traction. Il est donc explicable que non seulement la tradition, mais encore les Règlements, restreignent d'une façon particulière l'indépendance des officiers de cavalerie, en ce qui concerne les soins à donner à leurs chevaux, et en ce qui est de l'emploi à faire de ceux-ci.

On voit donc que l'armée allemande n'applique ses principes qu'avec des accommodements. Elle n'est pas intransigeante; elle a le sens pratique et, par conséquent, met de la mesure dans ce qu'elle fait. C'est par quoi elle est d'une étude particulièrement profitable. Au lieu de règlements rigides, des traditions déformables; au lieu de règles impérieuses, des conseils, de simples conseils, suggérés par la manipulation des choses, non par des idées *a priori* et des conceptions de rêveurs.

Cette armée, au contraire de la nôtre, où chacun

cherche dans les textes officiels sa raison d'agir dans une conjecture déterminée, cette armée est très peu livresque. On n'y entend pas constamment dire que la « théorie » dit ceci, que cela est contraire à la « théorie ». On y a davantage recours aux lumières du bon sens. Les règlements y sont peu nombreux ; mais, par contre, inéluctables. Ce n'est pas assez de dire qu'on ne les discute pas ; il ne vient même à l'idée de personne, ou presque, qu'on puisse les discuter. En tous cas, on soumet toujours à eux sans arrière-pensée, et avec le ferme propos de les mettre en œuvre pour le mieux : on s'y efforce de tout son possible, en y déployant toute son intelligence. De telle sorte qu'il y a à la fois, dans les habitudes du monde militaire, beaucoup de fixité et beaucoup de vie. On est ferme sur les principes, sans pourtant s'immobiliser. Les questions y sont traitées humainement, c'est-à-dire par des hommes qui ont affaire à des hommes. Une preuve encore nous en est fournie par ce fait que l'inexorable loi de la limite d'âge n'y fait pas sentir son inflexibilité brutale, aveugle et souvent maladroite. L'autorité suprême s'est réservé le pouvoir discrétionnaire de déterminer l'heure de la retraite. Et certes il serait à craindre, — si, du petit au grand, tout le monde n'était pas guidé par le sentiment du devoir, — que le souverain mésusât de cette faculté, qu'il n'employât pas pour le seul bien du service cet arbitraire dont il a la jouissance. La méfiance de notre régime parlementaire s'accommoderait mal d'un tel régime, et, à la vérité, on ne saurait l'en blâmer. Il n'en reste pas moins que, en jouant de la limite d'âge comme un éclusier joue d'une vanne qu'il relève et abaisse tour à tour, au moment opportun, on maintient le niveau, en assurant le débit qu'il faut. Quand il y a encombrement, on donne de l'écoulement : si c'est nécessaire, on l'arrête.

Chez nous on est fort embarrassé pour calmer les impatiences des officiers qui se morfondent sans avancement et qui sont pressés d'arriver au grade supérieur. On se tire vaille que vaille de cette difficulté en créant des emplois nouveaux, en constituant parfois des régiments dont le besoin, à tous autres points de vue, ne se faisait aucunement sentir. Au surplus, nous avons fini par imiter nos voisins, avec même plus de dureté, avec plus d'arbitraire aussi. Depuis quelques années, sans crier gare, nous mettons d'office à la retraite les vieux serviteurs qui ont cessé de plaire et dont la place est l'objet de convoitises. Nous aggravons, pour eux, les rigueurs de la loi de la limite d'âge, et nous les plaçons ainsi, pour prix des longues années qu'ils ont consacrées au pays, dans une situation humiliante. Le public a quelque peine à comprendre ces épurations, qui tendent à prouver que notre corps d'officiers est encombré de non-valeurs et qu'il en faut sacrifier des membres pourris. Les intéressés, c'est-à-dire les nombreux camarades des victimes, redoutant un sort analogue à celui que celles-ci ont subi, se découragent et s'inquiètent, ou se remuent et font agir l'intrigue.

Même quand il est obligé d'opérer des exécutions de ce genre, l'empereur d'Allemagne y met des formes que nous ne connaissons pas ; il sauve les apparences en donnant de justes compensations pécuniaires ou honorifiques à des malheureux qui n'ont d'autre tort à se reprocher que de n'avoir pas conservé la souplesse de leur intelligence ou de leur corps, mais dont le zèle n'a pas fléchi, dont la bonne volonté s'est maintenue jusqu'au dernier jour et qui n'ont jamais cessé de faire honneur à l'uniforme qu'ils portent.

Ceci n'est possible, il faut le reconnaître, que dans des conditions toutes spéciales, dans un milieu où règne un excellent esprit et où le bien du service est l'unique préoccupation de tous. Que le chef de l'Etat vienne à se désintéresser des choses militaires, qu'il laisse le favoritisme régner dans sa cour, qu'il abandonne sans contrôle l'omnipotence à un ministre indigne de sa confiance, que la lassitude d'une longue et interminable paix attiédisse l'ardeur du corps des officiers, que la présomption de ceux-ci endorme leur vigilance, et alors on verra le peu qui restera de cet admirable instrument de guerre, arrivé aujourd'hui à un degré de puissance qu'il n'avait peut-être jamais atteint jusqu'à présent.

La réglementation puise sa force en ceci qu'elle prévaut même quand les hommes font défaut. Elle est le volant de la machine qui conserve la vitesse et l'élan. Les textes écrits ont une vertu propre, laquelle, à la vérité, n'a rien de bien considérable. Sur les tables de pierre de la loi, les mauvaises volontés viennent se briser. Le malheur est que les bonnes volontés s'y brisent aussi. Si une étroite codification officielle a cet avantage d'empêcher les écarts dangereux et l'inertie plus dangereuse encore, elle fait obstacle bien souvent à l'enthousiasme, aux grands mouvements de passion qui pourraient soulever une armée et l'entraîner vers la perfection. Elle contient tout dans une juste mesure, et ce n'est pas toujours une bonne mesure.

L'impression que laisse l'étude de l'organisation militaire allemande, c'est qu'elle est beaucoup plus souple qu'on ne se l'imagine. Fournissant au pays des éléments d'action très divers, elle en permet la mise en œuvre intégrale. Et c'est sa force. On sent aussi que, si l'esprit guerrier cessait de la vivifier, cette machine militaire perdrait aussi vite sa puissance qu'elle l'a fait précédemment après Rosbach et après Waterloo. Mais nous n'en sommes pas là. Elle est, quant à présent, parfaitement remontée, et elle marche à merveille.

Chacun s'y sent à l'aise, chacun y est à sa place, chacun y donne ce qu'il est capable de donner. Et qu'importe après cela que le fusil laisse à désirer, ou que le problème du tir rapide de l'artillerie n'ait pas trouvé sa solution dans l'adoption du canon nouveau?...

IV

D'un côté, un sol d'une fertilité merveilleuse, mais négligé, où croissent librement des végétations luxuriantes, chargées de fruits savoureux, mais enlacées de lianes et d'un fouillis de plantes parasites; de l'autre côté, un terrain ingrat, mais dont aucune parcelle n'est laissée à l'abandon, mais qui est amendé par des moyens artificiels, mais où ne pousse aucune mauvaise herbe, mais dont une culture intensive exprime en quelque sorte tous les sucs nourriciers et utilise toutes les ressources. Ainsi semblent pouvoir être présentées, sous forme de comparaison avec notre armée, les conclusions qui se dégagent des considérations qui précèdent. Mais il convient de ne les admettre que sous certaines réserves; la réalité est trop complexe pour qu'on puisse la faire tenir dans une formule et la résumer dans une image. Les nécessités de l'exposition didactique, jointes à nos goûts simplistes et à notre amour pour le rationalisme, font que nous présentons les choses en gros, par masses, en négligeant mille petites anomalies, une foule d'exceptions et de contradictions, de sorte qu'on peut démontrer que rien de ce que nous affirmons n'est vrai.

Si, par exemple, je prétends, contrairement à certains auteurs, que le sentiment féodal ne subsiste plus guère en Allemagne, on pourra citer bien des faits probants pour établir qu'il y est encore puissant. Eh! oui, certes, il en reste des vestiges, et ces vestiges, dans leur isolement, nous paraissent plus grands qu'ils ne sont. N'avez-vous jamais rencontré, en vous promenant dans la campagne, un mur en ruines, chargé de lierre, et d'aspect si imposant que vous vous êtes demandé s'il n'avait pas appartenu jadis à quelque manoir? Approchez-en, pourtant, et mesurez-le. Vous reconnaîtrez bien vite que c'était le pignon d'une méchante masure, de quelque pauvre bicoque que vous n'auriez pas remarquée, si elle avait été intacte.

Les organismes sociaux ne sont pas construits avec la simplicité et la rigueur d'un théorème de géométrie. Les institutions militaires reflètent le passé; elles sont imprégnées de souvenirs et de traditions; même les innovations, parce qu'elles ont le caractère de réaction contre un certain état de choses, portent en soi une trace de ces choses. Les influences historiques contrarient ou neutralisent ou accentuent les tendances que la raison veut faire prévaloir et leur font perdre toute apparence d'unité et de logique.

Le mode de recrutement des armées n'échappe pas à cette loi commune à toute œuvre humaine. Bien que, en Prusse comme en France, on cherche à obtenir une grande puissance militaire, on s'y prend ici et là de façons différentes. Ici, où les mots *Liberté*, *Egalité*, *Fraternité* s'étalent au fronton de tous les édifices, on cherche la force surtout dans le nombre, en imposant à chaque citoyen les mêmes charges ou des charges équivalentes; là, où le sentiment des castes sociales, le respect de la noblesse, n'ont pas encore tout à fait disparu (leur disparition se fait lentement et par « voie d'extinction », sans provoquer de crises comparables à la Révolution française), là, dis-je, on a pu profiter de l'habitude, que la population a acquise, de tolérer les inégalités. Tandis que chaque loi nouvelle, chez nous, marque, dans la répartition de l' « impôt du sang », un pas de plus vers l'uniformité, il ne s'élève jamais de protestation, en Allemagne, contre la diversité des régimes imposés aux sujets de l'empereur. Les uns servent douze ans; d'autres, quatre (ces deux catégories, il est vrai, de leur plein gré et par suite d'un marché librement consenti); les conducteurs du train ne restent que six mois sous les drapeaux, et les infirmiers, dix-huit mois. Plus du tiers du contingent (environ 130.000 sur 330.000, défalcation faite des impotents et de ceux qui, à un titre quelconque, sont reconnus impropres au service) restent dans leurs foyers et ne reçoivent aucune instruction à la caserne. Les « appelés » servent pendant trois ans, en principe; mais ils peuvent bénéficier du renvoi anticipé de leur classe ou de semestres libéralement octroyés par faveur personnelle. Depuis quelques années, le temps de service est réduit à deux ans pour l'infanterie. Enfin il y a une catégorie spéciale, celle des volontaires d'un an. Les députés les plus progressistes ne réclament pas l'unification de ces traitements si variés, pas plus qu'ils ne protestent contre l'arbitraire gouvernemental; s'ils formulent quelques réserves, c'est timidement, du bout des lèvres, par acquit de conscience. Esprit de caste, vestiges de la féodalité, servilisme, disent les uns. Tout simplement traditions qui contrastent avec l'envahissement des mœurs démocratiques, mais qui n'en subsistent pas moins, parce qu'on est trop habitué à elles pour souffrir de ce qu'elles ont de dissonant. Il en est d'elles comme de la morbidité héréditaire, qu'on ne peut analyser, qui échappe au diagnostic et qui finit par se révéler un jour brutalement. « La grande liberté d'action qui est laissée (ainsi) au Gouvernement ou à ses agents, dit le général Cosseron de Villenoisy, leur donne le moyen de composer l'armée comme ils le jugent convenable et d'y comprendre ou d'en exempter qui ils veulent. On s'arrange de manière qu'aucun jeune homme ayant de l'éducation n'entre au service comme simplement appelé, ainsi que le colonel Kaulbars en a fait la remarque dans ses Rapports. C'est une précaution à laquelle on tient beaucoup; on maintient ainsi une différence complète entre les différentes classes de la société ».

Le Français a horreur des castes. Cette horreur lui fait même parfois méconnaître le principe si démocratique de la proportionnalité du rang au mérite. Ne supportant pas qu'il y ait d'aristocratie, il lui arrive de ne pas même vouloir ce qu'on appelle l'aristocratie de l'intelligence, et, s'il admet qu'il se forme une élite, c'est sous la condition qu'elle ne jouira d'aucune prérogative. Tous nos efforts tendent à supprimer les privilèges et à considérer les récompenses méritées comme des faveurs arbitrairement distribuées. Il n'y a pas jusqu'aux aspirants-officiers qu'on ne veuille contraindre à porter le sac et à manger à la gamelle, beaucoup moins dans l'intérêt de leur instruction professionnelle que pour donner satisfaction aux instincts égalitaires que certains politiciens ont suggérés à la population.

Les Allemands font tout ce qu'ils peuvent pour soustraire les officiers, déjà même lorsqu'ils sont simples aspirants, au contact de la troupe. Quoiqu'on les oblige à servir sans grade, on les dispense de toutes les corvées; ils mangent à part; ils ont un brosseur; souvent même on leur permet de ne pas coucher à la chambrée; enfin un insigne spécial indique qu'ils ne font point partie du commun et leur assure des égards particuliers. Les volontaires d'un an sont, eux aussi, soumis à un régime de vie qui n'est pas celui des autres soldats.

L'uniformité n'existe même pas dans la tenue des troupes, bien que, pour la simplicité des approvisionnements, on ait imposé une coupe et des dimensions uniques pour tous les effets. D'un corps à l'autre, d'un régiment à l'autre, il y a des différences caractéristiques. L'infanterie bavaroise se reconnaît à ses pantalons bleu de ciel. Les ornements de la patte d'épaule sont les initiales du souverain qui est chef honoraire du régiment, ou bien ce sont des couronnes royales ou ducales; la couleur des attributs, ainsi que celle des parements, la position et le nombre des boutons, distinguent les divers corps de même arme. On n'a pas voulu que ce fussent de simples unités interchangeables, reconnaissables seulement à leur numéro. On a tenu par ces moyens à leur constituer une personnalité. Et, tout en supprimant peu à peu les écarts de tenue que présentaient les diverses armées de la Confédération germanique au moment de la création de l'Empire d'Allemagne, on s'est efforcé d'en laisser juste assez pour marquer des différences. Aussi obtient-on un certain esprit de corps qui a du bon ; l'homme s'attache à tout ce qui le distingue de ses semblables. Sa nature triomphe des doctrines égalitaires, et il se sent fier de posséder un insigne que ses camarades n'ont pas.

Ce n'est là pourtant qu'une des moindres origines de l'esprit de corps. On a prétendu, en France, faire naître cet esprit de toutes pièces, en créant des salles d'honneur, où sont suspendus des tableaux représentant les batailles auxquelles le régiment a pris part, en inscrivant le nom de ces batailles sur son drapeau, en publiant son historique. Ces procédés factices ne donnent rien qui vaille, ou presque rien : avez-vous entendu un soldat, rentré dans ses foyers, se vanter d'avoir appartenu à tel corps qui s'est distingué à Wagram ou à Solférino? — Non : il se loue des chefs sous lesquels il a servi, et il est plus sensible à la douceur d'avoir été bien traité par eux qu'à la gloire d'avoir porté au képi tel numéro dont l'illustration est encore toute chaude, pour ainsi dire, ayant été acquise récemment sur les champs de bataille du second Empire ou dans la conquête de l'Algérie ou dans quelqu'une de nos expéditions coloniales. Le régiment français n'a pas d'individualité, parce qu'aucune tradition propre ne s'y perpétue, et il ne peut s'en perpétuer aucune dans des corps composés de recrues provenant des quatre coins du territoire et où les officiers ne font que passer.

Le régiment prussien, établi en permanence au centre du pays qui lui fournit la totalité de ses soldats, est, pour ainsi dire, imprégné d'un goût de terroir ; les mœurs locales déteignent sur lui. Des Poméraniens et des Bavarois ou des Saxons ne se ressemblent pas plus que des Ardennais et des Bretons ou des Provençaux. Et ces dissemblances, que la France redoute au point de vue de son unité et de son homogénéité, l'Allemagne, au contraire, en tire parti pour exciter des émulations qui, à la condition d'être bien dirigées, sont fécondes. La direction est donnée par des officiers très unis et très stables qu'on déplace rarement, et qui, pour la plupart, passent toute leur vie dans le même corps, n'étant jamais détachés dans des emplois parasites, dans des « embuscades », dans des situations hors cadres. L'avancement se faisant à l'ancienneté, sauf dans de fort rares exceptions, on reste très longtemps dans chaque grade. Pour assurer encore mieux la permanence, l'usage a séparé l'emploi du grade, de telle sorte que le titulaire d'un commandement de compagnie pourrait être lieutenant, capitaine ou major ; un même officier occuperait donc, à la rigueur, le même emploi dans trois grades successifs, et, par suite, s'y éterniserait. C'est ainsi que les traditions s'établissent et se conservent; les historiques ont alors leur raison d'être, car il y a filiation directe entre le 11e grenadiers qui se battit à Saint-Privat et le 11e grenadiers d'aujourd'hui.

Les traditions naissent par génération spontanée. En vain veut-on inculquer l'esprit de corps par ordre; l'esprit de corps s'obstine à ne pas se former. Il ne peut se développer que dans le calme et au milieu de la stabilité. L'armée française, constamment agitée, secouée et trépidante, ne saurait l'acquérir. On change trop souvent de garnison, on déplace trop les officiers, on renouvelle trop souvent les cadres inférieurs. Cherchez dans l'*Annuaire de l'armée française*, des corps où il reste un officier sur dix, à quinze ans de distance ; vous n'en trouverez pas. Pourquoi donc vouloir que le 42e de ligne, qui s'est si bien comporté à Paris, sous les ordres du général Vinoy, s'intéresse aux exploits de la 42e demi-brigade? En descend-il réellement, et y a-t-il entre ces deux troupes autre chose qu'une homonymie en quelque sorte accidentelle? Feuilletez, au contraire, dix années consécutives de la *Rangliste*, vous retrouverez les mêmes cadres dans n'importe quel régiment allemand. Sa physionomie ne varie qu'insensiblement.

Sans doute il se peut qu'il y ait là quelque exagération et que l'Allemagne ne rajeunisse pas assez ni ses règlements ni son personnel. On s'y cramponne au passé et, comme il faut pourtant se tenir aussi au courant du progrès, on en arrive à exiger bien de la besogne inutile. Le fétichisme superstitieux des vieilles coutumes a fait, par exemple, maintenir la formation de l'infanterie sur trois rangs, jusqu'au jour où, croyant utile de combattre sur deux, on a adopté ce nouvel ordre de bataille, mais sans renoncer à l'ancien. De là, certaines complications. L'amour de la stabilité poussé à ce point, serait assurément condamnable, s'il ne contribuait à inculquer le respect de ce qui est. Il en va de même de la lenteur de l'avancement : elle permet les réformes mûries, progressivement introduites ; elle empêche les ambitions remuantes et désordonnées de se donner carrière. Le progrès ne se fait donc pas avec des soubresauts ; on ne tourne jamais par des coudes brusques ; on sort de la routine par une déviation tellement insensible que, tout en s'écartant de la voie où on était engagé, on a encore l'air de la suivre.

Pendant longtemps, l'Europe n'a rien compris à cette obstination en des errements démodés. Elle a assisté, bouche bée, à des grandes manœuvres où elle voyait l'infanterie allemande se présenter sur le champ de bataille en lignes compactes, formant un but visible et vulnérable. Eh ! quoi ? l'anéantissement de la Garde royale à Saint-Privat ne lui avait donc pas servi de leçon? Elle ne craignait pas de s'exposer avec l'absurde témérité qui, en 1870, avait été si cruellement punie?

La raison de cette manière de faire doit être cherchée dans le désir de ne pas troubler les idées de la troupe et des cadres subalternes. Aux officiers, qui sont la partie intelligente de l'armée, on expliquait nettement comment ils devraient agir à la guerre. On leur disait (Règlement du 1er septembre 1888) qu' « une infanterie est invincible sur son front, si elle sait dédaigner les pertes occasionnées par le feu aux grandes distances, et si elle accueille de sang-froid un assaut. Pour peu qu'elle s'entende à utiliser le terrain ou les abris artificiels, elle n'a nul besoin d'être soutenue. Son seul point vulnérable, c'est son flanc, si celui-ci n'est couvert par le terrain même ou par d'autres troupes ». On leur disait aussi que « le feu en formations serrées est l'exception ». En un mot, on rajeunissait l'esprit de l'armée en agissant sur ceux qui la mènent, mais on conservait les surannés dispositifs. Il y avait coexistence d'un esprit nouveau et de formes anciennes. Et c'était de quoi surprendre bien des gens.

Dans le même temps que ces doctrines étaient enseignées, notre armée mettait en pratique des principes tels que celui-ci, qu'on peut lire dans un de nos avant-derniers documents officiels : « Une infanterie brave et énergiquement commandée peut marcher, même sous le feu le plus violent, contre une position retranchée et s'en emparer ». Si cette phrase, visiblement inspirée par le général Dragomiroff[1], a disparu de nos théories, le même esprit anime celles-ci, et nous continuons à nous représenter l'assaut, à l'exécuter aux grandes manœuvres, tel qu'il est décrit dans notre *Instruction pour le combat* du 29 juillet 1884 :

Lorsque le moment est venu, le bataillon de réserve, — la troupe de choc — se forme en ligne déployée; le drapeau découvert est placé au centre, les officiers devant le premier rang. Au signal donné, les tambours et les clairons battent et sonnent la charge; la cadence devenant de plus en plus vive, le pas de course succède bientôt au pas de charge, et le bataillon, énergiquement enlevé, se

1. Ces lignes étaient non seulement écrites, mais imprimées depuis bien des années, lorsque *la Revue de Paris* a publié, dans son numéro du 15 août 1899, un article où je trouve le passage suivant :

« On admet pleinement, chez nous, la possibilité des attaques de front. On a pu lire, dans l'un de nos règlements, des « phrases » du goût de celle-ci : « Une infanterie brave et énergiquement commandée peut marcher, même sous le feu le plus » violent, contre une position retranchée et s'en emparer ». Visiblement, l'influence du général Dragomiroff n'est pas étrangère à ces assertions au moins imprudentes. Il n'y est tenu aucun compte des réalités de la guerre. Les Allemands se sont mieux inspirés des souvenirs du passé et notamment de l'attaque de Saint-Privat par la Garde royale prussienne. Certes il s'agissait là d'une infanterie « brave et énergiquement commandée », comme l'ont prouvé ses pertes. Elle n'en a pas moins échoué dans un premier assaut tenté uniquement de front ».

précipite sur la position aux cris répétés de : *En avant! A la baïonnette!* Cette position enlevée, le bataillon se porte rapidement à la lisière extérieure et poursuit l'ennemi de ses feux.

Ah! certes, voilà qui est facile à... écrire. Et ce petit tableau rappelle le paragraphe relatif à l'ancienne théorie du « passage des fossés », à l'usage des troupes du génie : « Le premier sergent arrive sur le bord de la contrescarpe ; il jette sa fascine, et il est tué ; le second sergent fait comme le premier et il est également tué... » C'est de l'héroïsme en chambre. Croit-on que, par ces phrases superbes, répétées pendant trois ans, on aura inculqué le mépris de la mort à des jeunes gens qui ont passé vingt ans à aimer la vie? L'instinct de la conservation est plus fort que la petite couche de bravoure superficielle que peuvent donner les exhortations les plus chaleureuses. On aurait tort cependant d'ériger la prudence en système, de recommander aux tirailleurs de se cacher, de se coucher, de marcher en rampant. Ils n'auront que trop de tendance à la pusillanimité, et il faut ne pas les y encourager. Voilà pourquoi les Allemands leur disaient d'avancer le front haut, paisiblement, tranquillement, coude à coude, en tirant posément. Voilà pourquoi ils les y habituaient aux grandes manœuvres; ils cherchaient à leur inspirer de la crânerie plutôt que de la timidité. Mais est-ce à dire que, sur le champ de bataille, on dût conserver ce coude à coude, cette démarche solennelle, cette tranquillité d'allures et cette impassibilité? Non : on ne les conservera pas, et même on ne cherchera pas à les conserver. Les nouveaux Règlements l'indiquent formellement[1].

1. Dans l'article que j'ai déjà cité tout à l'heure, M. Pierre Lehautcourt s'exprime ainsi :

« Il est nécessaire de souligner cette affirmation du Règlement

Chez nous aussi, d'ailleurs, on prendra conseil des circonstances, car on sent bien que l'épreuve des champs de bataille révélera des nécessités dont on ne se doute pas : elle amènera des réformes qui naîtront en quelque sorte d'elles-mêmes. Qu'on se rappelle seulement ce qui s'est passé en 1870.

Tous les corps de troupe subirent des pertes énormes lors de leur première rencontre avec l'ennemi, dit le prince Hohenlohe ; et plus tard, tout en perdant relativement moins de monde, ils obtinrent des résultats tout aussi importants.

Il en résulte logiquement, de toute évidence, que, dans les premiers engagements, on avait dû commettre des fautes qui ont amené ces pertes trop considérables, et que ces fautes, on les évita dans la suite, après en avoir cruel-

allemand : « Le feu en formation serrée est l'exception ». Il y a là une opposition absolue avec les principes admis par le Règlement d'exercices de notre infanterie. Celui-ci pose en axiome la supériorité du feu de salve sur les feux individuels. Il évite l'expression *ordre dispersé*, ou même celle de *tirailleurs*. Il est surprenant de voir la France, qui a, la première, introduit le combat de tirailleurs dans la grande tactique, lors des guerres de la Révolution, remonter le cours naturel des choses et tenter de revenir à la tactique linéaire du temps de Frédéric II. Evidemment le premier souffle de bataille emportera ces vains retours vers le passé. On combattra de nouveau en tirailleurs, les feux de salve redeviendront une rare exception, de par la force même des choses. Mais alors pourquoi cette éducation du temps de paix, si peu appropriée aux conditions de la guerre réelle ? Pourquoi enseigner à notre merveilleux petit soldat d'infanterie, si apte au combat individuel, une formation de combat en ordre serré, contre laquelle protestent toutes ses aptitudes et toutes ses traditions ? Le fantassin allemand est plutôt fait pour l'ordre serré et le feu de salve; on lui enseigne avec le plus grand soin le combat en tirailleurs et le tir individuel. Nous faisons exactement l'inverse. Il y a là une contradiction qu'il est assurément plus facile de constater que de comprendre ».

L'explication de cette antinomie apparente n'est-elle pas dans cette tendance que chacun de nous a à étouffer les défauts qu'il reconnaît en soi ? Nous bridons notre instinctive impétuosité; les Allemands cherchent à donner de l'éperon à leur mollesse native.

lement ressenti les conséquences. La responsabilité de les avoir commises ne pèse pas sur tel ou tel: elles ne sont pas imputables à celui-ci plus qu'à celui-là, car on les constate partout ; elles découlent donc du système appliqué, des principes admis. Aussi, après la guerre, le besoin s'est-il fait universellement sentir de modifier ces principes ; de là proviennent les nombreuses propositions de remaniement qu'on formula alors.

Il est incontestable que la portée du chassepot fut pour nous une surprise, et qu'au début nous avancions partout sans appréhension, à portée de cette arme, en colonnes serrées, nous imaginant bonnement que nous avions bien le temps de nous former en petits paquets. La fois suivante, bien entendu, nous n'avons plus procédé de même...

Donc, après les premières grandes batailles et les pertes énormes qu'elles entraînèrent, on adopta d'autres formations et on y exerça les hommes. Ces formations nouvelles, fruits d'une douloureuse expérience, furent reconnues bonnes dans la pratique.

La prochaine guerre imposera aussi certainement de nouvelles manières de combattre qu'on ne saurait deviner et pressentir, étant donné que l'effet matériel des projectiles n'est pas seul à craindre et qu'ils ont une action morale et physiologique sur laquelle on est loin d'être fixé. Les Russes devant Plewna ont été paralysés et cloués sur le sol par l'action stupéfiante d'une fusillade assez peu meurtrière, pourtant, mais à laquelle ils ne s'attendaient pas. On leur avait dit qu'ils n'avaient à craindre les balles qu'à une portée de quelques centaines de sagènes, et c'est à une distance de deux verstes qu'ils les entendaient siffler ! Il y avait là de quoi éprouver le courage le plus solide.

Eh bien ! quel effroi produira le tir sans fumée ? Etre atteint sans savoir d'où viennent les coups, n'est-ce pas encore une perspective qui fait froid ? Personne ne sait rien de ce qui se passera réellement à la guerre ;

les nouveaux Règlements ne peuvent donc se flatter de le prévoir. — Est-ce à dire qu'il soit mauvais de maintenir la cohésion des lignes, en leur laissant de la densité, en rétablissant jusqu'à un certain point le coude à coude ? — Non, car ces dispositions facilitent la surveillance, tandis que, en laissant les tirailleurs se terrer dans des abris isolés, on risque de leur donner l'idée fausse qu'ils sont indépendants et qu'ils échappent à tout contrôle. On n'a pas tort non plus de leur prêcher l'offensive, mais, — encore une fois, — si elle n'est pas dans leur sang, s'ils n'en ont pas l'instinct, de naissance, il ne faut pas trop compter sur les « théories » pour leur en inculquer le goût.

Faut-il même avouer qu'il y a une limite à garder en ce sens ? Considérons l'armée allemande, si obstinément stylée à l'attaque. Qu'arriverait-il si son impétuosité venait se briser contre les camps retranchés de la frontière, beaucoup moins négligeables qu'on ne le prétend ? Elle userait sa patience dans les longueurs des sièges ; elle serait étonnée de rencontrer des obstacles ; elle serait émue de ne plus retrouver les succès rapides et faciles et éclatants de 1870. En vain la prévient-on. Von der Goltz lui répète à satiété que « la prochaine guerre ne sera pas aussi rapide que la dernière, tant s'en faut », que « la lutte *traînera* ».

Par conséquent, ajoute-t-il, même si nos armées devaient être conduites avec autant de circonspection qu'elles l'ont été précédemment, même si elles devaient se montrer aussi braves, il ne faut pas compter sur la rapidité foudroyante d'opérations qu'on a atteinte en 1886 et 1870, ni sur des succès aussi brillants et aussi décisifs. Après la bataille de Lowositz, Frédéric écrivait au vieux feld-maréchal de Schwerin : « Ce ne sont plus les Autrichiens d'antan ». Et nous aussi, au début de la prochaine guerre, nous serons obligés de faire cet aveu : « Ce ne sont plus nos ennemis d'antan ». Qu'on se mette bien cela dans la tête pour ne pas entrer en campagne avec des idées fausses. On serait infailliblement désabusé. Et ce mécompte pourrait ébranler la confiance des troupes dans leurs chefs, bien que le ralentissement dans la marche des opérations soit imputable à des causes on ne peut plus naturelles. En tout cas, à l'avenir, il faudra se donner plus de peine pour aboutir à un résultat moindre, au début.

La masse de l'armée ne saura pas se dire tout cela et se cuirasser d'une aussi philosophique résignation ; elle a conscience des efforts qu'elle a accomplis, du travail qu'elle a fourni, de la valeur de ses chefs, de la perfection de son armement, de l'excellence de ses institutions. Elle compte sur un succès immédiat. Elle sent qu'on lui a demandé tout ce qu'elle pouvait donner, et qu'elle ne pourrait pas donner davantage : les forces humaines ont une limite. Un échec, ou simplement la prolongation de l'attente du succès, la démoralisera d'autant plus sûrement qu'elle est accessible au découragement, même au milieu de ses triomphes. L'écrivain éminent que nous venons de citer le rappelle dans une page trop topique pour n'être pas transcrite dans cette étude. La voici :

Après une période un peu longue d'efforts et de travaux guerriers, une lassitude s'empare des âmes, lassitude qui détruit toute activité et qui traverse peu à peu toutes les couches de l'armée pour arriver jusqu'au simple soldat...

Dans une guerre longue et pénible, la qualité intrinsèque de la troupe baisse progressivement... On supporte allègrement des fatigues et des privations de toutes sortes, des marches de nuit sur la terre humide, même pendant des semaines, mais non durant de longs mois. Toutes ces épreuves calment singulièrement l'ardeur guerrière. Si un petit nombre de natures privilégiées échappent à leur effet, la grande masse les subit, et c'est avec elle qu'il faut compter...

Quiconque ne connaît pas la guerre néglige facilement ce détail. Il s'imagine que les « vétérans » s'avancent avec une ardeur qui va grandissant de champ de bataille en champ de bataille, à mesure qu'ils ornent leurs fronts de nouveaux lauriers, et que ces lauriers, ils les cueillent avec une peine sans cesse moindre. Mais il est impossible de rester un héros avec une égale et inépuisable abnégation, quand les combats se renouvellent chaque jour, quand on est accablé par l'incessante continuité du danger, quand il faut cheminer dans la boue et se coucher sur le gazon mouillé. L'enthousiasme ne résiste pas facilement à la boue... Pendant la retraite d'Iéna à Prenzlau de vieux grenadiers s'entre-tuaient pour n'avoir plus à marcher. Si les souffrances de la guerre sont telles qu'elles surmontent la crainte de la mort, pourquoi ne triomphe-ient-elles pas de l'enthousiasme du novice? Ceux qui revenaient de faire leur première campagne, on les a souvent entendus s'écrier : « Encore une illusion de moins ! » Peut-être l'adolescent ira-t-il plein d'une noble ardeur sur le champ de bataille la première fois, alors que l'existence du soldat lui est inconnue et ne lui apparaît qu'à travers les embellissements de l'imagination ; il aura soif d'aventures et de périls, et il réagira contre le dégrisement de la réalité. Mais il finira bien par céder...

On a dit quelquefois, en 1870 et 1871, qu'à force de vaincre une armée pouvait s'épuiser jusqu'à en mourir. Cela a tout l'air d'un paradoxe, mais il y a du vrai là-dedans. *La majorité des soldats se lasse même d'une guerre heureuse*[1]. Les peuples civilisés en ont bien vite assez d'une situation exceptionnelle telle que la guerre, qui bouleverse leur calme et leur développement. C'est pour ce motif que les Anciens redoutaient les Barbares relativement peu impressionnables aux changements d'existence.

Et si cette lassitude se manifeste quand la guerre a eu un cours heureux, combien plus vite se produira, dans

1. C'est von der Goltz qui souligne cette phrase.

les défaites et les retraites, l'épuisement complet de tout enthousiasme guerrier !

Que se passerait-il donc, en résumé, si la France était de nouveau appelée à se mesurer avec l'Allemagne ?

Dans cette première période du duel, lorsque les adversaires froisseraient le fer, avant de s'engager, il faudrait s'attendre à voir se détendre progressivement le ressort de l'armée allemande, trop fortement bandé et depuis trop longtemps.

Et, au contraire, chaque jour d'immobilité donnerait à la France une nouvelle occasion d'espérer. Elle sentirait que ses vainqueurs d'autrefois ne sont plus aussi heureux qu'ils l'ont été. Derrière l'armée, une population patriote renouvellerait les prodiges de 1870, d'une époque où l'initiative privée a accompli des merveilles, triplant la capacité de transport des chemins de fer, créant du matériel de guerre, organisant des convois, fournissant un personnel civil d'élite pour les services auxiliaires. Tout cela a été improvisé alors qu'on ne s'attendait à rien de semblable. Aujourd'hui, sans être prêt à tout, on s'attend à tout. Les bonnes volontés sont en éveil, et on saura les utiliser ; quant à la direction, qui a manqué naguère, elle ne fera plus défaut. S'il y a des défectuosités de détail, elles ne se feront pas sentir. Occupant une position défensive, on pourra ne pas se charger outre mesure, et les marches ne seront point longues ni pénibles. Chaque jour aguerrira l'armée et augmentera sa confiance. Si elle trouve des chefs dignes d'elle, elle renouvellera ses exploits passés et étonnera le monde par la grandeur de ses succès, comme par sa modération dans la victoire. Que la France soit mal préparée pour attaquer, c'est fort possible. En tous cas, elle est en état de se défendre victorieusement. Et s'il lui arrive de prendre l'offensive, n'est-il pas infiniment probable que ses premiers succès ne tarderaient pas à terroriser des âmes dont la nature est quelque peu veule et dont l'exaltation est obtenue par des moyens artificiels, à force de volonté de la part des chefs? N'est-il pas probable aussi qu'en face d'elle, d'elle qui a fait, dans l'adversité même, l'épreuve de sa solide cohésion, on risquerait fort de voir s'émietter ce groupement factice de nations diverses qui constituent l'Allemagne? Si elles se résignent de plus ou moins à subir la même loi tant que les choses marchent bien, ne peut-on craindre qu'elles se disjoindraient en cas de danger?

L'ARMÉE AUTRICHIENNE

Le prince de Ligne a consacré un chapitre de ses célèbres *Préjugés militaires* (1780) à établir la prééminence de l'armée autrichienne, dans laquelle il servait. Cette prééminence, n'était pas alors généralement reconnue ; c'est pourquoi il cherche à la prouver. D'après lui, elle avait pour principe essentiel la nature du recrutement : « L'armée autrichienne est la seule armée nationale, quoique composée de plusieurs nations », disait-il, et cela à une époque où la France avait des mercenaires de tous les pays : Allemands, Suisses, Irlandais. Supposé même qu'elle se fût contentée des ressources de son territoire et qu'elle n'eût enrôlé que des sujets du roi, sur la fidélité desquels, par conséquent, ce dernier pût compter, tandis qu'avec les étrangers il n'était sûr de rien, eh bien, même dans ce cas, son infériorité subsisterait, parce que ses soldats ne présenteraient pas une suffisante diversité d'aptitudes. « Tous les Français se ressemblent, à peu de chose près, depuis l'Escaut jusqu'aux Pyrénées; ils portent au moins le même nom, et il n'y a pas assez de caractères distinctifs d'une province à l'autre pour y exciter autrement l'émulation. Mais elle se fait bien sentir (cette émulation) chez tous ces peuples que Joseph II mènera lui-même à la victoire ». Dans cet ordre d'idées, le prince de Ligne se prononce énergiquement en faveur du recrutement régional et contre les mélanges qui étaient en usage de son temps :

Ne serait-ce pas ce mélange de nations qui empêche que les troupes et la patrie ne fassent qu'un ? On confond peut-être ensemble tout ce qui les compose. Mais si l'on disait : premier régiment hongrois, second régiment hongrois; premier bohême, second bohême, et ainsi de suite, il y aurait esprit de corps et esprit de pays à la fois...

Chacun des rois confédérés s'intéresserait à l'honneur, au bien-être, à la conservation de ses sujets, et ceux-ci, en même temps qu'ils serviraient l'empereur, « s'intéresseraient de même à la gloire de la patrie dont ils porteraient le nom... C'est de cet ensemble des deux gloires, qu'on assurerait l'une par l'autre, que le souverain et l'Etat relèveraient l'honneur des citoyens. »

Le siècle qui s'est écoulé n'a pas été sans modifier la situation, mais il reste encore quelque chose de ce que disait l'auteur des *Préjugés militaires* et de tant d'autres œuvres originales, spirituelles, paradoxales. Bien des désastres ont atteint l'empire d'Autriche; la Confédération germanique a cessé d'exister ; François-Joseph n'est plus à la tête de l'Allemagne, et il s'estime heureux d'être l'allié de Guillaume II; il se contente même d'occuper, dans la triple alliance, une place de second plan et assez effacée : le vaincu de Sadowa en devenant l'associé de son vainqueur, est loin d'être devenu son égal.

Nous nous proposons de montrer ici l'état de sa puissance militaire actuelle, en indiquant les éléments de force que possède la monarchie austro-hongroise et en mettant aussi en lumière les dissolvants qui peuvent contribuer à l'affaiblir.

I

La multiplicité des races, des langues et des religions n'a guère diminué au milieu des changements qui s'opéraient dans l'organisation politique du pays. En 1893, on s'est avisé de faire revivre une ancienne coutume qui, depuis vingt-cinq ans, était tombée en desuétude : on fit prêter par les recrues un serment solennel de fidélité au souverain. A Vienne, ce serment a dû être prononcé en neuf langues différentes : en allemand, en hongrois, en croate, en tchèque, en polonais, en ruthène, en roumain, en serbe, en turc! La partie religieuse de la cérémonie n'a pas été confiée à moins de six confessions : prêtres catholiques romains, prêtres catholiques grecs unis, prêtres grecs orthodoxes y ont pris part, en même temps que des pasteurs protestants, des rabbins juifs et des prêtres mahométans ! Il est fort remarquable assurément que tant de nations et de sectes diverses, même ennemies, vivent en bonne intelligence, unies dans un commun loyalisme. Ce n'est pas que parfois des tendances panslavistes ne s'y fassent jour : mais, dans l'ensemble, on doit reconnaître que « l'armée autrichienne est restée vraiment nationale, quoique composée de plusieurs nations ».

Cette fidélité à la maison de Habsbourg, malgré tout ce qu'on peut dire contre elle, provient avant tout de l'action du clergé. Le peuple est profondément religieux : aux jours de fête, les églises ne désemplissent pas; les fidèles font queue aux confessionaux. Sur des âmes ainsi disposées, l'action des prêtres est puissante, et naturellement elle s'exerce au profit de la couronne, qui donne tant de gages au Saint-Siège. Le souverain montre la ferveur la plus vive : il suit tête nue les processions, et tout le monde connaît la cérémonie du lavement des pieds, qui se pratique chaque année au palais.

Mais, si la lutte intérieure des diverses nationalités qui constituent l'empire trouve si peu d'écho dans l'armée, c'est grâce à l'action des officiers, qui jouissent d'une extrême considération, et qui sont corps et âme dévoués à la couronne, car c'est au souverain qu'ils commencent par faire vœu de fidélité : le serment à la patrie ne vient qu'après. Aussi appartiennent-ils tous, en quelque sorte, à la maison de l'empereur. Le plus mince lieutenant a ses entrées à la cour, honneur qui, jusqu'à ces derniers temps, était impitoyablement refusé à quiconque ne pouvait justifier d'un nombre voulu de quartiers de noblesse. La règle de l'étiquette s'étant relâchée depuis quelques années, cet honneur, uniquement réservé jusqu'alors aux officiers eux-mêmes, vient d'être étendu aux femmes des commandants de corps d'armée et d'autres généraux, pour le cas où elles n'auraient pas, par droit de naissance, accès au palais. Pareil privilège n'est accordé, du côté des fonctionnaires civils, qu'à quelques très hauts personnages, tels que les ministres, les ambassadeurs, les gouverneurs des divers Etats de l'empire. On a d'ailleurs établi une certaine correspondance entre les fonctions administratives et les grades. Quand un ancien officier est entré dans la diplomatie, il reçoit un avancement militaire chaque fois qu'il monte d'une classe dans la hiérarchie de son nouveau département. C'est ainsi qu'un Ministre des Affaires étrangères, le comte Kalnoky, possédait le grade de feld-maréchal-lieutenant, ce qui lui permettait de revêtir, dans les cérémonies officielles, l'élégante tenue des généraux hongrois. Il n'en va pas de même en Allemagne, et l'assimilation n'y existe pas, de sorte qu'on a pu voir à une session du Reichstag, M. de Levetzow présider avec l'uniforme de major de la landwehr, ce qui n'a pas été sans soulever d'assez vives protestations : on a fait justement remarquer que, le président de l'assemblée se trouvant investi d'une autorité plus haute que celle des députés, dont quelques-uns occupaient dans l'armée des grades supérieurs au sien, il convenait de ne pas souligner l'anomalie qui en résultait.

Tel est, en Autriche, le prestige de l'uniforme, que les officiers de réserve, n'ont rien de plus pressé, en sortant de leur bureau ou de leur usine, que de se mettre en tenue pour aller faire un tour au Prater. On s'est trouvé dans l'obligation de couper court à ces abus et on a interdit le port de l'uniforme, en dehors du service, aux militaires de la réserve. Ils n'en continuèrent pas moins, dans les grandes villes, où on sait qu'il est bien difficile de faire observer strictement les règlements, à s'offrir cette petite fantaisie. Si ce fait prouve d'une certaine indiscipline, il fournit en tous cas un indice des bonnes dispositions du pays pour les officiers.

Ceux-ci méritent largement la considération dont ils jouissent. Ils forment une caste extrêmement soucieuse de sa bonne renommée. Moins raides que leurs camarades allemands, ils n'ont pas un moins bon esprit. Leur tenue est parfaite. Ils se montrent très sérieux, très convaincus, très consciencieux dans l'exercice de leur profession. Ils ne possèdent pourtant pas, il faut en convenir, des connaissances fort étendues. Il y a, pour préparer les cadets, des établissements du genre de nos « *fours à bachot,* » où en quelques semaines on farcit les cerveaux des matières nécessaires pour affronter les examens. Une telle instruction, forcément superficielle, ne contribue pas à ouvrir l'intelligence. Au surplus, le Ministre de la Guerre se rend bien compte du personnel qu'il lui faut. Il sait que ce n'est ni la puissance de l'esprit, ni l'étendue du savoir qui font les bons subalternes : aussi s'est-il opposé naguère à la création d'une académie de guerre en Hongrie : une armée n'a pas besoin de savants ; il lui faut des professionnels, c'est-à-dire des gens qui s'intéressent à ce qu'ils font, des gens qui ne regardent ni à côté, ni trop au-dessus de la besogne assez humble dont ils sont chargés, des gens que l'impatience de l'avancement ne ronge pas, ni le dégoût qui suit les déconvenues de l'ambition, des gens qui soient obstinément appliqués à l'exact accomplissement de leur devoir, si monotone qu'il puisse être.

Aussi le travail est-il incessant. La plupart des officiers sont logés à la caserne, de sorte qu'on peut dire qu'ils sont jour et nuit avec leurs hommes, et ils ne peuvent faire autrement que de s'en occuper. L'empereur, — qui est, comme eux, toujours en uniforme, — l'empereur est habituellement levé à cinq heures le matin, et il ne prend guère de repos jusqu'à quatre heures après midi. Dès sept heures, parfois plus tôt, les rapports commencent à arriver au palais. C'est dire que les chancelleries et les états-majors doivent se mettre de bonne heure à l'ouvrage. L'exemple du souverain est suivi par ses sujets. Les archiducs, à commencer par eux, se rendent tous les jours dans leurs bureaux, plus que sommairement installés ; ils y passent de longues heures à recevoir des rapports et à voir quiconque a à leur parler. Il n'est admis pour personne, en Autriche, fût-ce au sommet de la hiérarchie, qu'on donne ses audiences dans son domicile privé. C'est à la caserne que se traitent les questions de service; on ne rentre chez soi qu'après les avoir réglées.

Passant donc leur vie sous les yeux des soldats, veillant au bien-être de ceux-ci, dirigeant leur instruction, participant à leurs fêtes, partageant leurs fatigues et leurs privations en toutes circonstances[1], les chefs acquièrent sur eux un grand ascendant et ils peuvent leur inculquer sans peine leur fidélité à la couronne. Ils sont le lien qui réunit en un unique et solide faisceau les races si disparates dont se compose la monarchie austro-hongroise. Là-dessus, il n'y a qu'une voix. Si l'action du clergé a pu être contestée, celle des officiers est reconnue par quiconque a étudié de près l'armée autrichienne.

Ils sont à peu près les seuls, à en croire la *Revue militaire de l'étranger*, qui, dans ce pays, possèdent, grâce à leur dévouement à la dynastie, le sentiment du patriotisme national dégagé de tout esprit de particularisme. A eux donc revient l'honneur de transformer en patriote austro-hongrois une jeune recrue tchèque ou dalmate, dont la lutte ardente des nationalités n'aurait pas tardé de faire un partisan déclaré du rétablissement du royaume de Bohême ou de celui de Croatie. C'est au régiment qu'on lui inspire ces sentiments de fidélité à l'empereur qui forment le lien le plus solide entre tant de peuples, d'aspirations si diverses, réunis sous la couronne. Si l'empire d'Allemagne doit son unité au corps d'officiers de l'armée prussienne, celui des Habsbourgs est surtout redevable de sa conservation au corps des officiers autrichiens.

1. « Quel que soit leur grade, écrivait un officier allemand au retour des grandes manœuvres de Schwartzenau (septembre 1891), ils se contentent, au cantonnement et au bivouac, de l'installation la plus sommaire et de la nourriture médiocre que peuvent leur fournir leurs cuisines de campagne ».

On peut affirmer, dit de son côté le général baron Kaulbars, que ces officiers s'acquittent avec passion des devoirs du service, qu'ils sont imbus du sentiment de l'honneur militaire, et que, grâce à eux, l'armée se présente comme un organisme solidement constitué, dans lequel existent ces principes de loyale camaraderie et ce mutuel appui qui font la force des armées. Peut-être, en cas de défaite, des éléments aussi disparates risqueraient-ils de ne pas rester unis en face des dangers qui menaceraient la patrie commune; mais tant que la victoire sera pour elle, on peut être assuré qu'ils conserveront toute leur cohésion pour marcher ensemble à l'ennemi.

Si ces restrictions de la fin gâtent assurément la valeur de l'éloge, elles sont d'un observateur prudent. On ne peut, en effet, s'empêcher de songer à l'effondrement de la puissance militaire de l'Autriche après Sadowa. Il ne semble pas qu'il y ait eu alors dans la nation comme un sursaut de patriotisme, comme un besoin de résister à outrance et de prendre en quelque sorte la mauvaise fortune corps à corps : on est amené à se demander si, dans cette circonstance, les officiers ont fait tout leur devoir, qui consistait à faire plus que leur devoir. Il nous paraît, à nous Français, à nous, les vaincus de Metz et de Sedan, qu'ils ont bien vite pris leur parti de leur échec. Ils s'en sont consolés en se disant qu'ils n'avaient rien à se reprocher, qu'ils s'étaient toujours dévoués à leur service, qu'ils étaient victimes de la fatalité ou de fautes indépendantes de leur volonté, qu'ils avaient fait en un mot tout le possible. Ils n'ont pas eu le diable au corps, ce grain de folie qu'admirait tant le prince de Ligne et dont il était animé. « Qui était donc, demande-t-il, le général à qui un officier vint dire que le poste qu'il l'avait chargé d'emporter était inattaquable, et qui lui répondit : *Je ne vous entends pas, Monsieur : ce mot-là n'est pas français?* Mon Dieu, que cela est beau! Que cela peint bien la belle chevalerie qui existe encore un peu en France seulement! J'aimerais mieux avoir dit cela que d'avoir fait l'*Iliade!* Quelle noblesse!... »

Au lieu de cette obstination dans la lutte, l'Autriche s'est résignée à son malheur avec la philosophie dont Catinat, par exemple, acceptait ses défaites. Il se contentait de se justifier en établissant qu'il n'y avait pas de sa faute en cette affaire et qu'il avait par avance annoncé qu'il serait battu. Il suffisait à la conscience de ce brave homme qu'il s'occupât de son métier avec la ponctualité d'un bon fonctionnaire, qu'il n'en négligeât aucune partie, qu'il fût prévoyant, correct, attentif. Le reste lui importait peu. Qu'il fût battu, si c'était selon les règles, il était content, ou au moins il n'était pas mécontent : il se consolait de son échec en se disant qu'il avait fait ce qu'il devait. Fais ce que dois, advienne que pourra. En conséquence de ce proverbe, il lui était à peu près égal que les choses eussent mal tourné. Il lui manquait l'énergie du désespoir, la passion du joueur, cette foi en son étoile de l'homme qui attend plus du hasard que du calcul, et qui compte sur ce que les joueurs de billard nomment les coups de raccroc.

Est-ce à un pareil sentiment de sécurité morale qu'il faut attribuer le calme avec lequel l'Autriche a subi ses revers et la facilité avec laquelle elle a posé les armes? ou est-ce au contraire, à une secrète arrière-pensée, au sentiment inavoué d'insécurité que lui donne l'état des esprits à l'intérieur? Une nation n'est vraiment forte que lorsque l'adversité resserre tous ses enfants autour du drapeau. Le vice de la plupart des coalitions, c'est souvent qu'elles se désagrègent sous les coups de la mauvaise fortune. Aussi le succès est-il une condition presque absolue de leur conservation. S'élevant naguère contre les raisons qu'on donne de l'effondrement de Napoléon à Waterloo, — affaissement physique ou affaissement intellectuel de l'empereur, inertie ou trahison de ses lieutenants, bonheur persistant de ses ennemis, — un des plus éminents écrivains militaires de ce temps-ci, M. Charles Malo, attribuait presque exclusivement l'anéantissement du grand homme de guerre à la froideur que lui avait témoignée la nation. Oui, l'armée l'avait acclamé, et, suivant les termes d'une proclamation célèbre, l'aigle, avec les couleurs nationales, avait volé de clocher en clocher jusqu'aux tours de Notre-Dame. Mais sous cet enthousiasme superficiel se dissimulait mal une profonde lassitude.

L'opinion froide et défiante n'augurait rien de bon de « l'acte additionnel » qu'on lui promettait déjà et réclamait des « garanties » au moment où il aurait fallu réclamer des armes : le sort en était jeté; pour me servir d'une expression vulgaire, cela venait de commencer à peine, et déjà « c'était fini ».

Napoléon en eut si bien le sentiment qu'on peut dire qu'à partir de ce moment, — le premier de sa restauration, j'y insiste encore, — il replia en quelque sorte sa tête sous son aile, comme l'oiseau que la mort menace et qui sent qu'il ne peut plus s'y soustraire. Tout ce qu'il fit et tout ce qu'il ordonna, dès lors, ne fut plus guère que *pour la forme*, parce qu'un homme comme lui, dans la pire des situations, ne pouvait pas se rendre sans combat, sans tout au moins avoir fait mine de résister jusqu'à l'épuisement des chances humaines. Peut-être, fataliste comme il l'était, se disait-il qu'il lui en restait bien une sur cent, et qu'il fallait la tenter à tout hasard; mais son esprit si profond et si clairvoyant ne lui permettait pas de s'abuser une minute, et sa mâle devise d'autrefois : « Activité, activité, vitesse »! semblait avoir été remplacée par celle-ci : « A quoi bon »?

S'il baissa réellement, au physique et au moral, ce fut

sous le poids de cet accablement inéluctable. Ne fût-ce que parce qu'il avait perdu la foi dans le succès qui permet de triompher de bien des obstacles, il était battu d'avance. Et cette persuasion intime, trop justifiée, paralyse ses talents d'organisateur, comme elle paralysera, bientôt, ses talents d'homme de guerre.

Ces explications lumineuses ne sont-elles pas convaincantes? N'est-ce pas, en tout cas, un soulagement pour notre conscience que de pouvoir trouver ailleurs que dans un conflit de circonstances contraires la cause de la chute des génies et de la ruine des Etats? Non : ce n'est point un accident qui entraîne les grands de ce monde. Rosbach, Iéna, Waterloo, Sadowa, Sedan, ne sont pas des hasards malheureux, mais le résultat fatal d'une série de fautes, non l'effet d'une crise passagère, mais la conséquence nécessaire de vices constitutionnels.

Quel doit être l'état d'âme d'une nation qui est condamnée à vaincre coûte que coûte, toujours et sans trêve, menacée qu'elle est de voir éclater au moindre échec les aspirations séparatistes d'une partie de ses éléments? Inquiet de ce qui se passe sur ses derrières, le commandement n'est-il point, par avance, comme Napoléon en Belgique, paralysé et désarmé?

L'Autriche craint toujours, quoi qu'elle en ait, une scission qui l'affaiblirait. La communauté de langage, qui crée des liens si puissants entre les hommes, n'existe pas dans son armée. Celle-ci est une vraie tour de Babel. Si l'allemand est la langue officielle que tous les officiers doivent parler, chaque soldat ne comprend que l'idiome de la province à laquelle il appartient. Les ordres, lus en allemand à la troupe, lui sont ensuite traduits par un interprète, pour la raison qui fait commenter en français, dans certaines de nos églises, les prières d'abord récitées en latin. Les commandements se font en allemand (en hongrois dans l'armée honved). C'est en cette langue que les explications doivent être données aux officiers, que les rapports doivent leur être faits, que les demandes doivent leur être adressées. Beaucoup d'entre ces officiers, en effet, ne comprennent pas le patois que parlent leurs hommes. A la vérité, un capitaine autrichien ne sert dans un régiment croate que s'il a passé un examen et obtenu un brevet de capacité constatant qu'il connaît le croate. Mais ce qu'il en sait, le plus souvent, c'est tout juste de quoi... jurer! D'ailleurs, si, dans les régiments d'infanterie, par suite du recrutement régional, tous les hommes parlent le même patois, il en va tout différemment dans les autres armes où chaque corps reçoit des recrues de provenances diverses.

On exige en principe, dit le général Kaulbars, que tous les commandements, ainsi que la nomenclature de l'armement, de l'équipement, etc., soient faits en allemand. D'autre part, on ne peut évidemment donner toutes les explications et tous les commentaires autrement que dans l'idiome propre à la nationalité à laquelle appartient le régiment. La conséquence de tout cela est qu'on arrive à un galimatias stupéfiant et à des malentendus de toute sorte. Par exemple, aux manœuvres, un détachement d'éclaireurs parlant le polonais envoie un avis à un poste occupé par des hommes d'un régiment hongrois. Une heure durant, ceux-ci s'efforcent en vain de comprendre les premiers. Le hasard finit par amener un officier de l'état-major des généraux arbitres, lequel, possédant les deux langues, peut expliquer aux interlocuteurs de quoi il s'agit.

La plupart des officiers se plaignent d'être souvent obligés de perdre un temps précieux à suivre des leçons pour apprendre un idiome quelconque, absolument inutile et sans avantage aucun dans la vie civile. Beaucoup de jeunes gens étudient plus volontiers le français ou l'anglais que tel ou tel dialecte serbe ou magyar.

Quelle intimité peut-il y avoir entre un chef et des soldats qui ne s'entendent point? Sans intimité, pas de discipline. Je ne parle pas de la discipline du temps de paix, qui ne vise guère qu'à obtenir des hommes une déférence extérieure, des marques de politesse déterminées, une exécution correcte des mouvements et du maniement des armes. Celle-là, le zèle infatigable des officiers autrichiens l'obtient d'une façon remarquable. L'année scolaire dure onze mois et demi, les vacances (*Waffenruhe*) étant juste de quinze jours (du 15 au 30 septembre), et, pendant cette année, on travaille sans relâche[1]. A cette continuité dans les efforts s'ajoute le bienfait d'une régularité absolue, comparable à celle des établissements universitaires. Nous verrons bientôt que l'emploi du temps est fixé *ne varietur*, ce qui met la marche des études à l'abri de ces à-coups qui, chez nous, sont si fréquents et si pernicieux. Aussi n'est-il pas surprenant qu'on arrive, en Autriche, à des résultats brillants. Mais sont-ils solides en proportion, et une instruction qui ne va pas aux âmes peut-elle donner cette force morale sans laquelle la discipline du champ de bataille n'existe pas? Car, sous les balles et les obus, si le soldat marche, c'est par patriotisme, c'est parce qu'il a au fond du cœur le sentiment de l'honneur, c'est parce qu'il aime et respecte ses chefs, c'est parce qu'il y a entre eux et lui

1. Cependant, comme les deux semaines de détente ne suffisent pas, on a adopté l'habitude, assurément vicieuse, de confier aux tout jeunes lieutenants et aux cadets le premier débourrage des recrues, c'est-à-dire l'opération qui, de l'avis général, est la plus délicate. On justifie cette pratique en disant que les officiers nouvellement promus et les aspirants à ce grade apprennent mieux ainsi le métier d'instructeur. C'est la méthode qui consiste à jeter les gens à l'eau pour que la nécessité les force à nager : cette méthode ne réussit pas toujours, et on n'a pas à se louer de laisser un personnel inexpérimenté « se débrouiller » tout seul pendant deux mois pleins (octobre et novembre) avec les classes d'instruction.

une estime réciproque. Peut-il s'établir rien de semblable entre gens qui ne parlent pas la même langue? Je sais bien que, dans les régiments non allemands, presque tous les officiers en arrivent à baragouiner suffisamment les idiomes nationaux pour n'être pas embarrassés dans la pratique journalière du service; mais combien les possèdent d'une manière assez complète pour pouvoir s'entretenir familièrement avec le soldat et lui parler en quelque sorte à cœur ouvert? Je sais aussi que, en considération précisément de cette si désirable intimité, on ne déplace un officier de son régiment que lorqu'il n'y a pas moyen de faire autrement, et qu'ainsi il finit par comprendre ses hommes, par s'en faire comprendre aussi, et par acquérir petit à petit de l'ascendant sur eux, ce qui donne à la discipline quelque chose d'extrêmement familial: mais cette action si personnelle ne lui donne-t-elle pas en même temps quelque chose d'extrêmement individuel? Que devient la compagnie quand on lui enlève son capitaine, ou le peloton quand il perd son lieutenant? Si, dans les loisirs de la garnison, on s'arrange de façon à éviter les mutations de personnel, la guerre ne se chargera-t-elle pas bientôt de tout bouleverser? La mort, les blessures, l'avancement, renouvelleront complètement les cadres, pour peu que la campagne se prolonge, et adieu les figures amies, adieu les visages de connaissance! Que deviendra alors l'armée, si les officiers ne sont pas en quelque sorte interchangeables, si le soldat n'est pas persuadé intimement que le nouveau chef vaut ce que valait l'ancien?

II

Cette hétérogénéité de ses éléments constitutifs nous semble être l'infirmité fondamentale d'une puissance militaire qui présente nombre d'excellentes parties : c'est par la base que pèche cet édifice, construit avec de solides matériaux, qu'on a mis en œuvre avec intelligence et sagacité. Non certes que tout y soit parfait : là comme ailleurs, par exemple, le corps des sous-officiers laisse fort à désirer. Recrutés comme en France, et, par conséquent, dans d'aussi mauvaises conditions, ces gradés subalternes ne sont pas traités avec des égards qui puissent relever leur situation. Ils couchent dans la chambrée, ce qui est toujours gênant, même avec la faculté d'avoir un lit entouré de rideaux comme les maîtres d'études dans les dortoirs de nos lycées. Il n'est pas rare de voir un feldwebel prendre par la bride le cheval de son capitaine ou aller lui acheter un cigare chez le marchand de tabac, toutes choses qui peuvent être considérées comme de simples marques de déférence, mais qui ne sont pas admises en France, parce qu'elles ont un certain caractère de servilité quelque peu dégradant. Nous admettons pourtant que, dans le service, l'obéissance soit complète et qu'on impose aux gradés des corvées plus avilissantes, assurément, que ces petites complaisances : mais nous cherchons à témoigner à nos subordonnés une considération plutôt exagérée afin de les rehausser à leurs propres yeux, en même temps que pour augmenter leur autorité sur le soldat. C'est ainsi que le général Trochu conseillait de leur donner cérémonieusement du « monsieur » en leur parlant ; c'est ainsi qu'on cherche de plus en plus à différencier leur uniforme de celui des troupiers. Tous les jours nous leur accordons des prérogatives nouvelles, tant et si bien que ces prérogatives ont fini par se trouver hors de proportion avec la place relativement modeste qu'ils occupent dans la hiérarchie militaire. Aussi a-t-on fini par reconnaître qu'on attribuait inutilement de trop grands avantages aux sous-officiers, et un mouvement de recul s'est dessiné.

En Autriche, on prend fort peu de précautions pour assurer aux cadres inférieurs le prestige qui leur serait nécessaire s'ils devaient jouer dans l'armée le rôle qui leur convient. Aussi ne secondent-ils que médiocrement leurs officiers, et on peut dire que ceux-ci font toute la besogne : ce qui explique qu'ils soient si occupés.

Ces officiers sortent, pour plus des deux tiers, des écoles de cadets, lesquelles tiennent à la fois et des maisons d'éducation militaire comme notre Prytanée de la Flèche, et de nos écoles de Saint-Maixent, Saumur et Versailles. Elles reçoivent, d'une part, des jeunes gens de quatorze à dix-huit ans n'appartenant pas encore à l'armée, d'autre part, des jeunes gens déjà incorporés dans les corps de troupe, soit en vertu d'engagements volontaires, soit simplement à la suite des opérations du recrutement et sans qu'il soit nécessaire pour eux d'être pourvus du grade de sous-officiers. Ceux des élèves qui satisfont aux examens de sortie sont répartis entre les corps de troupe ; ils prennent rang entre eux comme *cadets* sur toute l'arme, l'ancienneté étant, dans la même promotion, déterminée par le rang de sortie de l'école. Les plus anciens, c'est-à-dire les mieux classés, sont pourvus dans leur corps d'un grade effectif de sous-officier ; les autres reçoivent seulement un grade honoraire (*cadet-sergent* ou *cadet-corporal*) comportant pour eux les insignes et le rang, mais sans les fonctions et sans la solde. Les cadets sont appelés ultérieurement, au fur et à mesure des vacances, et d'après leur ancienneté sur l'ensemble des cadets de l'arme, à l'emploi de *cadet suppléant officier*, situation intermédiaire dans laquelle le jeune homme exerce les fonctions de lieutenant et vit avec les officiers sans en avoir le rang. Il passe ainsi par un stage très sérieux avant son admission définitive dans le corps des officiers. Cette admission a lieu par la nomination impériale au grade de *lieutenant*, grade auquel les *Offiziers-Stellvertreter* sont appelés, en principe, à l'ancienneté, et sous la réserve de l'acceptation du corps d'officiers au milieu desquels s'est effectué leur stage.

Par une exception unique, cette acceptation n'est pas exigée pour les élèves qui ont fait leurs études dans les académies militaires, auxquelles préparent des *Militär-Realschulen*, dont les cours durent sept ans et qui donnent ce qu'on appelle en France l'enseignement moderne. L'instruction militaire dans ces établissements correspond à celle de nos anciens bataillons scolaires. Au sortir de là, on peut se présenter soit à l'académie Marie-Thérèse de Wiener Neustadt, soit à l'académie technique de Vienne, selon qu'on désire devenir officier dans l'infanterie, la cavalerie, les pionniers ou les armes spéciales. Dès leur entrée au régiment, où ils sont admis avec le grade de lieutenant, les *Akademiker* ont en général une forte avance sur les cadets, bénéfice considérable dans une armée où l'avancement se donne presque exclusivement à l'ancienneté. En fait, la presque unanimité des généraux et la très grande majorité des colonels proviennent des anciens élèves des académies.

Faut-il citer encore, pour mémoire, une troisième source qui fournit quelques recrues aux cadres supérieurs de l'armée? D'anciens engagés volontaires, devenus officiers de réserve, peuvent passer à l'activité, moyennant diverses formalités. Ils sont astreints à un stage, soldé ou non, de six mois, au bout duquel leur admission est soumise à l'agrément des officiers qui viennent de les voir à l'œuvre. Si le vote leur est favorable, ils sont nommés lieutenants, mais pour prendre rang après les cadets qui ne sont pas encore pourvus du brevet. En d'autres termes, on ne fait rien pour encourager ce passage de la réserve à l'activité, et, en résumé, cette source ne donne pas grand'chose.

Au total, l'armée reçoit chaque année de 600 à 700 officiers, munis d'une excellente instruction, car les épreuves qu'on leur impose peuvent être très sérieuses, étant donné que, pour une place, il y a en moyenne *seize* postulants.

Les lieutenants sont pourtant mal payés : ceux qui n'ont pas de fortune personnelle ne peuvent s'en tirer, comme on dit, qu'en faisant des dettes. De quoi résultent un bien et un mal. Le bien, c'est qu'ils vivent très simplement, sans faste, qu'ils acceptent de bon cœur d'habiter à la caserne et de manger soit à la cantine, soit dans des pensions où la cuisine n'a rien de recherché. Le mal, c'est que, tout en étant reçus partout, pour peu qu'ils soient de familles pauvres, « ils se tiennent éloignés des milieux sociaux qu'ils devraient fréquenter ». Telle est, du moins, l'opinion aristocratique d'un officier allemand dont nous aurons encore l'occasion d'invoquer les observations sur ses camarades de la triple alliance [1].

Aussi bien ont-ils une autre raison, ces lieutenants, pour n'être pas « mondains » : c'est qu'ils n'en ont

1. Assurément les officiers autrichiens n'occupent pas dans leur pays une situation comparable à celle que les officiers allemands ont chez eux ; mais ils jouissent néanmoins de beaucoup

guère le temps. Non seulement ils travaillent tous les jours de la semaine, mais, le dimanche même, ils sont souvent pris jusqu'à midi par des revues, des cours, des conférences, des corvées diverses. Leur installation à proximité de la troupe, facilitant leur service, leur permet seule de faire face aux préoccupations multiples qui exigent leur présence constante. Ils s'appliquent avec une exemplaire ponctualité aux moindres parties de leur métier humble et pénible.

La caractéristique remarquable de l'armée austro-hongroise, c'est ce sérieux qui nous déconcerte un peu, c'est cette extrême conscience qui ne faiblit jamais. Partout on y travaille sans relâche, mais aussi sans précipitation et fructueusement. Accueillante pour les idées nouvelles, l'autorité militaire ne les adopte qu'à bon escient. Tout en ménageant les finances de l'empire avec une parcimonie qu'on a parfois critiquée, elle expérimente toutes les inventions nouvelles qui lui semblent appelées à quelque avenir. Elle s'ingénie à appliquer à l'art de la guerre tous les progrès de l'industrie ou de la science. On l'a vue adopter pour son artillerie le coton-poudre du major Lenk et le bronze-acier du général Uchatius. Ces audaces, à la vérité, ne lui ont pas toutes égale-

de considération, et la place qu'ils tiennent dans la société est considérable, malgré la médiocrité (relative d'ailleurs) de leurs appointements. N'est-ce pas à l'honneur de la nation qu'elle mesure son estime à la valeur des gens, non à leur fortune, et que même elle paye d'autant plus largement ses défenseurs en égards qu'elle peut moins dépenser d'argent pour rétribuer leurs services ?

D'ailleurs, en témoignant aux officiers une extrême bienveillance, l'empereur donne le ton à l'aristocratie. Celle-ci, qui est très puissante, contribue largement au recrutement des cadres ; aussi la fréquentation constante des membres de la famille impériale ou de personnages appartenant à l'entourage immédiat du souverain assure-t-elle aux officiers de toute origine la considération particulière qui s'attache, dans un pays aussi monarchique, à tout ce qui touche à la cour.

ment réussi; mais les insuccès ne l'ont pas refroidie. L'Autriche a été une des premières puissances qui aient adopté des fusils à magasin (le *Fruwirth*) et à petit calibre (le *Männlicher*). A chaque instant nous apprenons qu'elle met à l'essai des voitures-cuisines, des appareils de tir réduit, des haquets en fer pour les équipages de pont, etc. Ou bien c'est de l'emploi des ballons qu'elle se préoccupe, ou du transport des munitions, ou de l'utilisation à la guerre des chiens, des pigeons, voire des faucons. Il n'est pas de sujets qu'elle néglige : qu'il s'agisse de matériel ou de discipline, de tactique ou d'instruction, on peut dire qu'elle ne se repose jamais et ne laisse dormir aucune question. Remplaçant la quantité par la qualité, il semble qu'elle se soit donné pour tâche, alors qu'il y a ailleurs tant de gaspillage, de tirer le parti le plus merveilleux qui se puisse voir de ses faibles ressources en argent et en hommes.

Car les dépenses militaires de la monarchie (budgets de la guerre et de la marine réunis) s'élevaient dans l'exercice 1895 à moins de 450 millions, alors que, en Allemagne, elles dépassent un milliard, en France, 900 millions, et en Russie, 1300. Quant aux effectifs, le tableau suivant les indique en nombres ronds, autant qu'on peut les indiquer, car, d'un pays à l'autre, les circonstances sont si différentes que la signification des chiffres n'est guère comparable :

Temps de paix		Temps de guerre[1]	
Russie..........	890.000	Russie.......	13.590.000
Allemagne......	600.000	Allemagne...	6.400.000
France..........	540.000	France.......	4.960.000
Autriche........	350.000	Autriche.....	3.000.000
Italie...........	218.000	Italie........	2.830.000

1. Il s'agit ci des effectifs qu'on atteindrait si les lois de recru-

Ainsi ce pays est classé au quatrième rang quant au nombre de ses soldats, alors que, par le chiffre de sa population, il vient en seconde ligne, étant à peu près aussi peuplé que l'Allemagne. Si on le compare à cette dernière puissance, on constate qu'il entretient sous les drapeaux un tiers d'hommes en moins, et qu'il mobiliserait, en cas de guerre, les deux cinquièmes seulement des forces que son alliée du Nord pourrait mettre sur pied. Son apport à la *Triplice* ne serait guère que d'un cinquième ; aussi ne pourrait-il parler bien haut si une organisation judicieuse et un labeur acharné ne mettaient en valeur le peu d'éléments dont il dispose. Et c'est le caractère utilitaire de ses institutions et de ses mœurs qui la rend si intéressante pour l'observateur, et si digne d'admiration, voire même d'imitation.

Le contingent annuel est fixé, *ne varietur*, à environ 90.000 recrues. On ne prend donc pas tous les jeunes gens qui sont en âge de servir ; mais l'excédent non incorporé n'en reste pas moins à la disposition du Gouvernement, lequel y puise pour combler les vides qui peuvent se produire dans les rangs par suite de mort, de réforme, etc. Donc, afin de maintenir fixes les effectifs des corps de troupes, on désigne, chaque année, dans cet excédent, un certain nombre d'hommes [1], environ 9.000, qui sont réservés pour servir ainsi éventuellement de « bouche-trous ». Le reste est versé directement dans la *landwehr* ou les *honveds*.

tement actuellement en vigueur produisaient leur plein effet. L'écart entre ces chiffres et la réalité présente va, dans certains pays, du simple au double.

1. Le personnel qui compose cette *Ersatz-Reserve* correspond à ce qu'on nomme en France les « dispensés » ou la « seconde portion du contingent », ou plus exactement « les hommes à la disposition ». Ce sont des instituteurs, des étudiants en théologie, des fils aînés de veuves, des « soutiens de famille », des « ajournés pour faiblesse de constitution ». Après les avoir simplement

Les honveds, en Hongrie et, en Autriche, la landwehr sont une armée de seconde ligne, chargée de la défense du territoire. Ces troupes sont exercées pendant peu de temps : leur période d'instruction n'est que de deux mois, mais elle est admirablement employée, et les « réservistes », — car ils méritent ce nom plutôt que celui de « territoriaux », — montrent un tel entrain et un si bon esprit militaire qu'ils ne tardent pas à former des soldats avec lesquels il faudrait compter. Ils sont, d'ailleurs, instruits par un excellent cadre permanent qui ne s'élève pas à moins de 2.000 officiers et 25.000 hommes. Les honveds surtout ont une superbe attitude et une instruction militaire très complète qui sont comme la rançon du particularisme cisleithan. Grâce à l'amour jaloux dont les Hongrois entourent ces troupes, qu'ils considèrent comme le palladium de la nationalité magyare, le Parlement de Pesth ne leur a jamais marchandé les sacrifices, et leur organisation s'est développée peu à peu, de façon à leur donner aujourd'hui plutôt la valeur d'une armée demi-permanente que celle d'une armée territoriale ou d'une milice.

A plus forte raison, la partie permanente de l'armée possède-t-elle une valeur professionnelle remarquable. Les 90.000 jeunes soldats incorporés le 1er octobre sont soumis à un régime qui ne peut que porter au plus haut point leurs qualités individuelles. Les tableaux d'emploi du temps que le général Kaulbars

dégrossis en huit semaines, on les renvoie dans leurs foyers, d'où ils sont rappelés tous les deux ans pour une période de treize jours ; en cas d'abaissement du niveau des effectifs, on en incorpore le nombre nécessaire, pour atteindre l'étiage voulu. On voit ainsi des gens de trente ans, mariés, établis, qui se trouvent obligés de quitter du jour au lendemain femme et enfants, terre ou usine, pour venir servir pendant un ou deux ans, alors qu'ils pouvaient se croire quittes de toute obligation militaire.

met sous nos yeux nous montrent les cavaliers se levant à cinq heures l'été, à cinq heures et demie l'hiver, n'ayant que deux heures dans la journée pour dîner, se reposer et se nettoyer, et étant encore à l'écurie à six heures et demie du soir pour donner le dernier repas à leurs chevaux. Quant aux artilleurs, ils sont pris par les manœuvres et exercices de six à onze heures, le matin, et de deux à cinq heures, l'après-midi [1].

Dans l'infanterie, la première période d'instruction est fort longue; elle va du 1er octobre au 20 juin. Pendant ces neuf mois, le capitaine est laissé absolument maître de ses hommes, sous la réserve qu'ils en sachent assez au 1er décembre pour être employés au service de garde [2] à partir de cette date. Mais il n'en faudrait pas conclure qu'on les considère comme étant déjà mobilisables : ils sont seulement débourrés, et c'est pourquoi, pendant tout l'hiver et le printemps, on continue à les instruire.

On sera peut-être surpris de la longueur de cette période, longueur qu'on ne saurait imputer à la complication des exercices, car tout ce qui est uniquement pour la parade est impitoyablement exclu. Les « positions de l'arme » sont réduites à deux. Mais, d'une part, le peu

1. Notons en passant que, pour ménager les attelages, l'artillerie n'exécute qu'un jour sur deux ses manœuvres de batterie attelée.

2. Ce service est réduit au plus strict minimum. Le général Kaulbars constate, avec un étonnement qui ressemble fort à de l'admiration, que, même dans la capitale, à Vienne, avec une population qui dépasse de beaucoup un million d'habitants, il n'y a pas plus de 240 hommes qui soient distraits de l'apprentissage professionnel par le service de la place. « En général, on s'efforce, en Autriche, avec un zèle exemplaire, et partout où cela est possible, de diminuer les dépenses d'hommes en supprimant pour la nuit les postes d'honneur auprès des palais; les portes de ceux-ci sont hermétiquement closes après dix heures du soir, de même, d'ailleurs, que celles des maisons particulières de la ville ».

qu'on apprend est enseigné à fond jusqu'à ce que les mouvements s'exécutent avec un réel automatisme. D'autre part, nous ne tarderons pas à voir que les exercices de service en campagne durent toute l'année, au lieu d'être accumulés dans la période du printemps, de sorte qu'on mène de front la préparation à la guerre et ce que nous appellerions l'école du soldat. Enfin le commandement a à lutter avec les difficultés que nous avons déjà signalées : insuffisance de cadres subalternes, variété des idiomes[1], médiocrité de la « matière première ». Beaucoup de recrues sont illettrées. Si, dans le district de Vienne, 90 0/0 savent lire et écrire, la proportion s'abaisse à 15 0/0 dans celui de Zara ou de Lemberg. Elle est, en moyenne, de 55 0/0 sur la totalité de l'empire austro-hongrois. Dans ces conditions, il n'est pas surprenant que l'instruction des conscrits soit plus lente que dans d'autres pays où l'enseignement primaire est plus répandu... et où on est moins exigeant, où on se contente plus aisément d'à peu près.

En France, par exemple, les exercices de tir à la cible sont souvent négligés et exécutés sans soin, alors que l'Allemagne y apporte une attention méticuleuse. L'Autriche, sur ce point, agit comme l'Allemagne. Elle consacre beaucoup de temps et beaucoup d'argent à cet apprentissage. On va constamment à la cible. Il est alloué annuellement à chaque homme 110 cartouches, qui sont habituellement consommées par séries de cinq, ce qui représente un total de vingt-deux séances. Chez nous, nombre d'officiers trouveraient que c'est beaucoup. En Autriche, on estime que ce

1. Les régiments d'infanterie sont, à la vérité, composés de jeunes gens de la même provenance, qui, par conséquent, parlent la même langue. Mais on ne peut arriver à ce résultat avec les régiments des autres armes, et il est aisé de comprendre les difficultés qui s'ensuivent.

n'est pas trop. Et pourtant la population est déjà préparée à cet exercice. Elle aime passionnément la chasse; la sévérité avec laquelle on réprime le braconnage favorise la reproduction du gibier; aussi la chasse a-t-elle pour l'amateur un attrait qui lui manque dans d'autres pays dépeuplés par les maraudeurs. Tout le monde connaît la réputation des Tyroliens : ils ne redoutent de comparaison sur ce point qu'avec les Suisses. Chez les uns et chez les autres, le tir est très en honneur, même en dehors de l'armée; nombre de jeunes gens sont, avant leur entrée au service, membres de *Schützen-Verein*, et membres très actifs. Les réunions de ces sociétés ne sont pas, comme ailleurs, des occasions de trinquer et de bavarder. On y vient, avec conviction, bien décidé à viser sérieusement pour tâcher de faire le plus de points possible. La conscience que nous avons déjà notée comme caractéristique des Autrichiens, elle reparaît ici, et aussi reparaît l'influence de l'exemple venu d'en haut. En sa qualité de tireur hors ligne et d'infatigable chasseur, l'empereur est membre effectif de beaucoup de ces associations; il assiste souvent à leurs fêtes patronales, prend part personnellement à leurs concours et y donne des prix... ou parfois en reçoit.

Pour en revenir à l'armée, une vingtaine de journées consacrées à des marches-manœuvres s'y ajoutent aux vingt-deux séances consacrées à aller à la cible.

Tous les mois, en effet, chaque régiment exécute obligatoirement un ou deux de ces exercices de service en campagne, dont la durée va parfois jusqu'à quarante-huit heures. En adoptant récemment l'habitude des manœuvres de garnison, nous n'avons fait que nous approprier une institution autrichienne; mais, chez nous, bien peu de corps échelonnent sur les *douze mois de l'année* les exercices en terrain varié. Et c'est dommage, car il faut s'habituer à guerroyer par tous les temps, non seulement pour se rappeler qu'on pourra être obligé, dans la réalité, de supporter la rigueur du froid tout aussi bien que l'accablement de la chaleur, mais aussi pour se rendre compte des modifications que subit le paysage par le fait des saisons : avec la neige ou par le soleil, et selon que les arbres sont dépouillés de feuillage ou recouverts d'une frondaison verdoyante, l'aspect des choses se transforme, et même celle des gens. Et puis ces petites expéditions apprennent au soldat qu'il n'est pas fait pour rester dans la cour de la caserne, mais pour se promener à travers champs. Elles lui rappellent sa destination, ce qui constitue la raison d'être de la servitude qu'il subit.

Voici, par exemple, d'après le général Kaulbars, le compte-rendu d'une marche-manœuvre exécutée en février par un corps d'infanterie stationné à Venise :

Le régiment se rassembla, en tenue de campagne, à proximité de ses casernes; des officiers et des patrouilles furent dépêchés en avant pour reconnaître le terrain. Aussitôt hors de la ville, le régiment se déploya pour attaquer l'ennemi, qu'il culbuta. (Cet ennemi était figuré par un détachement qui était parti en avance.) Il se remit en marche dans l'ordre normal, puis dut recommencer une attaque un peu plus loin. Tous ces mouvements, déploiements et ruptures, furent effectués correctement et en utilisant parfaitement le terrain, ce que facilitait d'ailleurs l'absence de toute culture, puisqu'on se trouvait en hiver. Le lendemain, on s'exerça à marcher en retraite en tenant tête à un ennemi qui était supposé poursuivre la colonne.

Les Autrichiens aiment particulièrement se livrer à ces exercices en hiver [1], parce que, en été, le développement

1. Les Allemands, depuis peu d'années, en exécutent dans les mêmes conditions.

considérable de la culture ne permet pas aux corps de s'écarter des routes. Il est interdit, en effet, de gêner les travaux de la terre, et, si un fait de ce genre se produit, c'est sous la responsabilité personnelle du commandant de la manœuvre [1].

Il est impossible de ne pas rendre pleine justice aux Autrichiens sur ce point, qu'ils sont pénétrés du bénéfice qu'on retire de ces marches et qu'ils les exécutent très consciencieusement. Le principal avantage qu'elles présentent est de rappeler aux troupes, deux fois par mois, pendant la longue durée des travaux d'hiver de la compagnie, le but véritable de l'instruction militaire, et de les tenir toujours préparées aux mouvements d'ensemble et aux manœuvres combinées.

D'autres journées sont de temps en temps consacrées à des fêtes : on célèbre tel glorieux anniversaire et, à cette occasion, on organise une cérémonie qui n'a pas seulement le caractère d'un repos au milieu d'occupations assujétissantes, mais qui est aussi et surtout un prétexte à mettre la troupe et ses chefs dans le contact le plus intime, de sorte que les délassements mêmes et les jeux contribuent à cette discipline familiale dont j'ai parlé. Les officiers profitent de l'occasion qui leur est offerte par les événements dont on glorifie le souvenir pour parler à l'âme de leurs soldats ; ils s'entretiennent avec eux dans leur langue maternelle. Leurs causeries portent sur les devoirs professionnels, sur les exploits accomplis par le régiment, sur tout ce qui peut élever le courage des auditeurs et préparer leurs facultés. Ces moyens donnent du moral à une armée, et ils contribuent à l'éducation, laquelle doit marcher

1. C'est-à-dire qu'il paie de sa poche les dégâts qu'il commet. Les indemnités aux propriétaires ne sont soldées par l'Etat que lors des grandes manœuvres impériales, lesquelles n'ont lieu, d'ailleurs, que lorsque les récoltes sont rentrées. Aussi la dépense totale n'excède-t-elle pas 200.000 francs.

de front avec l'instruction. Les fêtes militaires n'ont rien de répréhensible quand on les utilise ainsi pour exalter le courage et le patriotisme des soldats, pour développer l'esprit de corps.

S'efforçant avec soin d'entretenir des chapelles dans l'église, on s'attache à multiplier les marques distinctives qui différencient les corps : c'est la coupe du vêtement ou la couleur du col, des parements, des passepoils ou de la coiffure, ou bien encore c'est le métal du bouton qui est le monopole, la marque particulière du régiment. A ces différences extérieures s'ajoute la diversité des dénominations, les régiments étant habituellement désignés soit par le nom de quelque homme de guerre illustre, soit par celui du « colonel propriétaire », lequel est, par exemple, un officier général ou quelque prince étranger. Enfin certains corps de troupe ont conservé des coutumes traditionnelles très caractéristiques, qui contribuent, elles aussi, à leur donner un sentiment très accusé de leur individualité, et à provoquer entre eux de saines émulations. Ainsi le personnel du 14e dragons jouit du privilège de ne porter « aucune espèce de barbe », en souvenir de la manière brillante dont se sont conduits, à la bataille de Kollin, de très jeunes soldats de ce régiment, que le commandant des troupes autrichiennes avait tout d'abord traités de *blancs-becs*. Le 8e régiment de la même subdivision d'arme a le droit de traverser le palais impérial, trompettes sonnant et enseignes déployées ; son colonel peut, dans certaines circonstances, se présenter chez l'empereur sans être mandé. Etc.

Les fêtes alternant avec les journées de travail apportent un délassement dont la troupe et ses chefs ont grand besoin après un labeur accablant. J'ai dit déjà que, au grand scandale du général Kaulbars, le repos dominical n'est pas observé et que les conditionnels ont des conférences le dimanche. La tâche est d'autant plus lourde pour les officiers qu'ils sont relativement peu nombreux[1], en particulier dans l'artillerie où on voit les capitaines obligés de diriger eux-mêmes les exercices de pointage, faute de lieutenants pour les seconder. On fait, dans les armes spéciales, une telle masse de cours qu'on en est à se demander comment les officiers parviennent à en assurer le fonctionnement. En réalité, on se heurte, dans la pratique, à de graves difficultés, et tous les officiers travaillent du matin au soir jusqu'à épuisement complet de leurs forces.

Entre les distractions et le travail, neuf mois sont bien vite passés. En ce laps de temps, on a pu donner aux hommes une très forte instruction individuelle. Le reste de l'année est alors consacré surtout à la formation des cadres : on prépare à la guerre les éléments permanents de l'armée. Le soldat n'est plus considéré que comme un pion que les officiers placent et déplacent sur l'échiquier pour apprendre le jeu des combats : à chacun son tour.

Les exercices de bataillon durent un mois (du 21 juin au 20 juillet). Puis viennent les exercices de régiment pendant trois semaines (du 21 juillet au 9 août). Enfin des sortes de « manœuvres de garnison », qui ont également lieu pendant trois semaines (du 10 au 31 août), réunissent des détachements des diverses armes combattantes et les préparent aux grandes manœuvres d'automne. Celles-ci commencent

1. Cette insuffisance numérique des cadres a encore été notée par l'officier allemand dont nous avons rapporté quelques observations suggérées par les manœuvres de 1891 : « Le cadre des officiers de carrière et des sous-officiers rengagés est numériquement un peu faible, dit-il, et cette pénurie créerait des difficultés en cas de mobilisation, en raison des formations de réserve qu'il y aurait lieu de mettre sur pied ».

le 1er septembre (toutes ces dates sont invariablement fixées, une fois pour toutes) et finissent le 15 septembre, jour où, aux termes de la loi, les hommes libérables de l'infanterie sont congédiés[1]. On voit avec quelle attention scrupuleuse on utilise jusqu'à la dernière minute de ces hommes, et un détail, au surplus, peindra bien cet extrême souci de ne distraire aucune parcelle du temps dont on dispose pour l'instruction. Au lieu de faire perdre un jour ou deux aux hommes libérables, en les renvoyant à leur corps pour les y déséquiper, déshabiller et désarmer, on procède sur place à ces opérations. On a donc préalablement expédié par les voies ferrées ou sur des voitures aux points où la dislocation doit s'effectuer, des ballots renfermant les effets civils que les hommes de la classe ont apportés lors de leur arrivée au régiment et que l'on a conservé pendant les trois ans de leur congé. Le 15 septembre, ces hommes de la classe sont déshabillés sur le terrain même et mis en route pour rentrer dans leurs foyers, tandis qu'on empaquette et qu'on dirige sur la garnison les uniformes, l'équipement et les armes qui viennent de leur être enlevés.

Non moins que soucieuse de ne pas gaspiller le temps de ses soldats, l'autorité militaire se montre scrupuleusement ménagère des deniers de l'Etat, c'est-à-dire de l'argent des contribuables. Cette sollicitude se manifeste, en particulier, par une surveillance inquisitoriale. Des revues administratives et vraiment inopinées, comme nous allons le voir, assurent à l'armée autrichienne un ordre parfait, irréprochablement maintenu en temps de paix, même dans les éta-

1. Pour les troupes à cheval, au contraire, le renvoi de la classe est différé de quinze jours; il a lieu, par conséquent, au moment de l'arrivée des recrues, de sorte qu'on ne manque jamais de monde pour le pansage.

blissements de dernier rang. On n'y relève presque jamais rien de défectueux.

Pour qu'il soit tout à fait impossible de soupçonner l'imminence de la revue, dit le général Kaulbars, les inspecteurs eux-mêmes ne sont prévenus du départ projeté que quelques jours à l'avance. En même temps on leur indique les membres des divers services qu'on leur adjoint pour le contrôle. Quant à leur destination exacte et au corps qu'ils auront à inspecter, ils l'apprennent seulement le jour du départ, par un pli cacheté. De cette manière, on met le régiment en cause dans l'impossibilité d'avoir connaissance de l'épreuve à laquelle il va être soumis... (Tout le monde se souvient d'un exemple fameux : la mise à la retraite d'un général qui, par des moyens détournés, avait informé de l'époque de son arrivée les unités intéressées.) Il va de soi que les inspecteurs sont choisis tout à fait en dehors des chefs de corps qu'ils ont à contrôler[1].

Grâce à ces revues, qui sont passées, en moyenne, tous les deux ans dans chaque régiment, grâce à la sévérité avec laquelle on y procède aux vérifications de toutes sortes, on peut dire que l'armée est constamment en état de faire campagne. Le recrutement étant régional, les réservistes rejoignent rapidement leurs corps respectifs. Par conséquent, la mobilisation peut s'effectuer à bref délai.

Les inconvénients du recrutement régional n'ont pas empêché qu'on l'adoptât, il y a quelques années, conformément au vœu du prince de Ligne. On n'a même pas fait d'exception pour le personnel turbulent que

1. Pareil mystère, pareille discrétion sont imposés pour l'exécution des manœuvres : la divulgation des thèmes est formellement interdite; les chefs des partis adverses ne doivent jamais se concerter entre eux.

fournit la capitale. Deux régiments d'infanterie, le 4e et le 84e, sont exclusivement composés de conscrits viennois. On a parfois grand'peine à en venir à bout, et on est souvent obligé de les déplacer. Les changements de garnison sont, en effet, considérés comme le correctif indispensable du recrutement régional. Sans eux, l'esprit de clocher, les influences locales énerveraient les régiments; aussi ceux-ci ne restent-ils jamais plus de dix ans dans la même ville; mais ils ne quittent pas la région d'où ils tirent leurs éléments, ce qui a bien des avantages.

L'armée entretient presque toujours d'excellents rapports avec les autorités civiles et avec la population, dont la bonhomie et la simplicité sont connues. Les musiques militaires, généralement excellentes et libéralement prêtées pour les fêtes populaires, contribuent au maintien de ces bonnes relations, facilitées par l'extrême courtoisie dont se piquent les officiers austro-hongrois. Quand les enfants du pays sont appelés sous les drapeaux, il se trouve donc qu'ils savent, par avance, dans quel milieu ils vont entrer et quels seront les chefs sous lesquels ils serviront. L'autorité militaire, de son côté, a pris des informations sur le passé des recrues, sur leurs aptitudes morales, sur leur instruction, sur leur profession, de sorte que le commandement est renseigné sur le compte des soldats qu'il recevra, bien avant qu'ils soient incorporés. Il résulte de cette étude préalable que, dès leur arrivée au régiment, les jeunes soldats sont traités un peu comme de vieilles connaissances, et il s'établit entre eux et leurs chefs des sentiments de cordialité qui ne nuisent en rien à la discipline, mais qui, tout au contraire, la fortifient.

III

Cette affection mutuelle et cette confiance réciproque résisteraient-elles aux coups de la fortune ? Tel est, je le répète, le point douteux et inquiétant. Mais, cette question écartée, question dont on ne saurait méconnaître l'importance, que de bons exemples l'armée autrichienne donne à des armées numériquement plus importantes ! Ce n'est pas assurément que tout y soit parfait. La qualité des officiers ne saurait faire oublier qu'on manque de sous-officiers et que ceux qu'on a laissent à désirer. Ils n'ont pas le feu sacré, et on ne fait pas assez pour le leur donner. A cet égard, la place que les cadets occupent à côté d'eux rend leur situation extrêmement fausse. Le général Kaulbars nous dépeint l'ignorance de ces jeunes gens qui demain seront officiers et qui sont aujourd'hui plus empruntés eux-mêmes que les conscrits auxquels ils sont chargés d'apprendre les éléments du métier militaire. Il raconte que souvent il lui est arrivé de s'arrêter pour se rendre compte de la manière dont s'y prenaient ces instructeurs novices. Il a vu quelques-uns d'entre eux tenir leur « théorie » à la main pendant l'exercice, et la consulter à chaque commandement. Le bon public, qui n'entend rien à ces choses-là, approuvait sans la moindre arrière-pensée, et, certain jour, un assistant fit même à haute voix cette remarque : « A la bonne heure ! Voilà des jeunes gens qui travaillent maintenant ! Ils ne font pas un pas sans leur règlement ! N'est-ce pas admirable » ? Cet éloge fit sursauter le général.

Tout au contraire, c'est piteux, s'écrie-t-il brusquement. Quiconque est tant soit peu au courant du métier militaire souffre de voir devant le front des troupes un instructeur tellement peu au fait des premières notions du service qu'il est obligé à tout moment de recourir à son livre ou qu'il lui faut se concerter avec le sous-officier qui se tient auprès de lui, si même, pour masquer sans doute son ignorance, il ne donne pas à ce sous-officier l'ordre de prendre sa place d'instructeur, et alors il assiste à l'exercice en simple amateur, ayant l'air de considérer comme trop au-dessous de lui d'y intervenir directement.

Le sergent a beau se dire que ce cadet fait là un apprentissage destiné à son perfectionnement, et grâce auquel il deviendra un bon lieutenant, puis un capitaine excellent, ne comprend-on pas que ce sous-officier, surtout s'il vaut quelque chose, doive trouver dur, au début, d'obéir à un blanc-bec inexpérimenté ? Et ne conçoit-on pas, d'autre part, que celui-ci, devenu officier, se sente gêné devant le témoin de ses premières incertitudes, qu'il n'ait pas à son égard une attitude confiante et affectueuse, qu'il se revanche en quelque sorte, en le prenant d'un peu haut avec lui, d'avoir eu besoin de ses conseils, de ses services, de sa complicité ?

Une plus rationnelle répartition des grades, quelques modifications apportées aux règles et aux traditions relatives à la formation des officiers et à la situation des sous-officiers [1], il n'en faudrait pas davantage pour que les cadres de l'armée autrichienne fussent singulièrement améliorés, ce qui permettrait de réduire la durée du service. Les économies qui en résulteraient pourraient être appliquées à l'incorporation de tout le

1. « Voyez dans quelle situation je me trouve, disait un capitaine d'artillerie au général Kaulbars : j'ai sur mes contrôles, inscrits comme sous-officiers de ma batterie, un certain nombre

contingent. Actuellement 25.000 jeunes gens échappent, bon an mal an, à la caserne; valides, capables de faire d'excellents soldats, ils sont directement versés dans la landwehr, où ils ne reçoivent qu'une instruction militaire fort rudimentaire. Or, sans croire à la vertu magique du nombre, il est fort naturel d'admettre que l'union de la quantité et de la qualité assure à une nation le maximum de puissance dont elle est capable. Si ceci était incompatible avec cela, si de forts effectifs étaient fatalement condamnés à n'être que médiocrement instruits, il faudrait opter entre les deux termes du dilemme. Mais rien n'empêche de concilier ceux-ci : avec les principes en vigueur dans la monarchie austro-hongroise, si le commandement était secondé par un corps de sous-officiers qui fût à la hauteur de sa mission, nul doute que deux ans suffiraient à transformer en soldats même les paysans polonais, auxquels on reproche de ne pas garder, une fois rendus à la vie civile, l'empreinte du dressage militaire et l'enroidissement de l'uniforme : ils ne tardent pas à perdre le pli de la tunique et à reprendre l'allure gauche du cultivateur.

Mais on peut avoir de gros effectifs sans que ce soit au détriment de la qualité : si la seconde année de service peut confirmer le soldat dans ce qu'il a appris pendant la première, l'utilité directe de la troisième au point de vue de l'instruction est fort contestable. En tous cas, étant donné que, sur un contingent de 125.000 hommes, 90.000 sont incorporés pour trois ans pleins (ou exactement pour trente-cinq mois et

d'élèves de l'Ecole d'artillerie (de la brigade) que le chef de cet établissement a nommés à ce grade. D'autre part, j'ai dans ma batterie des sujets tout à fait aptes à en remplir les fonctions; mais je ne puis les faire passer, puisque les élèves dont je vous parle occupent les places disponibles ». De telles injustices, comme le fait remarquer le général, ont une influence morale déplorable sur l'armée et ne peuvent faire autrement que de décourager les jeunes gens capables de devenir sous-officiers.

demi) et que 9.000 sont versés dans la réserve et y sont exercés pendant quatre mois, le reste, soit environ 25.000, est exercé pendant huit semaines dans l'infanterie, pendant trois mois dans la cavalerie.

Si nous mettons deux mois en moyenne, une classe fournit donc un total de 3.821.000 mois de service. Or, si les 125.000 recrues étaient uniformément conservées vingt-six mois sous les drapeaux, c'est-à-dire si, pour la même dépense d'entretien, la totalité du contingent recevait une forte instruction professionnelle pendant une durée de deux ans, est-il téméraire d'affirmer que la puissance militaire de l'Autriche, loin d'être affaiblie, serait considérablement augmentée ? La portion actuellement appelée à l'activité ne perdrait certes pas grand'chose à la suppression de sa dernière année de service. Et un tiers de la jeunesse du pays, actuellement presque inutilisé, acquerrait une valeur décuple de celle que peut lui donner un dégrossissage hâtif. Le bien que nous avons dit des honveds ne doit pas nous faire illusion. Il est manifestement impossible de militariser la landwehr en quelques semaines; les notions reçues en si peu de temps ne peuvent être que superficielles, et il faut les circonstances toutes spéciales que nous avons indiquées pour que les Hongrois en tirent un parti exceptionnellement brillant.

Sous la réserve de ces observations, je considère l'armée austro-hongroise comme étant très à imiter, sinon fort à redouter. Seule, elle ne serait assurément pas un adversaire invincible ; mais, associée à son alliée du Nord, elle lui apporterait un appoint très considérable. Qu'on n'insinue pas que, par cette formule, je cherche à la comparer au zéro qui, ne possédant aucune valeur intrinsèque, décuple la valeur des chiffres à la suite desquels on le place. Mais j'ai dit les dangers que ferait courir à l'Autriche son hétérogénéité, en cas de revers, et la simple hypothèse de cette éventualité suffit à faire comprendre l'intérêt de premier ordre qu'il y a pour elle à s'unir à une puissance aussi formidable que l'empire allemand. L'étude de l'Armée italienne va nous permettre d'embrasser dans leur ensemble les forces de la triple alliance et d'établir l'apport social de chacun des trois associés. La conclusion de ce travail sera que, si l'Autriche est fort loin du premier rang, elle occupe le second fort honorablement.

L'ARMÉE ITALIENNE

Avant la campagne d'Abyssinie, il m'était arrivé — oh! avec bien des réserves et des ménagements — d'exprimer des doutes sur la valeur de l'armée italienne. Bien qu'admirant très vivement ses institutions, je pensais que sa force, comme celle du pays, était plus en façade qu'en profondeur, et je l'avais donné à entendre. Contre la sévérité du jugement que je m'étais permis de formuler, d'excellents esprits ont protesté. En particulier, M. René Bazin, l'auteur exquis de tant d'aimables livres, d'une observation si exacte, me l'a reprochée en me disant que l'armée italienne, ayant fait de très grands progrès depuis Custozza, était fort loin d'être une quantité négligeable, comme on l'a tant répété. « Les corps frontières sont particulièrement bons, ajoutait-il. Les casernes sont bien tenues. Le soldat est nerveux ; mais il a de grandes qualités de discipline et de frugalité. Quant aux officiers, je les crois moins travailleurs, pris en masse, que les nôtres. Ils ont cependant, eux aussi, leurs excellents côtés, et, s'il ne faut pas exagérer, on ne peut leur refuser une belle tenue, le goût de leur métier — un peu trop celui de l'uniforme — et de la bravoure personnelle. Qu'est-ce que tout cela donnerait dans une guerre? *Chi lo sa?* Mais il faut *estimer* ce qu'ils font. » Eh! sans doute, je l'estimais; mais j'avais de la méfiance.

Les événements m'ont donné raison, et, pour une fois que je ne me suis pas trompé dans mes prévisions, il me semble qu'il m'est bien permis de le dire...

I

Naguère, M. Gaston Moch mettait sur le compte de la mégalomanie nationale les incohérences de l'organisation militaire italienne et ses imperfections. On a voulu faire grand, trop grand. Les deux plus vastes bâtiments qui aient été élevés de toutes pièces à Rome pour loger des services publics sont le Ministère de la Guerre et (ô ironie!) le Ministère des Finances du jeune royaume. De même pour la puissance militaire qu'on voulait improviser; on en avait conçu le plan à l'image des constructions disproportionnées qui enlaidissent la vieille cité devenue nouvelle capitale : une façade trop grande a absorbé toutes les ressources disponibles. Aussi l'Italie, essoufflée, marque-t-elle le pas et n'arrive-t-elle pas à suivre ses alliées, surtout l'Allemagne. Alors que sa population lui permettrait de constituer au moins quinze corps d'armée, c'est à peine si elle en a douze, dont deux sur le papier. Les dix qu'elle entretient sont à effectifs réduits, et leur valeur est très inégale. Tout ce qui est dans le nord de la péninsule est incomparablement supérieur à ce qui végète dans les provinces du centre et du sud. Le Piémont est resté la terre fertile en soldats, quelque chose comme ce qu'était jadis l'Alsace pour la France, ou comme est la Lorraine. On sait ce qu'il faut penser des Napolitains. Qui donc disait à Murat, je crois, lorsqu'il s'occupait de leur trouver un uniforme, qui donc lui disait : « A quoi bon? Habillez-les de rouge, de bleu ou de jaune, ils n'en... tourneront pas moins les talons »? Bien qu'elle ne craigne pas de jouer du couteau, cette population de *bravi* ne fournit pas de vrais troupiers, résistants et vraiment patriotes. Voyez ce qui s'est passé pendant la guerre d'Ethiopie. Rappelez-vous ces soulèvements d'une foule qui ne craignait pas de retenir les régiments désignés pour aller en Afrique, qui s'opposait au départ des trains, qui faisait, au lendemain du désastre d'Adouah, des manifestations en faveur de la paix : vous comprendrez pourquoi on est fondé à dire que l'Italie n'est pas une nation véritablement guerrière. Et si je rappelle la singulière attitude des prisonniers du roi Ménélik, pourra-t-on nier même après les dénégations du général Albertone, qu'il y ait eu de leur part un manque de dignité qui dénote bien peu d'esprit patriotique, bien peu de sentiment de la discipline ?

Si la faiblesse de l'armée austro-hongroise tient, comme nous l'avons vu, à un mélange hétérogène de races disparates qui parlent des langues différentes et qui ne se comprennent pas, pareil défaut de cohésion existe entre les peuples si divers de la péninsule italique.

En vain, pour amalgamer ces éléments, mêle-t-on les recrues du nord avec les conscrits du Midi; en vain, transplante-t-on des Siciliens ou des Napolitains au pied des Alpes, tandis que les Piémontais et les Lombards sont appelés à faire leur service dans les Calabres. Ce système devait contribuer, pensait-on, à cimenter l'unité politique. L'armée serait devenue ainsi le grand creuset dans lequel se seraient fondues toutes les divergences, la grande école où la jeunesse italienne se formerait aux sentiments patriotiques, où elle apprendrait l'esprit d'abnégation et la discipline militaire. La façon dont est formée l'armée italienne est considérée par certaines personnes comme le fait le plus considérable de la reconstitution nationale pour les conséquences qui en découlent et pour celles qui peuvent se produire par la suite.

Qu'on ait beaucoup compté sur cette juxtaposition, ce n'est pas douteux. Reste à savoir si elle a donné tous les résultats qu'on en attendait, et si la fusion tant espérée s'est vraiment produite. Certains faits semblent indiquer le contraire. Il y a quelques années, l'apparition du choléra montra en toute évidence la persistance du particularisme local. Les municipalités barricadaient leurs portes, s'enfermaient chez elles, rompaient toutes relations avec le pouvoir central. Et c'étaient souvent des hommes de la bourgeoisie qui donnaient cet exemple, c'est-à-dire la classe dont le patriotisme a fait l'unité. Devant le danger, loin de s'unir, on s'isole. Qu'est-ce à dire, sinon que l'amalgame n'est pas près de se faire? Aujourd'hui, comme il y a quinze ans, la désignation de l'origine prend un sens péjoratif; le mot de « Piémontais » se dit avec une intention injurieuse à Rome, comme le mot de « Romain », à Naples.

Le temps, si on le laissait faire, se chargerait peut-être d'atténuer les divergences; en voulant procéder par la force pour les faire disparaître, il arrive qu'on les exaspère. S'il est vrai qu'en roulant les uns contre les autres, les cailloux finissent par émousser leurs aspérités et par s'arrondir, il est vrai aussi qu'en s'entrechoquant ils produisent des étincelles, et il n'en faut pas plus pour mettre le feu aux poudres. En réunissant face à face, dans une vie commune de chaque jour, des jeunes gens de toutes les provinces, l'armée met aux prises les aversions et les jalousies de l'esprit local. Aussi les suicides de militaires sont-ils nombreux. Une statistique, qui remonte à quelques années, en accuse quatorze fois plus que dans le civil. Soixante officiers sur 1.000 se donnent volontairement la mort! Pour les sous-officiers, cette proportion se réduit à 17; pour les soldats enfin, qui, ne l'oublions pas, ne servent guère que deux ans, elle s'abaisse à 4 pour 1.000. Et quel est le motif de ces actes de désespoir? L'officier n'a pas obtenu d'avancement; il s'imagine qu'il est victime d'un déni de justice; on lui en veut « parce qu'il est de telle province ». Un soldat se croit persécuté par ses supérieurs, « parce qu'ils détestent les gens de sa région ». Parfois, hanté par cette idée, au lieu de se donner la mort, il cherche à se venger. On se souvient des drames affreux qui se déroulèrent coup sur coup dans les casernes italiennes. Ce fut d'abord à Naples, le soldat Misdea, qui, une nuit, tua ou blessa quatorze de ses camarades avant qu'on pût l'arrêter. Quelques mois après, à Padoue, le soldat Costanzo, profitant lui aussi de la nuit, prit son fusil, assassina son caporal à bout portant dans son lit et, pendant qu'on essayait de le désarmer, tua un autre caporal et un soldat. Entre-temps, une autre affaire du même genre causait une vive émotion à l'opinion publique. A Florence, deux sous-officiers, nommés Marino et Scaraceni, en avaient assassiné un troisième à la suite d'une querelle pareillement envenimée par des haines provinciales. Sur l'insistance du Ministre de la Guerre, qui a jugé indispensable de faire des exécutions, la peine de mort a été rétablie pour le châtiment de ces forfaits[1].

1. Elle était depuis longtemps supprimée de fait en Italie : le roi faisait toujours grâce.

Pour éviter des scandales, que les jalousies entre officiers auraient pu produire, on a renoncé à réunir ceux-ci dans des pensions ou des mess. Chacun fréquente qui il lui plaît, et, ce qu'on gagne ainsi en liberté, on le perd en égalité et en fraternité. Un officier français le notait il y a quelque temps dans un récit qu'a publié la *Revue de cavalerie*, et duquel je détache le passage bien typique que voici :

Dans les restaurants, au café, on les voit disséminés et en quelque sorte isolés. Loin d'être réunis par régiment, par groupes, comme en France, ils paraissent ne pas se rechercher et à peine se connaître. Cette attitude me frappa dès mon arrivée à Gênes. J'en eus bientôt l'explication : les officiers italiens, en dehors du service, jouissent, en effet, de la liberté absolue de vivre à leur guise. N'ayant ni pension ni café spécialement désignés, ils vont chacun de son côté, selon les goûts et surtout selon les fortunes; et comme leur recrutement, en principe démocratique, offre d'assez fortes variations dans les origines, comme ils conservent toujours leur uniforme (les généraux étant seuls autorisés à porter la tenue civile), cette dispersion extérieure est très apparente. Elle existe surtout dans les grands centres, où l'on peut remarquer des officiers de même grade et de même arme fréquentant, les uns les premiers établissements de la ville, les autres des restaurants et des cafés de second ordre.

Dans les petites garnisons, et particulièrement dans certains corps où les traditions et la camaraderie sont plus développées, les officiers vivent à la même table. C'est ainsi que j'eus l'occasion de voir, à Vérone, les capitaines et lieutenants de bersagliers réunis en une seule pension. Il est vrai qu'ils y conservaient une liberté qui nous paraîtrait un peu singulière. Ils n'arrivaient pas tous à la même heure; quelques-uns s'en allaient avant la fin du repas, d'autres lisaient leurs journaux, de sorte que l'aspect général rappelait un peu celui d'une table d'hôte.

Il n'est pas paradoxal de soutenir, en rééditant un vieux mot de Rüchel, que la valeur d'une armée réside dans son corps d'officiers, les défauts de ceux-ci se reflétant sur celle-là. Que dis-je qu'ils s'y reflètent? Ils y pénètrent, s'y communiquent, s'y incrustent. Les domestiques ne s'entendent jamais quand les maîtres se disputent. Peut-il y avoir cohésion dans une troupe où les chefs ne sont pas d'accord, ne vivent pas en intimité, ne sont pas confondus dans un même sentiment de solidarité? Il n'en faut pas davantage pour laisser les soldats incertains, divisés, peu confiants dans les dépositaires du commandement. Tel peut aimer *son* officier, qui n'aime pas *les* officiers, ceux-ci ne manifestant pas la moindre camaraderie, au sens où nous entendons ce mot. S'il est vrai que l'union fasse la force, l'armée italienne recèle des germes d'irrémédiable faiblesse.

La moyenne des éléments qui la composent, au surplus, est loin d'être excellente [1]. Sans revenir sur les inégalités que j'ai signalées, et qui sont criantes, sans contester non plus que l'Italien soit sobre, endurant, capable d'énergie et de beaucoup de souplesse, on ne peut s'empêcher, même sans l'avoir vu de très près,

1. Un attaché militaire qui a vu ces soldats de près disait qu'ils sont très faciles à mener : « Le séjour des grandes villes ne les a pas gâtés ; ils ne sortent pas de ces promiscuités d'ateliers, de ces usines qui corrompent jusqu'à la moelle une partie des conscrits dans les pays d'industrie. Sans doute leur impressionnabilité leur nuirait dans une guerre offensive; l'homogénéité est loin d'être complète dans leurs rangs; ils ne manœuvrent pas toujours avec l'ensemble désirable. Mais ne vous y trompez pas : le soldat italien vaut mieux que sa réputation. Bien conduit, il se battrait bien. » Mais sera-t-il vraiment bien conduit? De ses chefs voici ce que dit l'attaché militaire dont nous venons de citer l'opinion sur la troupe : « Ce qui leur manque, ce qui manque, du moins, à beaucoup d'entre eux, c'est une instruction solide, un peu l'esprit de corps, un peu aussi cette qualité toute militaire que nous nommons le commandement, et qui est à l'autorité ce qu'est l'entrain au courage : une aigrette ».

même sans avoir vécu de sa vie, et sans posséder, par suite, en toute certitude le secret de sa psychologie, on ne peut s'empêcher de reconnaître qu'il lui manque bien des qualités militaires, à commencer peut-être par la première de toutes, qui est la gaieté, l'entrain, le diable au corps. Ce méridional est exubérant, mais avec une pointe de tristesse, de mélancolie, de sentimentalité. D'autre part, il est doux, par suite malléable et docile, mais — par suite aussi — souvent mou, passif et sans ressort. Il ne réagit pas, comme le petit troupier français, et il se laisse abattre. Comme il est nerveux, il est capable de sursauts. Sa nervosité, qui le prédispose à l'assassinat, au suicide, le rend très impressionnable en face du danger. Aussi le maréchal de Villars eût-il pu dire de lui, avec plus de raison encore que du soldat espagnol, qu'il est « brave à ses jours ». Il est accessible aux paniques ; il manque de calme, de sang-froid, de possession de soi-même, ce qui n'a rien de bien étonnant de la part de gens peu éclairés, ignorants, superstitieux, conduits par des chefs qui n'ont pas su s'emparer de leur âme, dont beaucoup même n'ont pas cherché à exercer d'action sur elle.

Dans une étude publiée, le 1er novembre 1899, par *la Revue de Paris*, M. G. Gastinel conte l'anecdote suivante, qu'il donne comme un bel exemple de sincérité, et où on peut voir bien autre chose encore :

Comme je revenais de Naples, un soldat qui portait le costume colonial se mit à raconter, de manière à être entendu par tout le compartiment, la panique d'Adouah. Il ne cherchait pas à faire admirer l'héroïsme de l'armée. « Quand on nous a dit qu'il allait y avoir bataille, nous avons tous changé de couleur ». Jamais peut-être des soldats n'avaient fui si résolument, « sans se retourner, je vous jure, sans s'arrêter ». Trois jours il avait marché ou couru ; d'abord il avait rencontré un officier blessé d'un coup de lance et lui avait porté secours; mais, l'ennemi survenant, il l'avait abandonné pour fuir encore. Alors il avait erré seul dans un pays inconnu, mourant de soif; il avait trouvé un puits, mais plein de sang; enfin, à bout de forces, ayant perdu tous ses habits en route, il était arrivé à un poste italien « nu comme sa mère l'avait fait ».

Un officier, vêtu, lui aussi, du costume colonial, assistait à ce récit.

Ce dernier petit détail, que d'autres confirment, prouve que les officiers ne s'efforcent pas assez à relever le caractère de leurs subordonnés; ils laissent ceux-ci s'abandonner à leurs instincts, qui sont parfois assez bas, comme on en a eu la preuve pendant la captivité du corps expéditionnaire en Ethiopie. Sans être perverses, ces natures sont portées à la dissimulation, à la ruse; ou, tout au moins, elles sont en dedans. Elles n'ont pas ce besoin de sociabilité qui se transforme en solidarité et devient « camaraderie de combat ». En faut-il davantage pour donner à une armée l'esprit inquiet? Si chacun n'est pas sûr et de ses guides et de ses voisins, peut-on reposer en paix et goûter un instant de tranquillité, de détente? Le « chacun pour soi », l'individualisme à outrance, n'est-ce pas ce qu'il y a de plus contraire à l'harmonie générale et au bien-être de l'ensemble? En cela réside précisément la vertu bienfaisante de la camaraderie grâce à laquelle l'homme est fondu dans la collectivité : dans une troupe où elle règne, les différentes armes savent qu'elles peuvent compter l'une sur l'autre; au cantonnement, les quartiers généraux travaillent en paix, tandis que les soldats dorment tranquilles, sans souci, et se refont de leurs fatigues, se sachant, se sentant sous la protection vigilante des grand'gardes de l'infanterie et des patrouilles de la cavalerie.

Comment se traduisent, à la guerre, l'insécurité et

la méfiance? Par des fatigues nouvelles et inutiles qui viennent s'ajouter à celles qu'on a été forcé d'endurer. Voici, par exemple, un épisode que racontent MM. Gustave Chiesi et Jules Norsa dans leur récit, *Huit mois d'Afrique*. C'est pendant l'expédition de Massaouah. Le 4 mars 1888, à la tombée de la nuit, deux fusées sont lancées du fort Marguerite, qui est une position avancée. Aussitôt branle-bas général de combat : tout le monde debout et sous les armes. Total : une nuit blanche pour la garnison des divers forts. Que s'est-il donc passé? Le correspondant d'un journal italien n'hésite pas à aller le demander à l'officier qui a donné le signal de l'alerte, et celui-ci lui répond à peu près en ces termes : « Hier soir, le lieutenant de garde au petit poste n° 2 a aperçu, à un kilomètre et demi de lui, une colonne ennemie qui marchait vers le fort. Examinée à la lunette, cette troupe a paru être de 1.500 hommes ; elle était précédée de quatre ou cinq chefs à cheval, qui se distinguaient par leurs vêtements blancs. Le lieutenant s'est replié ; j'ai regardé à mon tour, et, voyant que la masse continuait à s'avancer, j'ai donné l'ordre d'ouvrir le feu : sept coups à mitraille ont suffi pour la faire battre en retraite. En ce moment même où je vous parle, une patrouille est en train de relever les morts ». Eh bien, tous renseignements pris, il se trouva que les cadavres ennemis étaient ceux de douze pauvres bœufs ; la colonne était un innocent troupeau destiné à l'approvisionnement d'un des forts.

Outre qu'elles dénotent un singulier manque de sang-froid et un insuffisant service de sécurité, de pareilles méprises ont le grave inconvénient de surmener le personnel et de créer un état d'esprit dangereux. D'une part, les secousses répétées énervent et mettent dans de fâcheuses dispositions le physique et le moral ; d'autre part, on risque de se blaser avec ces idées de dangers imaginaires, de sorte qu'on ne prend plus de précautions quand il s'en présente de réels. Guillot s'amusait à crier au « loup » pour faire accourir les voisins, de la crédulité desquels il se moquait ensuite. Le jour où vint un loup « pour de bon », le berger eut beau appeler, personne ne se dérangea. Ne soyons donc pas trop surpris, s'il nous faut constater, chez le soldat italien, et des mouvements de défaillance comme ceux qui entraînèrent certaines divisions loin du champ de bataille d'Adouah, et des accès de découragement, et des cauchemars, et des mirages, et des vertiges.

II

Chargés de pétrir et de mettre en œuvre, dans un délai relativement court, une matière de qualité inégale, les cadres de l'armée italienne sont inférieurs à leur tâche, qui ne laisse pas d'être difficile et que rendent plus ardue encore les querelles de clocher, les dissensions intestines qui divisent tous les régiments d'un bout à l'autre de la péninsule[1]. Il n'y a d'exceptions à

1. On m'a conté qu'un capitaine italien, alors qu'il faisait à un de nos compatriotes les honneurs de sa caserne, fut abordé par un de ses officiers qui lui rendit compte d'une faute très grave commise par un homme de la compagnie. Le capitaine s'emporta, invectiva vivement le coupable, puis, se radoucissant, le renvoya sans même le punir. Tant de mansuétude étonna le témoin de cette scène. — « C'est sans doute un bon soldat, insinua-t-il, auquel vous pardonnez en faveur de ses antécédents ». — « Pas du tout, fut-il répondu : c'est un détestable sujet ; mais il est Piémontais, et ces gens-là, voyez-vous, il faut les ménager, si on ne veut pas qu'ils vous fassent quelque mauvais coup ».

faire que pour certains corps triés sur le volet, corps que la nature de leur recrutement, d'une part, leur point d'honneur particulier de l'autre, mettent dans des conditions favorables à un dressage complet. Les chasseurs à pied et les chasseurs alpins en fournissent la preuve ; la façon rationnelle dont ils sont instruits contraste d'ailleurs avec les procédés rétrogrades ou inintelligents employés dans les autres régiments ; aussi forment-ils une catégorie tout à fait à part et dont la valeur est remarquable.

L'arme d'élite de l'Italie, les bersagliers, dit M. Ardouin-Dumazet, est une troupe résistante, superbe, vive, même aux heures de *far-niente*. C'est un des plus beaux types de soldats qu'on puisse voir. A nos côtés, en Crimée et au Piémont, le bersaglier s'est montré le digne émule de nos zouaves et de nos chasseurs à pied. Son allure dégagée est naturelle ; sa souplesse est bien celle de sa race ; ces qualités sont accrues, exaspérées, pourrait-on dire, par une éducation spéciale, employée la première fois lorsque le Piémont ne regardait pas du côté des *Tedeschi* pour chercher un modèle. Ces troupes ont dû à leur popularité d'échapper à l'instruction allemande.

De même pour les *alpini*. En créant pour la défense des Alpes un corps composé d'hommes de la région, habitués à la montagne, marcheurs infatigables, sobres, capables de vivre dans des tanières pendant l'hiver, à la façon des animaux hibernants, l'Italie a rompu avec les idées qui prévalaient pour l'éducation de la masse ; elle y a gagné une arme spéciale superbe et solide.

Tout autre est l'aspect des troupes de ligne. Il y a dans leur marche et leurs mouvements quelque chose de lent et d'embarrassé qui jure (?) avec l'aspect de ces soldats de taille et de corpulence médiocres, si semblables à la masse de la population. C'est que le soldat de ligne italien n'est point dressé à l'italienne comme l'alpin ou le bersaglier ; l'espèce de dislocation morale et physique à laquelle il est astreint lui donne[1] cette apparence chétive et triste qui frappe tous les voyageurs.

Chose singulière, l'officier italien, au contraire, maintient avec persistance, avec excès aussi, le goût national pour le pimpant, le panache, l'allure ténor, si l'on peut employer ce mot à propos de militaires passionnés pour leur métier et pour leur pays. Dans aucune armée, même en Angleterre, on ne trouverait officiers aussi serrés dans des costumes aussi brillants, avec des sabres plus bruyants sur le pavé, des éperons plus cliquetants. Dans leur manière de s'envelopper d'un grand manteau gris rejeté sur les épaules à la façon des héros de cape et d'épée, il y a quelque chose de théâtral, bien éloigné de la raideur mécanique imposée aux soldats.

Un publiciste qui connaît à merveille les choses de la péninsule, y ayant fort longtemps séjourné, — aussi ne pourrons-nous suivre un guide meilleur, — nous faisait récemment un brillant tableau de tout ce scintillement d'uniformes resplendissants. En débarquant à Turin ou dans n'importe quelle ville du royaume, disait-il, que ce soit une capitale comme Rome, ou une cité morte comme Syracuse, le premier objet d'étonnement pour des yeux inhabitués aux spectacles italiens est la rencontre d'une invraisemblable quantité d'officiers, d'un luxe d'uniformes, d'une bravoure de prestance vraiment extraordinaires. En réalité, on n'en compte que quelques milliers ; mais, comme ils sont toujours en vue, on les dirait innombrables. Ce ne sont qu'aiguillettes dorées, qu'éblouissantes épaulettes, que boutons resplendissants avec, parfois, de flottantes écharpes de soie bleue, et, toujours, des dolmans ajustés, dépassant à peine la taille, et des pantalons gris perle, moulés comme des maillots, aux fières baguettes

1. Ou du moins elle contribue à la lui donner, car nous en avons indiqué d'autres causes encore.

d'or, d'écarlate ou d'azur. Toutes ces figures, que-surmontent des casques, des képis ou des kolbacks de même style, ont quelque chose de classique dans la régularité de leurs traits, et l'anatomie de ces hommes est moins sommaire que celle de nos gens du Nord. La poitrine bombée, le torse cambré, font ressortir la pureté et l'élégance des lignes. La tête se dresse fièrement; la moustache se relève en crocs. L'air glorieux, un certain déhanchement dans la marche, la mine, l'attitude et l'allure dénotent ce contentement intérieur que donnent la certitude de plaire et le plaisir d'être admiré. Les silhouettes de ces beaux officiers, genre un peu opéra-comique, sont très décoratives et d'une plastique superbe. A première vue, pourtant, on reste surpris : ces chamarrures de parade s'accordent mal avec l'idée moderne de la guerre; mais, si la tenue manque d'utilité pratique, ni le luxe ne lui fait défaut ni le sens esthétique. Il est vrai qu'à ces couleurs disparates et trop vives, à cet abus de panaches, de plumes bronzées, de galons d'argent et d'aiguillettes d'or, il faut ou les feux de la rampe et l'optique spéciale de la scène, ou le soleil de Toscane et des âmes moins amies des nuances que les nôtres.

Elle coûte cher, cette toilette, d'une fraîcheur toujours irréprochable, et les lieutenants sont maigrement payés. Ceux qui n'ont pas de fortune personnelle sont obligés de s'endetter ou de vivre très modestement. Il est vrai qu'ils obtiennent une forte réduction sur le prix de leurs achats en s'adressant à l'*Union militaire*, qui est une association coopérative dans le genre des *Army and Navy stores*. Mais le rabais qu'ils trouvent dans les magasins de l'Union n'est pas tellement considérable qu'il leur permette de faire figure dans le monde. Aussi se contentent-ils souvent d'un monde inférieur au monde. La misère parfois les accule aux pires expédients, et, au bout du fossé, la culbute : au bout des protêts, le suicide. Les hasards du jeu, du loto en particulier, offrent des tentations auxquelles bien peu résistent. Les courses présentent également des chances de gain. Les officiers italiens, qui sont de remarquables cavaliers, d'une rare intrépidité, ne dédaignent pas la culotte de peau blanche, la casaque aux couleurs voyantes et la casquette des jockeys de profession. Il est certains d'entre eux qui, en se livrant à ce sport lucratif, ont acquis une célébrité bien méritée.

Quant aux travaux intellectuels, ils sont bien loin de la préoccupation de ces jeunes gens. Jouissant de l'entière liberté d'écrire et de publier leurs travaux, ils n'en usent guère. Si ce sont toujours les mêmes qui se promènent, pareillement ce sont toujours les mêmes qui travaillent. Et de ceux-ci le nombre est très faible. Cependant leurs journaux spéciaux renferment souvent des articles remarquables. Combien de fois ne m'est-il pas arrivé, cherchant des renseignements sur l'outillage de l'armée française, et ne les trouvant pas en France, de recourir à la *Rivista di artiglieria e genio*, où il était bien rare que je ne les découvrisse pas! Mais, si ce recueil contient des études techniques sur la balistique, les chemins de fer, les ponts, les bouches à feu, la photographie, l'aérostation, j'ai été frappé du peu de place qu'y occupent les questions d'instruction et d'éducation. Je jurerais que, en vingt ans, pas un article n'y a été consacré. Le matériel y est décrit fort en détail; mais il semble qu'on néglige le facteur « homme ». Bien rares les écrivains, comme les colonels Corsi et Marselli, qui parlent à l'âme même du soldat.

Outre que les exercices violents en plein air rendent malaisé à l'officier le travail en chambre close, et qu'il lui devient pénible de se courber sur une table, son instruction première n'a pas su, dans sa notoire insuffisance, lui donner la curiosité des choses supérieures[1]. Le lieutenant Sangiacomo racontait qu'il est du dernier chic, à la caserne, de se vanter de n'avoir jamais ouvert un livre depuis la sortie de l'école de Modène, et le colonel Nicolas Marselli n'a pas craint d'écrire que « la plupart des officiers s'occupaient peu d'augmenter leur culture générale ». Néanmoins il est des exceptions, mais si rares, qu'elles ne servent qu'à confirmer ces observations.

Certains qui n'ont pas l'heur de posséder des rentes, éprouvent cependant le désir de vivre proprement, loin des dettes et des expédients plus ou moins acceptables. Ceux-là entrent courageusement dans l'armée coloniale, recherchent les missions lointaines, les entreprises périlleuses et souvent mortelles, sentant bien que, au pays, ils n'auraient pas la force de résister à cette misère dorée. Ainsi se sont illustrés les capitaines Ugo Ferrandi et, plus récemment, Bottego et Grizzuni, qui remontèrent de compagnie le cours de la Giuba, parcourant 3.500 kilomètres de la terre africaine, sur lesquels, jusqu'à ce jour, aucun Européen n'avait encore posé le pied.

Mais tous n'ont pas l'énergie de s'expatrier; ils restent, et alors commence la vie difficile, la vie mauvaise dont le détail n'a rien d'édifiant. Leurs goûts, leurs passe-temps sont pourtant loin d'être dispendieux. Sans doute ils fréquentent les cafés et s'y plaisent; mais ils n'y vont guère plus qu'on n'y va en Italie, où de grandes villes, comme Rome ou Florence comptent à peine quatre ou cinq établissements convenables. En tous cas, les interminables heures perdues, dans les brasseries d'Allemagne, à empiler des

1. Pour donner une idée de cette aversion de l'officier italien pour l'étude, je ne saurais mieux faire que de réunir ici les détails que je trouve épars dans les notes recueillies par le publiciste anonyme, mais connu, dont j'ai parlé.

fonds de bocks ne sont point dans leurs habitudes, pas davantage que les punchs flambants ou que les mess au champagne français des *Royal Horse-Guards*. Il est très rare qu'un officier italien perde le juste équilibre de ses facultés. En tout cas, ceux qui y tomberaient par ennui, pour faire quelque chose, perdraient bientôt la considération de leurs amis. Aux alcools américains, ces officiers préfèrent des cafés, des glaces, des sirops sucrés ou même — car la consommation se demande dans les bars de la péninsule — un simple verre d'eau fraîche.

Et puis, dix mois sur douze, le ciel est si bleu, l'air si doux, qu'il devient pénible de s'attarder en local clos. Et ce sont de journalières, d'infinies promenades avec un ami, un camarade, ou même seul, car le caractère italien se suffit à lui-même, n'ayant pas cette faculté de liaison qui fait du Français l'ami de tout le monde. Ah! que de centaines, que de milliers j'en ai rencontrés dans les allées roses de la *Via nazionale* de Naples, dans les allées vertes du *Pincio* de Rome, dans les allées bleues des *Cascines* de Florence, et ailleurs, et partout! Cigarette aux lèvres, le regard heureux, ils allaient à pas nonchalants, avec le tintement joli de leurs éperons et de leurs sabres, fringants dans des uniformes dont j'ai assez décrit l'éclat ou, si c'était l'hiver, plus séduisants encore dans des spencers astrakanisés, dans des manteaux flottants aux plis sculpturaux de toges romaines. Ensuite, vers les six heures, ils reviennent au *Corso* de l'endroit, c'est-à-dire à la rue où il est de bon ton de se promener à ce moment, en voiture ou à pied. Et là, sur le trottoir, ils s'arrêtent de grands quarts d'heure à regarder les passantes, souriantes dans leurs équipages à roues peintes en clair, à cochers en livrées princières. Cela s'appelle « être de piquet au *Corso* ».

Mais le *Corso* redevient une rue comme les autres : l'heure du dîner a sonné, un dîner sommaire d'homme vivant au bon soleil, au grand air, et qui se contentera d'un plat de macaroni, d'un plat de viande et d'une orange. Car la sobriété italienne n'est pas un cliché sans cause. Si nos ouvriers acceptaient ce dont se déclarent satisfaits les Italiens, la question sociale s'en trouverait, du coup, simplifiée.

Là-bas les plaisirs de la table ne comptent guère ; l'espèce de joie grossière qu'ils procurent répugne à une race dont la civilisation est la plus ancienne de notre monde moderne.

Enfin, le dîner expédié en deux temps, trois mouvements, reste la soirée. Que faire ? Rentrer chez soi, travailler ou, du moins, parcourir les journaux étrangers, les grands périodiques, se développer sérieusement d'une manière ou d'une autre ? Bon pour les rats de bibliothèque. D'ailleurs, il y a trop de cafés-concerts, de théâtres d'opérette, de théâtres en dialecte populaire. « Oui, oui, raconte le lieutenant Olivieri Sangiacomo, on déplore la dureté des temps ; mais il n'en est pas moins vrai que le franc, pour l'entrée des *Variétés*, on le trouve toujours au fond du porte-monnaie, même quand on n'a pas su y trouver le sou pour le journal ou les cinquante centimes pour le livre utile ». S'ils vont au théâtre, c'est pour y chercher des sensations qui n'ont rien du tout d'artistique. Demandez-leur si l'opéra leur a plu, et ils vous répondront, je le parierais, que la chanteuse avait les bras les mieux faits du monde, et que telle comtesse *professional beauty* était aux premières loges, très en beauté et très en succès.

Dix fois sur vingt leurs conversations sont pitoyables. Ils ne lisent guère, ils ont oublié ce qu'ils ont appris et s'occupent peu de vérités supérieures. Si les dames sont présentes, une animation factice les excite ; ils répètent des compliments démonétisés ou content des histoires avec dialogues, tous les potins de la ville et, selon l'habitude italienne, avec une verve dénigrante, souvent fort caustique.

Mais il faut avoir passé quelques soirées avec eux pour connaître la monotonie de leur esprit. Fatigués par les corvées de la vie militaire, c'est à peine s'ils se donnent le mal d'articuler. Un de ces longs et minces cigares aux lèvres, les yeux endormis, la voix dolente, avachis sur les canapés, ils discutent indéfiniment les mérites relatifs de leurs tailleurs, et si la culotte Saumur est préférable à l'ancien pantalon d'ordonnance. Et les mêmes anecdotes reviennent toujours, comme celle de l'officier *petit vernis* qui, au temps des fameux pantalons collants, avait imaginé, pour éviter les plis, de supprimer la chemise. Un jour, le cheval fit un écart, le cavalier fut désarçonné, une déchirure se produisit!... et ce sont des rires pas tout à fait aussi subtils que ceux auxquels nous invitent les comédies de Shakespeare.

Ou bien ils parlent chevaux; Ou bien encore ils racontent leurs bonnes fortunes au feu ou en amour, mais sans originalité, travestissant toujours dans les grands prix la réalité. D'ailleurs, dites par eux, leurs aventures sont peu divertissantes. L'Italien n'a pas l'à-propos des détails piquants; la liberté de paroles n'est pas dans son tempérament. Il répète volontiers qu'il est des choses qu'on fait et qu'on ne dit pas. En outre, la littérature, les arts demeurent lettres mortes pour lui; quant à la politique, il n'en fait guère, évitant même d'en parler, de peur de compromettre son avancement. Avec les mœurs démocratiques, sait-on si le voisin d'aujourd'hui ne sera pas demain député, et ministre l'année qui vient?

En résumé, les officiers italiens sont de charmants garçons, courageux, suffisamment civilisés et médiocrement intellectuels.

Si c'est une force que de savoir entendre ses vérités, ils ne l'ont guère, en tout cas. Toute la race est singulièrement susceptible et d'un amour-propre fort chatouilleux. Le soleil qui a échauffé le cerveau des Roumestan et des Tartarin agit sur leurs têtes, et c'est inconsciemment, de la meilleure foi du monde, que ces braves gens ne voient pas leurs défauts les plus manifestes. A plus forte raison n'admettent-ils pas qu'on les leur montre. Et quand c'est un Français qui les leur signale, ou leur mauvaise humeur ne connaît plus de bornes, ou ils n'en tiennent aucun compte et se contentent de hausser les épaules. Du moins en était-il ainsi avec leurs revers.

De cette indifférence méprisante, on peut citer des exemples bien caractéristiques, comme aussi de l'extrême sensibilité de leur épiderme. A je ne sais plus quel anniversaire du roi, il y eut une revue de la garnison de Rome. Comme toujours en pareilles circonstances, le défilé fut pitoyable. Carabiniers ou simples lignards, bersagliers mêmes, malgré la légèreté de leur pas accéléré et les bravos qui les saluaient, pas une file qui marchât droit : toutes disloquées et rompues, celle-là convexe, celle-ci concave, une autre convexe et concave à la fois, en serpenteau. La cavalerie ne se présenta pas mieux que l'infanterie. Pour l'artillerie, ce fut pis encore : elle défilait au pas sur quatre pièces de front ; or, dans telle batterie, un des quatre canons dépassait les autres de toute sa longueur. Un de nos plus éminents compatriotes, qui se trouvait là, ne put se tenir de risquer timidement une petite observation à ce sujet. — « Un homme vaut un homme, lui répondit-on péremptoirement : qu'ils marchent ou non en lignes plus ou moins parfaites, nos soldats feraient leur devoir et le feraient bravement ». On a pu voir s'ils ont fait honneur à tant de confiance.

En 1888, la *Revue bleue* fit paraître sur l'armée italienne un article qui, à la vérité, renfermait certaines erreurs, mais assez anodines, perdues dans une foule de justes critiques. La *Revue internationale* de Rome ne s'est pas contentée de relever ces erreurs, elle a célébré les rares vertus des soldats italiens, s'écriant qu'on les avait vus à l'œuvre dans les inondations, dans les désastres du tremblement de terre à Casamicciola et du choléra à Naples, et qu'ils y avaient déployé un courage, une abnégation, un entrain, une initiative individuelle, un esprit de fraternité, qui étaient du meilleur augure pour les épreuves que l'armée du roi Humbert pouvait être appelée à subir dans l'avenir. Qu'est-il resté de tout cela en Ethiopie ? Quelque chose, assurément, mais pas grand'chose tout de même. Il y a eu des actions d'éclat, mais isolées, mais noyées dans d'épouvantables défaillances, mais emportées en quelque sorte dans l'impétueux courant de violentes paniques.

Déjà, dans la guerre d'Abyssinie, à Makallé, le colone Galliano avait fait preuve d'une très grande valeur e d'une rare ténacité, qui rappellent l'héroïsme déployé par nos troupes au siège de Tuyen-Quan. Mais on a fait ressortir spirituellement, à propos de ces deux faits de guerre, la différence qui existe entre les tempéraments des deux peuples : si les Français avaient dû capituler devant les Chinois, on aurait renversé le Ministère ; quand les Italiens furent battus par les Abyssins, la métropole illumina. Peut-être était-ce pour sauver la face et pour obéir à la tradition du sénat romain, qui allait au-devant des consuls vaincus et les honorait publiquement.

Si l'ensemble du corps des officiers laisse à désirer, les sous-officiers, eux, font cruellement défaut. Dans toutes les armes, on se plaint de leur faiblesse ; ils n'ont ni l'autorité, ni le goût du métier, ni les connaissances professionnelles que possèdent leurs camarades de l'armée française ou de l'armée allemande. On en veut voir la cause dans le mode même de recrutement adopté pour ces gradés. Pour leur donner les galons, on exige qu'ils aient accompli dix-huit mois de service comme caporaux et qu'ils aient contracté un rengagement de cinq ans ; or, cette condition n'est guère acceptée que par les jeunes gens qui aspirent à devenir officiers. Aussi s'en présente-t-il bien peu. Dans l'artillerie, en particulier, si nombreux ont été les déficits qu'il a fallu à deux reprises, en 1887 et en 1894, faire appel aux ressources fournies par les régiments d'infanterie et de bersagliers, malgré les insuffisances de ces corps eux-mêmes. Pour suppléer à cette pénurie, on a imaginé un expédient qui est, depuis quelques années, préconisé chez nous par certains théoriciens, mais qui, en Italie, n'a donné que de maigres résultats : on a créé, entre le grade de caporal et celui de sergent, un titre qui donne à ceux qui en sont investis, et sans qu'ils soient astreints au rengagement, les fonctions et l'autorité des sous-officiers, mais non leurs prérogatives. Ce sont, en quelque sorte, des adjoints, des surnuméraires, des sous-officiers auxiliaires nommés à titre provisoire. En Allemagne, il se passe presque exactement le contraire pour les volontaires qui aspirent au grade d'officier. Ces jeunes gens font le service comme simples soldats, mais ils vivent de la vie d'officier. Officiers, ils le sont presque déjà en dehors de la caserne, tandis que, à l'intérieur, ils font les corvées comme les camarades et ne sont dispensés de l'accomplissement d'aucun détail du métier.

A quoi attribuer le peu d'empressement que montrent les Italiens à briguer le galon de sergent, malgré les avantages de jour en jour plus considérables qu'on s'est trouvé amené à leur offrir ? Je n'en connais d'autre explication que ce manque de confiance, que cette tiédeur, que cette absence d'esprit militaire dont j'ai parlé. La pénurie des cadres est une preuve de plus, et non des moindres, ni une des moins fâcheuses, de l'état moral de l'armée.

III

Et c'est justement ce laisser-aller qui fait de l'armée italienne une force militaire de second ou de troisième ordre, alors que les institutions qui la régissent, au contraire, sont conçues de la façon la plus satisfaisante et la plus parfaite. La machine est admirablement construite; mais, n'ayant pas un moteur assez puissant, elle ne marche pas bien : il se produit des à-coups, et on en est souvent à croire qu'elle est au point de s'arrêter.

La nation qui a le plus hésité à adopter une arme nouvelle a l'avantage, venant après les autres, de profiter de leur expérience et de choisir, après comparaison, ce qui se fait de mieux chez ses rivales. C'est par la même raison que nous voyons telle bourgade s'éclairer à l'électricité, parce qu'elle n'a jamais possédé d'usine à gaz, tandis que de grandes villes, voire des capitales, ayant fait des frais de canalisation et d'installation considérables pour le gaz, hésitent à en perdre le bénéfice et à adopter la lumière électrique, c'est-à-dire à marcher vers le progrès. Les derniers se trouvent alors les premiers, selon la parole de l'Evangile, et c'est à force d'avoir tardé qu'on finit par être en avance. Voilà bien comment la jeune Italie possède des institutions intrinsèquement supérieures à celles des plus vieux Etats de l'Europe. Elle a pu prendre son temps pour les choisir, et, n'étant pas gênée par son histoire et sa tradition, elle jouissait, pour accomplir cette œuvre d'éclectisme, d'une liberté dont elle a judicieusement profité.

En 1860, lorsque les nouvelles provinces furent annexées au Piémont, on étendit à toute la péninsule les règlements en vigueur dans l'armée sarde, la seule qui existât alors. Elle fut le noyau et le modèle de l'armée italienne. Mais on s'aperçut bientôt que ce qui convenait à une puissance de sixième ordre ne pouvait convenir à un Etat qui aspirait à être grand et pour lequel on a créé par la suite le mot de mégalomanie. On sut comprendre qu'il était urgent de procéder à une réfection complète de l'édifice, hâtivement improvisé, qui était devenu insuffisant. La tâche devait être d'autant plus facile que cet édifice n'avait pas de fondations bien profondes dans le pays, et qu'il ne tenait pas bien solidement au sol. Aussi, comme la campagne de Bohême, puis la guerre franco-allemande, avaient apporté des enseignements dont on ne pouvait manquer de tenir compte, on n'a pas hésité à tout détruire et à tout reconstruire à neuf en ces vingt-cinq dernières années. On a examiné avec soin ce qui se faisait à l'étranger, et on en a retenu ce qu'on y a trouvé de meilleur; on s'est procuré des matériaux de choix, et on s'est adressé aux architectes les plus intelligents, je veux dire aux Ministres de la Guerre les plus capables. Les généraux Ricotti-Magnani, Luigi Mezzacapo, Ferrero, Bertole-Viale, Mocenni, Pelloux, ont, pour la plupart, fait preuve de qualités remarquables, à la tête de leur département, et leur œuvre est digne d'un examen attentif.

C'est, bien entendu, sur l'armée allemande qu'on s'est réglé ; pouvait-on trouver modèles meilleurs que les vainqueurs de Sadowa et de Sedan? Toutefois on s'est bien gardé de pousser l'imitation jusqu'à la servilité, et on a su écarter des dispositions contraires au génie de la nation ou aux nécessités de son développement. C'est ainsi qu'on a repoussé le recrutement régional et qu'on a cherché à amalgamer dans les casernes les éléments si différents dont se compose la population italienne, au lieu d'augmenter leur esprit de particularisme en les tenant isolés les uns des autres. La mobilisation seule est régionale, ce qui est d'autant plus nécessaire que la configuration de la péninsule et l'insuffisance de son réseau ferré compliqueraient beaucoup le transport des réservistes, si chacun d'eux devait retourner à son corps d'origine au moment de la déclaration de guerre, s'il fallait que le Sicilien se rendit en Piémont ou que le Vénitien se dirigeât sur Naples. Mais, si on obtient par là une évidente et indispensable simplification, il en résulte que les citoyens rappelés sous les drapeaux viennent servir sous les ordres de chefs qu'ils ne connaissent pas, et c'est assurément là un grave inconvénient, dans les circonstances, surtout, que nous avons indiquées.

Personnel et obligatoire, le service n'est pas égal pour tous. Un quart environ du contingent annuel est immédiatement versé dans la milice territoriale ; en temps de paix, les hommes de cette catégorie ne sont appelés que pendant peu de jours pour leur instruction militaire. Un autre quart du contingent est incorporé. Le reste, c'est-à-dire la moitié, se compose pour une petite part d'insoumis (5 ou 6 0/0) et, pour une forte proportion, de réformés et d'ajournés, les conseils de revision ayant l'ordre de se montrer très rigoureux, afin d'éviter l'incorporation de malingres qu'il faut ensuite renvoyer, mesure qui entraîne toujours une lourde charge pour le Trésor. En 1894, le nombre des inscrits sur les listes de tirage au sort s'élevait à 361.891, y compris les ajournés des deux classes précédentes. Eh bien, il n'y a eu que 81.212 incorporés[1]. On voit ce qui reste, dans la pratique, du principe solennellement proclamé de l'obligation du service militaire.

Et c'est ainsi qu'on obtient, dans la réalité, un bien médiocre rendement d'institutions qui sont, sur le papier, irréprochables, et que nous avons tout intérêt à connaître, pour nous en inspirer à l'occasion.

Tandis que la hiérarchie des grades est presque par-

1. Disons en passant que 40 0/0 environ étaient illettrés, la proportion allant de 25 0/0 dans l'Italie du Nord, à 54 0/0 dans l'Italie du Sud.

tout le résultat de circonstances qui ont plus ou moins recouvert ou masqué les séparations naturelles, l'Italie a pu adopter des démarcations franches, simples et logiques. Et c'est encore une excellente chose. L'habit ne fait pas le moine, assurément, et le titre dont on est revêtu ne donne pas, *ipso facto*, les qualités du grade correspondant. Il est telles gens dont on dit avec raison qu'on peut les nommer généraux, sans faire d'eux des généraux. Il n'en est pas moins important d'établir des situations nettes et de préciser le rôle de chacun d'une manière officielle et indiscutable. Le Parlement français est fréquemment saisi de propositions relatives à l'organisation du haut commandement, et, il n'y a pas bien longtemps, il a discuté une loi qui n'avait d'autre objet que de définir plus exactement les attributions respectives des divers généraux ; or, on n'a trouvé rien de mieux à faire qu'à imiter ce qui se fait en Italie, en créant, sous le titre d'inspecteurs permanents, de véritables commandants d'armée.

Toute la réglementation de la hiérarchie en France gagnerait à être calquée sur celle de l'armée italienne, où, par exemple, on n'a pas commis le contre-sens de mettre un général à la tête d'une brigade. La caractéristique du généralat, ce qui le distingue des autres catégories d'officiers, c'est qu'il comporte le commandement de troupes mixtes. Une division comprend de l'infanterie (ou de la cavalerie) avec de l'artillerie et différents services accessoires, tels qu'un parc du génie et une ambulance, avec son personnel médical et administratif, avec un aumônier, des infirmiers, des brancardiers, etc. C'est donc bien une unité composite, et il est tout naturel que sa direction exige, de ceux auxquels elle est confiée, des qualités spéciales et des connaissances particulières. Pour manier un personnel aussi divers, il faut une initiation déterminée, acquise par cet apprentissage qu'on subit dans les Académies mil taires et les Écoles de guerre. Il n'en va pas de mêm pour commander une brigade, celle-ci étant puremen et simplement formée par la réunion de deux régiment de même arme[1]. Aux effectifs près, c'est quelque chos du même genre, et un commandant de brigade n'es qu'un colonel qui a sous ses ordres deux fois plus d monde que les autres. Notre grade de « général de bri gade » n'a donc pas de raison d'être, tandis que les Ita liens ont été logiques en créant celui de « colonel-brigadier ».

Ils ont aussi réalisé une grande et heureuse simplification, en assimilant complètement, quant aux insignes et aux dénominations, les officiers combattants et ce que nous appelons assez dédaigneusement les « fonctionnaires militaires ». Loin de former latéralement une hiérarchie spéciale, le corps de santé et les vétérinaires font partie intégrante du corps des officiers, aussi bien que le personnel du commissariat et celui du bureau de revision de comptabilité (correspondant respectivement à ce que nous dénommons intendance et contrôle). C'est ainsi qu'on voit des majors-généraux-médecins, des colonels-comptables, des capitaines-vétérinaires, des lieutenants-commissaires, ce qui nous paraît assez singulier, mais ce qui est assurément fort commode. Ah! que nos malheureux troupiers ont donc de peine à apprendre quels sont les uniformes et attributs caractéristiques des archivistes ou des interprètes, des gardes d'artillerie ou des adjoints du génie, des adjudants d'administration ou des greffiers de la justice militaire! Et non seulement ils ont grand'peine à les reconnaître, mais ils sont fort embarrassés pour retrouver la façon de les dénommer en leur parlant. En s'adres-

1. De là le nom de *demi-brigades* donné autrefois aux régiments.

sant à un médecin, on doit dire, suivant le cas : « Monsieur le major », ou bien : « Monsieur le médecin principal », ou bien : « Monsieur le médecin-chef ». C'est à ne plus s'y retrouver. En Italie, on dit tout simplement : lieutenant, capitaine, major, etc., suivant le nombre et la grosseur des galons, qu'il s'agisse d'un comptable ou d'un médecin, d'un vétérinaire ou d'un contrôleur.

Dans toutes les institutions militaires de la péninsule, on retrouve le même esprit de simplicité et de logique. Partout on a procédé avec le même éclectisme intelligent et souple. A peine les grandes puissances avaient-elles adopté le fusil à tir rapide et à calibre réduit que déjà le Gouvernement italien faisait choix d'une arme excellente et de tous points conforme aux progrès de la science. Malheureusement il ne l'a longtemps possédée que sur le papier, l'état de ses finances ne lui ayant pas permis d'en fabriquer assez d'exemplaires pour en doter toute son infanterie.

De même, s'appropriant toutes les bonnes idées qu'elle rencontrait, l'Italie a emprunté à la Suisse l'institution des écoles de sous-officiers : au lieu d'être formés dans leurs compagnies, leurs bataillons et leurs régiments, les sergents sont groupés dans des bataillons d'instruction spéciaux, qui sont de véritables Ecoles normales. Le principe est excellent. Pourquoi faut-il qu'il sorte de là, comme nous l'avons vu, des cadres insuffisants au double point de vue de la qualité et de la quantité?

Ailleurs, c'est le dépôt de remonte de Grossetto qu'on nous présente comme un modèle et dont on nous dit (c'est un officier français qui parle) qu'un sens très pratique a présidé à l'installation extrêmement simple, mais suffisante, de cet établissement ; qu'il est le dernier mot du minimum de dépenses pour le maximum de rendement ; que le personnel et le matériel y sont réduits à leur plus stricte expression; que rien n'y est sacrifié à l'apparence ou au luxe; que tout ce qui y existe n'est point seulement utile, mais nécessaire. Les poulains sont amenés sans intervention d'aucun intermédiaire, sans stationnement transitoire entre la prairie du propriétaire et celle du dépôt. Aucun combattant n'est distrait de son service pour y être employé. C'est une exploitation agricole et rustique, bien plus qu'un établissement militaire. Au point de vue professionnel, il convient de signaler et de louer l'état de liberté et de demi-liberté dans lequel sont laissés les animaux, à telles enseignes que, lorsqu'il s'agit de les prendre, on est le plus souvent obligé de recourir au *lasso*. Dans les dépôts de transition français, au contraire, les parcours annexés aux écuries, au lieu d'être en quelque sorte illimités, sont restreints. Sans cesse piétinés, ils se transforment en inévitables lacs de boue, où s'ankylosent les membres au détriment de toutes les fonctions. Les dépôts italiens sont donc bien supérieurs aux nôtres. N'empêche qu'ils fournissent une remonte extrêmement médiocre. Les races indigènes laissent beaucoup à désirer, et il a fallu mettre à contribution les ressources des pays voisins : on a fait de grands achats en Angleterre, en France, en Allemagne, en Hongrie. Il en a fort coûté cher, comme bien on pense. Encore n'a-t-on pu se procurer de quoi pourvoir à tous les besoins. Les chevaux et mulets sont en nombre insuffisant pour assurer la traction des équipages appartenant aux services accessoires, et l'état-major général prévoit que des attelages de bœufs y seront en partie employés. D'ailleurs, ce que fournit l'étranger n'est pas de beaucoup supérieur à ce qu'on trouve dans le pays. Si les chevaux indigènes manquent de taille et de distinction; si leur galop est lent et lourd; si leur trot, très raccourci, est plus défectueux encore ; si leur vitesse et leur fonds laissent fort à désirer, par contre, on vante leur douceur, leur sobriété, leur endurance, et ils valent assurément mieux, dit M. Charles Malo, que les animaux étrangers, dont la présence dans les rangs donne aux escadrons italiens un aspect si disparate : les hongrois surtout, trop hauts sur jambes, trop étroits de poitrine, véritables *ficelles*, comme on dit en termes du métier, paraissent incapables d'un effort un peu soutenu. Et, il n'y a pas bien longtemps, c'était par centaines qu'on les voyait arriver à Udine, « point de concentration » des envois de la grande maison allemande qui en avait monopolisé la fourniture.

Les Allemands disent volontiers que l'Italie a une cavalerie sans chevaux. Et ce qui prouve bien que ce pays a conscience de cette déplorable situation, c'est, indépendamment des marchés passés avec les éleveurs des pays voisins, l'aveu même de ses officiers, y compris ses ministres de la Guerre.

Mon idée, disait le général Ricotti, serait de suppléer, avec les bersagliers, à l'insuffisance de notre cavalerie. Tout le monde sait qu'ils peuvent fournir des marches extraordinaires; j'ai vu des bataillons faire 100 kilomètres en trente-six heures et entrer ensuite en ligne [1]. On obtiendrait d'eux des efforts encore plus grands en leur faisant déposer les sacs, qu'on chargerait sur des charrettes *ad hoc;* au besoin, on pourrait faire monter les hommes dans des voitures à quatre chevaux, qui en transporteraient 25 ou 30 chacune.

1. Créée en 1836, par le général Alexandre de La Marmora, à l'imitation des chasseurs de Vincennes qui venaient d'être organisés, en France, par les soins et sous les ordres du duc d'Orléans, cette troupe d'élite fut d'abord en butte à de vives jalousies. Lorsque Victor-Emmanuel eut succédé à Charles-Albert, une cabale se forma contre le nouveau corps, dans lequel on affectait de ne voir qu'une troupe de parade et dont les prétentions.

Comme on l'a fait remarquer, une telle proposition dénote une bien grande confiance dans le jarret d'acier des bersagliers, mais une bien médiocre opinion des jarrets de... fer blanc des chevaux italiens.

Néanmoins le Gouvernement encourage de son mieux les exercices équestres. Pour développer la hardiesse des cavaliers, pour exciter leur émulation et leur donner la passion du cheval, il a décidé que, chaque année, auraient lieu des courses de chevaux de guerre de toutes races, montés par des officiers, par des sous-officiers, par des brigadiers. Des photographies instantanées, publiées naguère par des journaux illustrés, nous montrent que certains officiers, au moins, accomplissent avec leurs montures de véritables tours de force, et ils paraissent admirablement placés en selle. Les gens du métier, pourtant, ne se laissent pas prendre à la bonne impression qu'on éprouve, à première vue, en regardant les cavaliers italiens. La *Revue de Cavalerie* leur reproche d'être sur l'enfourchure, d'avoir le rein trop cambré, de tenir le buste trop droit. Cependant, les jambes sont adhérentes et bien fixées, les mollets

disait-on, dépassaient de beaucoup la valeur. Alexandre de La Marmora, piqué, résolut d'édifier le roi. Celui-ci, quittant Gênes en chaise de poste, trouva le bataillon sous les armes à la porte de la ville ; il ne put s'empêcher d'en admirer la bonne tenue et l'air martial, salua, puis continua son chemin « au grand galop », assure M. Malo. Il fit ainsi *soixante-quatre* kilomètres, ne voulant s'arrêter que pour coucher. Mais quel ne fut pas son étonnement lorsque, en arrivant, le soir, à l'étape, il vit le même bataillon de bersagliers, qu'il croyait avoir laissé à Gênes, rangé des deux côtés de la route et lui présentant les armes ! Courant par monts et par vaux, franchissant les ravins, passant les torrents à gué, toujours coupant au plus court, ces braves soldats avaient *en huit heures*, sans une halte, franchi la même distance que le roi lui-même, qui avait changé plusieurs fois de chevaux. Il va sans dire que, après une épreuve aussi décisive, il ne fut plus question que d'augmenter le corps des bersagliers. L'anecdote relève, sans doute, de l'histoire ancienne, pour ne pas dire de la légende ; mais des faits récents prouvent que ces soldats d'élite n'ont pas dégénéré et qu'ils ont conservé les traditions de leur origine.

un peu en arrière des sangles, la pointe des pieds un peu en dehors et toujours relevée, même quand ils sont sans étriers. En somme, ils montent bien aux allures rassemblées ; mais ils manquent d'aisance et semblent ne pas connaître le travail à l'extérieur, libre, coulant, aux grandes allures. Trop raides, ou plutôt trop contractés, ils ne laissent pas assez de liberté de tête à leurs chevaux et ne paraissent pas du tout dans le « mouvement en avant ». Jolis écuyers de manège, ils doivent faire en campagne de médiocres cavaliers. Leur contraction permanente, leur continuel souci de rechercher le pli de l'encolure et de faire mâcher le mors, donnent à penser qu'ils ne doivent pas être aussi à leur aise aux allures allongées et en terrain varié. Il faut convenir, d'ailleurs, que les chevaux italiens, étant d'une espèce commune, manquant de sang, et ayant peu de vitesse, ne sont pas faits pour donner la notion du « train », ni pour inspirer le goût de l'équitation « perçante ». Néanmoins l'aspect de cette cavalerie est séduisant, brillant même. Mais elle caracole un peu plus qu'elle ne galope, et l'opinion des gens du métier ou, pour mieux dire, leurs présomptions se résument en un mot : troupe de parade.

Telle est bien l'impression générale qu'on éprouve en étudiant l'armée italienne : de la façade, plus que du logement. Ou, plutôt, l'édifice a belle apparence, il est bien disposé intérieurement, bien aménagé. Il lui manque d'être habité. J'ai le souvenir d'avoir naguère constaté quelque chose d'analogue en visitant la Roche-sur-Yon, grande et belle ville créée de toutes pièces par Napoléon, pour des besoins purement stratégiques. Voulant avoir en Vendée un centre de résistance qui reliât l'Aunis et la Saintonge à la Bretagne, il fit choix d'un emplacement propice dans une région où le terrain était à bon marché, de sorte que, n'étant gêné par rien et ayant toutes ses aises, on a pu faire grand. Le tracé est d'une ordonnance majestueuse, que beaucoup de capitales envieraient. Deux larges avenues, plongeant de part et d'autre dans la campagne, se coupent d'équerre au centre de la grande place, sur laquelle se dressent, dans une imposante symétrie, les monuments publics en style grec-empire. Une série de rues et de boulevard parallèles, correctement espacés, formant des îlots bien rectangulaires, sinon carrés, constituent un échiquier régulier. Les maisons sont vastes, en proportion des voies sur lesquelles elles sont bâties, et tout cela a grand air. Mais on sent que c'est désert. Cette ville artificielle est sans vie. On l'a fait sortir de terre ; il resterait encore à l'animer. L'herbe y pousse tristement entre les pavés maussades. Les maisons ont beau avoir des allures d'hôtels particuliers, ce ne sont même pas des bourgeois qu'on en voit sortir, mais des paysans, portant la veste courte et le chapeau mou, à larges bords, des chouans, et des femmes du peuple avec la coiffe vendéenne.

On sent le même vide en pénétrant dans l'armée italienne. A chaque instant, à mesure qu'on la connaît mieux, on constate le désaccord profond qui existe entre l'apparence et la réalité. Voici, par exemple, l'arme du génie. Elle comprend un état-major particulier et quatre régiments, de compositions différentes, mais qui ont chacun de quinze à vingt compagnies. Leur ensemble forme donc un effectif total assez respectable. Malheureusement, lorsqu'on va au fond des choses et qu'on regarde de près, on reconnaît que tout cela n'existe guère que sur le papier. De même que l'artillerie, à laquelle nous avons vu qu'il fallait de temps en temps transfuser du sang des autres armes, le corps des ingénieurs n'est pas en très grand honneur en Italie. Les imaginations méridionales préfèrent sans doute les emplois à panache des combattants au service obscur et aux occupations terre à terre (c'est le cas de les qualifier ainsi) des pionniers, des sapeurs ou des mineurs. Toujours est-il que le discrédit de l'arme rend son recrutement difficile; du moins, il en était ainsi, il y a quelques années. En 1885, elle était acéphale; beaucoup de bataillons n'avaient pas de commandant; six compagnies n'avaient pas de capitaine; presque toutes ne comptaient dans leurs cadres qu'un seul officier subalterne, lequel même, dans quelques-unes, était un sous-lieutenant de complément. Aussi, à cette époque (et je ne sache pas que la situation se soit beaucoup améliorée depuis), a-t-on été obligé de désigner d'office, pour pourvoir aux vacances, des élèves de l'Académie de Guerre de Turin. L'état-major particulier du génie n'est pas mieux partagé que les troupes de l'arme. Pour la direction des chefferies, on a dû, il y a quelques années, avoir recours à des ingénieurs civils. Ceux-ci, naturellement, n'acceptent un emploi dans les directions que lorsqu'ils ne trouvent rien de mieux, et ils le quittent aussitôt qu'ils ont l'espérance d'un meilleur sort, ce dont on ne saurait les blâmer. Dans le principe, il avait été arrêté que les ingénieurs civils seraient chargés de tous les services, sauf celui des fortifications. Mais le manque de personnel a forcé de les employer aussi à ces travaux, de sorte que les plans des ouvrages de défense se trouvent dans les mains de personnes qui n'appartiennent par aucun lien à l'Administration de la Guerre et qui peuvent d'un moment à l'autre envoyer leur démission par le télégraphe, ce qui est déjà souvent arrivé.

En résumé, donc, si jamais armée ne doit être jugée d'après ses institutions, l'armée italienne doit l'être moins encore qu'aucune autre.

Les siennes, je le répète, sont excellentes, et beaucoup de grandes nations pourraient les imiter, se les approprier. J'ai dit que les lois, décrets et règlements qui y régissent la situation des officiers sont remarquablement conçus. En voici un exemple de plus. Tout le monde sait que la distribution de l'avancement est d'une importance capitale. Suivant les règles adoptées pour le passage des divers grades à l'échelon supérieur de la hiérarchie, on risque ou de décourager le travail, si on récompense la paresse sous prétexte d'ancienneté, ou d'aigrir les caractères et de les abaisser, si c'est le choix qui donne les places, parce qu'alors la faveur et l'intrigue peuvent déterminer ce choix. Il n'y a pas de problème plus malaisé à résoudre que l'établissement d'un système judicieux et équitable. Eh bien, si elle n'est pas arrivée à une formule tout à fait satisfaisante, l'Italie s'est appliquée à la trouver, et on peut reconnaître qu'elle a réussi, par des mesures ingénieuses, à faire mieux que les autres nations. Elle a imaginé un mélange, à doses assez variables, d'ancienneté, de petit choix et de grand choix, l'ancienneté récompensant le travail honnête continu, dont est faite l'expérience, le « petit choix » donnant une certaine avance, assez faible d'ailleurs, aux jeunes officiers qui se sont distingués au début de leur carrière, à ceux notamment qui ont été brillamment classés dans les écoles, le choix « exceptionnel », enfin, très limité, soumis à des épreuves sévères et entouré d'une foule de garanties sérieuses, pour mettre en évidence les sujets d'élite auxquels sont reconnues des capacités hors de pair.

Qu'on examine maintenant la façon dont est assurée la remonte des officiers, les avantages de toutes sortes qui leur sont faits, et on ne pourra s'empêcher de reconnaître que leur sort est fort enviable. Nous avons déjà parlé des facilités qu'ils ont pour s'habiller à bon compte. Ajoutons qu'ils avaient, bien avant qu'elles fussent admises en France, les cartes d'identité qui assurent la réduction du tarif consentie par les Compagnies de chemins de fer. Au surplus, ils jouissent de la faculté de faire voyager à demi-place leur famille, si nombreuse soit-elle, et leurs domestiques. Enfin, en dehors des permissions de moins de huit jours, qui peuvent leur être accordées soit pour leur agrément, soit pour leurs affaires, ils ont droit, tous les deux ans, à deux ou quatre mois de congé avec solde entière, suivant leur grade.

Qu'on entre plus avant dans les détails d'organisation, qu'on étudie, par exemple, la façon dont est constitué l'état-major italien, la manière dont il fonctionne, et on sera forcé d'avouer que toute la réglementation qui régit la matière est infiniment plus rationnelle que dans d'autres pays. En effet, à côté des officiers du corps d'état-major, organes du commandement, on emploie un personnel d'adjoints (*applicati*), qui servent à la transmission des ordres et à l'expédition des affaires du service courant ou d'ordre administratif, à l'examen des situations d'effectif, etc. Ces bureaucrates ne sortent pas de l'Ecole de guerre : ils sont tous recrutés, en principe, parmi les capitaines des diverses armes qui ne se sentent plus aptes au service actif ou qui, pour un motif spécial, désirent une position sédentaire, s'ils possèdent l'intelligence et les aptitudes nécessaires pour la bonne exécution des travaux qui leur sont confiés. Ils ne peuvent rester en fonctions plus de quatre années consécutives, à moins de renoncer à l'avancement, en devenant quelque chose d'analogue à ce que sont nos archivistes.

Cette disposition est très heureusement conçue : les officiers d'état-major, destinés au haut commandement, se trouvent débarrassés de toute la besogne de paperasserie, dans laquelle on ne les confine que trop chez nous. Et cette corvée dont on les décharge, on la donne à des officiers de troupe qui ayant besoin de repos, trouvent, dans ces occupations peu fatigantes, l'emploi de leurs facultés intellectuelles, de leurs connaissances militaires et de leur temps.

IV

Une armée n'est pas méprisable quand elle renferme d'aussi grandes qualités que l'armée italienne, quand elle possède des institutions aussi remarquablement conçues. Le moule est bon, la matière est bonne. Il faudrait seulement qu'on fit entrer la matière dans le moule. Il y manque la main d'un maître ouvrier. Ah! quand on songe à ce qu'a fait ce prince régent de Prusse qui devait devenir l'empereur Guillaume; quand, rappelant l'état de délabrement physique et moral, si on peut dire, de l'armée qu'il avait en 1848, on lui compare l'état de splendeur où il l'a amenée; quand on voit les sentiments qu'il a su y insuffler, l'esprit dont il l'a animée, on ne peut s'empêcher de regretter, pour un pays malgré tout ami, qu'aucune volonté supérieure ne se soit trouvée qui ait exercé sur lui une action analogue. Ah! s'il se rencontrait un homme qui déployât la ténacité qui, avec de bien faibles ressources initiales, a fait l'Allemagne si grande et si puissante...

Mais encore faudrait-il que le budget le permît...

Et puis on peut aussi se demander si le véritable rôle de l'Italie est de s'ériger en nation militaire. Sa situation géographique et son passé semblent l'orienter vers une autre direction. Napoléon n'a-t-il pas dit et n'a-t-il pas eu raison de dire que cette nation ne sera grande que par sa marine? Qu'elle ait, dès lors, l'ambition de coloniser à l'exemple des autres puissances européennes, c'est assez naturel. Mais le chiffre de sa population, l'état de ses finances, sa configuration même semblent l'empêcher d'être à la fois coloniale et continentale. Elle ne peut conquérir et garder des possessions en Afrique en même temps que conserver une armée capable de faire figure dans une guerre européenne.

Aussi bien, son véritable intérêt ne serait-il pas de profiter des avantages que lui font sa disposition toute en longueur et le développement de ses côtes? On peut dire que l'Angleterre n'a pas d'armée, et que, en mettant à part ses entreprises coloniales, elle n'en a pas besoin. L'invulnérabilité de cette île, les presqu'îles l'ont... presque. L'Espagne et l'Italie sont donc dans des conditions éminemment favorables pour donner l'exemple du désarmement. Oh! d'un désarmement encore suffisamment armé s'entend, car on ne peut attendre d'une nation ardente et active qu'elle ne prenne pas ses précautions contre toutes les éventualités d'agression, qu'elle se prive d'intervenir dans les occasions où sont en jeu son honneur, sa sécurité, son intérêt. Mais il est probable qu'il lui suffirait, pour se faire respecter, de posséder, avec une armée coloniale puissante, qu'elle serait toujours à même de détourner temporairement de sa destination normale, des forces continentales réduites, par exemple, à huit corps d'armée (au lieu de dix ou douze); mais ces corps d'armée seraient alors fortement étoffés, puissamment outillés, soigneusement instruits et bien encadrés. Cinq d'entre eux seraient groupés dans le nord de la Péninsule, les trois autres étant répartis de façon à se porter rapidement, en cas de débarquement, sur le point qui serait menacé.

Avec les économies qui résulteraient tant de la réduction des effectifs entretenus que de la suppression d'un certain nombre d'états-majors, on pourrait améliorer l'instruction des réserves en multipliant les périodes d'exercices, on perfectionnerait l'outillage, on compléterait la fabrication des armes, on développerait le réseau des voies ferrées et le système des défenses fixes ou mobiles, on assurerait la garde des côtes par des batteries et des sémaphores, etc.

Le littoral est, en effet, exposé à un débarquement. A la vérité, une tentative de ce genre serait bien périlleuse, et, sans vouloir nier qu'elle soit possible, on peut rappeler qu'on n'en a guère vu entreprendre, en ces dernières années, soit qu'on ait douté de leur réussite, soit qu'on ait douté de leur efficacité. Que si on y avait recours, ce serait pour jeter sur la côte une petite troupe d'hommes intelligents et résolus qui se retireraient après avoir détruit les voies ferrées, par exemple, c'est-à-dire après avoir arrêté la concentration, retardé les ravitaillements, démoralisé la population. Une telle opération constitue une manière de *raid* par mer.

Le simple examen d'une carte de la Péninsule italienne, dit M. Chenard, indique le danger que court notre voisin au premier symptôme de guerre.

Sur un parcours de 3.000 kilomètres, ses côtes sont sans défense, ses chemins de fer et ses ports, à la merci de l'ennemi.

De Vintimille à Gênes, de Gênes à la Spezia, les seuls points fortifiés sont Albenga, Gênes et la Spezia ; soixante-quatre tunnels de Vintimille à Gênes, quatre-vingt-onze de Gênes à la Spezia, s'offrent aux coups d'audace; et voici, par la réussite d'un seul, la mobilisation compromise, sinon rendue impossible de ce côté.

De la Spezia à Livourne, de Livourne à Civita-Vecchia, la côte est plate. Quelques coups de canon suffiraient pour détruire des kilomètres de voie ferrée. *Idem* de Rome à Naples, de Reggio à Tarente, Bari, Brindisi, Foggia, Ancône et Rimini : une canonnière, un aviso détruiront la voie où ils voudront.

Sans doute, c'est en parler à son aise. Il est plus facile de dire certaines choses que de les faire; mais il n'y a dans une telle entreprise rien qui soit impossible à nos troupes de marine. Les Italiens en ont le sentiment. Ils ne méconnaissent pas les dangers de leur situation géographique, pas plus que les inconvénients de leurs divisions politiques. Ils sentent qu'une guerre heureuse leur permettrait de réaliser leur unité; c'est pourquoi ils se refusent à désarmer et cherchent des alliances. Ils ont d'autant plus besoin de ne pas s'isoler que leur prestige militaire a été fortement atteint par les revers qu'ils ont subis en Ethiopie et que l'état de leurs finances les contraint aux expédients les plus dangereux. Tenant à se relever et à prendre en quelque sorte leur revanche, ils se sont tout naturellement tournés du côté du plus fort.

Leur raisonnement est on ne peut plus simple. Le voici dans toute sa crudité :

Le centre de gravité de l'Allemagne n'est plus à Vienne; depuis 1866, il est à Berlin. Le front d'expansion de l'Allemagne, la direction d'attaque, ne sont plus orientés contre nous, Italiens, mais contre la France. Dans son besoin de s'étendre, c'est sur le Rhin qu'elle pèse, ou sur les Vosges, et non plus sur les Alpes. Nous n'avons rien à craindre de son côté, et, comme nous sommes un peuple jeune, comme nous avons besoin d'un appui, nous avons choisi le plus sûr.

On ne saurait méconnaître la puissante dialectique de cette argumentation. Heureusement, Pascal l'a dit, le cœur a des raisons que la raison ne connaît pas, et nous pouvons espérer qu'un jour, un jour prochain, nos « frères latins » nous reviendront. Ils sont animés à notre égard des sentiments sympathiques et reconnaissants que professait Victor-Emmanuel, mais qui ne l'ont pas empêché de ne pas nous aider en 1870.

Les officiers français trouvent chez leurs camarades d'Italie un accueil toujours très correct, parfois cordial, dans lequel ils lisent plus de gallophilie que de germanophilie. Si nos « frères latins » sont entrés dans la *Triplice*, c'est avec résignation plutôt que par goût, contractant un mariage de convenance et non d'inclination. Preuve en soit cette appréciation formulée par un de nos compatriotes, qui les a vus de près :

Beaucoup se souviennent que nous avons été leurs compagnons d'armes de la première heure ; que notre alliance ne leur rappelle que des succès, tandis que l'alliance allemande n'évoque pour leurs troupes que des défaites. Ces défaites, précisément, leur pèsent comme un remords ; ils ont hâte d'affirmer par quelque victoire l'existence, la virilité de leur jeune armée. Ce qui ne les empêche pas de présenter les armes avec une émotion sincère, lorsqu'ils passent devant les tombes françaises de Magenta ! Mais, par un singulier revirement de la politique, quand ils interrogent l'horizon, quand ils y cherchent l'orage qui leur permettra d'effacer Custozza (et sans doute aussi Adouah), ce n'est plus au nord-est, mais au nord-ouest, que vont maintenant leurs regards. Invinciblement ils s'orientent du côté où leur apparaît leur dernière chance de guerre. Si bien que, pour l'armée italienne, nous ne sommes pas précisément des ennemis, mais nous apparaissons comme l'unique risque de réhabilitation, comme la dernière espérance sur laquelle elle échafaude son roman militaire...

Tels sont les sentiments que j'ai rencontrés à Florence, à Vérone, à Milan, à Turin : pas l'ombre d'une haine nationale, mais un grand désir militaire de guerroyer en adversaires courtois. L'engouement pour l'alliance allemande me parut cantonné dans certaines sphères politiques et fort éloigné, au contraire, de pénétrer dans l'esprit des officiers de troupe. D'ailleurs, le caractère expansif et l'amabilité des Italiens s'accommodent mal de la raideur et de la morgue prussienne. « Parce que les Allemands se tapent sur les cuisses en faisant l'exercice, et lancent leur jambe à hauteur du nez en marchant au pas », me disait, non sans une certaine exaspération, un officier de cavalerie, « nous nous croyons obligés d'en faire autant ! C'est une manie de notre état-major. Cependant nos caractères ne s'accordent guère. Il est venu à Milan plusieurs officiers allemands : nous n'avons eu avec eux que des relations officielles. Mais beaucoup de vos camarades sont venus nous voir, et nous avons conservé avec eux de bonnes relations d'amitié ». Et il me cita deux capitaines de cavalerie française avec lesquels lui et un de ses amis avaient dîné récemment à Paris. Au dessert, ils s'étaient juré de s'épargner personnellement s'ils se rencontraient sur un champ de bataille. Il me conta encore comment un autre officier français de mes amis, venu à Milan pour vingt-quatre heures, n'avait rien trouvé de mieux, après une joyeuse nuit, que d'aller s'étendre, le matin, à côté de l'officier de service du quartier. Le colonel, venu de très bonne heure, les avait trouvés tous deux endormis, et s'était beaucoup amusé de l'aventure.

Si elles ne prouvent assurément pas grand'chose, ces anecdotes, du moins, mettent bien en évidence les affinités de race qui existent, malgré tout, entre nos voisins du Midi et nous. Espérons que ces sentiments l'emporteront sur les calculs de l'intérêt et de ce qu'on appelle la raison. Espérons que nous n'aurons jamais à nous battre contre les Italiens. Que si pourtant cette éventualité se produisait, je crois que nous pourrions l'envisager sans crainte ; les adversaires auxquels nous aurions à faire ne sont certes point à mépriser, mais ils ne sont guère à redouter non plus.

L'ARMÉE RUSSE

La France tourne ses regards du côté de la Russie : la confiance du peuple espère beaucoup de l'alliance conclue entre l'empire des tsars et la jeune République, sur le berceau de laquelle on a vu se pencher la Commune. Il ne nous appartient pas de dire ce que ces désirs ont de naïf ou de réalisable, ni même s'ils sont des chimères dangereuses ou de sages conceptions. Mais il nous importe de savoir ce que vaut l'armée russe. Or, la tâche n'est pas aisée : ce colosse nous apparaît dans un lointain qui nous trouble et nous déconcerte. Nos vainqueurs de 1871, nous sommes perpétuellement en contact avec eux ; notre regard ne les quitte pas. N'a-t-on pas dit qu'ils exerçaient sur nous une sorte de fascination hypnotique? Tout ce qui se fait chez eux, nous l'épions ; tout ce qui s'y publie, nous le lisons. Enfin les mœurs de ce pays sont près des nôtres, si on peut s'exprimer ainsi, tandis que le monde oriental a des contrastes qui nous déconcertent : il nous déroute par son scepticisme et par sa foi, par son ignorance et sa poésie. Nous comprenons le paysan poméranien, et, par certains côtés de sa nature, le moujik nous apparaît comme une énigme indéchiffrable. Les imaginations se donnent libre carrière quand il s'agit de lire dans la pensée d'un peuple qui nous ressemble aussi peu. Les voyageurs, les officiers qui ont vu de près le soldat russe nous en rapportent des impressions très différentes.

I

Tout le monde pourtant rend justice, d'une voix unanime, au courage de cette armée; elle possède la résignation, la résistance à la fatigue, l'ardeur à l'attaque, la constance en face de l'adversité, la soumission, bref les plus belles vertus guerrières, auxquelles s'ajoute, si le mot n'est pas trop ambitieux, quelque grandeur d'âme ou, tout au moins, une certaine noblesse de sentiments. On en sera quelque peu surpris, en songeant que c'est la lie de la population qui compose l'armée. Mais, tandis que nous verrons, en Angleterre et en Amérique, les recrues sortir des plus basses couches sociales, mais provenir surtout des citadins, c'était presque exclusivement la campagne qui fournissait au tsar ses soldats, au moins jusqu'en 1874. Le paysan, le petit artisan, le serf en un mot, portaient seuls les armes. En dehors d'eux, l'obligation du service n'atteignait personne, et si elle venait s'appesantir sur un membre des classes privilégiées, c'était à titre de châtiment exemplaire, lorsqu'on incorporait dans les régiments des jeunes gens de condition, coupables de graves méfaits de jeunesse ou suspects au point de vue politique. Le métier de soldat était tombé à cet état de décri qu'on y astreignait vagabonds et faussaires, voleurs et condamnés de toutes catégories.

Le recrutement se faisait sans tirage au sort. Chaque commune, chaque *mir*, ayant à fournir un contingent déterminé, désignait sans recours ses représentants. Elle les choisissait, bien entendu, parmi les plus mauvais sujets. Dès que la sentence était connue, des scènes déchirantes commençaient : les victimes étaient escortées comme sur un rite funèbre, au milieu du désespoir et des pleurs de leurs parents, de leurs amis, jusqu'à la limite de la commune ; là, elles prenaient congé pour toujours de leur foyer, de leur bonheur, de leurs affections, pour lesquels elles étaient à jamais perdues. On regardait ces infortunés comme morts, et ils l'étaient bien réellement, puisqu'ils partaient pour ne plus revenir. Si un hasard finissait par les ramener au pays natal, sur le déclin de l'âge, ils ne retrouvaient plus leur place au *mir :* ils en avaient été irrévocablement rayés ; aucune *isba* n'était plus pour les recueillir ; leur trace s'était perdue et effacée de la mémoire de leurs concitoyens : leur vieillesse abandonnée se traînait dans la misère et le vice. La durée du service était alors de vingt-cinq ans : autant dire que c'était le service à vie ; l'homme qu'il tenait ne lui échappait plus. Appelé sous les drapeaux, cet homme cessait d'avoir une place dans la population. Il devenait définitivement soldat. Ce changement atteignait tous les siens, à commencer par sa femme, s'il était marié avant son incorporation, Elle devenait *femme de soldat*, ce qui lui conférait au village, où elle allait vivre comme une veuve, une situation et des devoirs particuliers. Rayée de la liste de la commune, toute cette famille ne figurait plus que dans les statistiques militaires, et cela pour toujours. Alors même que le soldat, sa dette payée, et renvoyé en congé illimité, essayait de se reprendre à la vie commune, il restait classé comme militaire, et, à ce titre, isolé dans la nation. Pour en temoigner, on lui interdisait de reprendre le *touloup ;* il continuait à porter la vieille capote trouée qu'il tenait du régiment et qui continuait à le désigner à la pitié méprisante des autres.

Il est vrai que cet état de choses avait fini par s'humaniser, à la longue : déjà, au temps de la guerre de Crimée, le knout n'existait plus ; les verges disparaissaient en 1863, sauf pour la compagnie de discipline, et des congés illimités atténuaient beaucoup l'excessive durée du service. Mais c'est en 1874 seulement, comme nous l'avons vu, que le tsar se décida à calquer l'organisation de son armée sur celle qui avait si bien réussi à la Prusse. Il décréta le service obligatoire.

Est-ce bien obligatoire qu'il faut dire ? Le contingent est divisé en deux portions dont la deuxième est classée d'emblée dans la territoriale (j'emploie les mots qui donnent le mieux l'idée de la chose, sans peut-être y correspondre exactement), et elle appartient vingt-trois ans à cette armée de seconde ligne. La première portion est soumise au service pendant un temps qui se décompose ainsi :

Cinq ou six ans dans l'armée active ;
Neuf ou huit ans dans la réserve ;
Cinq ans dans la territoriale.

Mais la durée du service actif, d'ailleurs différente suivant les armes, est réduite en proportion du degré d'instruction des jeunes gens : elle est abaissée à quatre ans, par exemple, pour ceux qui sont munis d'un certificat d'études primaires, privilégiés dont le nombre est assez restreint, soit dit en passant : il n'atteint pas le dixième du contingent.

Aux avantages assurés au savoir s'en ajoutent bien d'autres : la loi prévoit des dispenses et des sursis d'appel ; la substitution et le remplacement sont autorisés entre parents jusqu'aux cousins germains, les remplacés étant versés dans ce que j'ai appelé la territoriale (le vrai nom est *opoltchénié*, expression qu'on traduit généralement par le mot de *milice*). De plus, non seulement tous les membres du clergé chrétien sont exempts de toute obligation, mais encore les mahométans sont libérés contre le paiement d'une taxe militaire. Enfin les médecins, les pharmaciens, les vétérinaires, les instituteurs, les jeunes gens qui font leurs études à l'étranger aux frais de l'État sont dispensés de tout service en temps de paix. Il résulte de là que, si la composition de l'armée s'est modifiée depuis une vingtaine d'années, les classes peu éclairées, peu instruites, continuent à fournir les soldats, et leurs mœurs ne sont pas encore modifiées par le relèvement du niveau intellectuel et moral. La grande majorité des troupes tient encore à la glèbe.

Voisin de la nature, d'une nature inculte et monotone, le moujik conserve quelque chose d'enfantin, de candide dans sa foi religieuse, si intimement liée à ses convictions patriotiques. Un bon sourire naïf illumine son visage, sous la blonde broussaille ébouriffée de ses cheveux, de sa barbe, de ses sourcils. Il est tendre et croyant. Paysan ou artisan des villes, il s'incline avec la même piété devant les saintes images. Il respecte son souverain avec la même bonhomie, à la fois familière et humble. Le sauvage bat son fétiche quand il n'obtient pas ce qu'il désire ; à d'autres moments, il l'adore. Henri Heine raconte quelque part qu'il a vu un laboureur, en Italie, accabler de vertes invectives un curé ivre qui était tombé dans un fossé ; après quoi il aida le saint homme à se relever, s'agenouilla dévotement devant lui, et lui demanda sa bénédiction. Ces contradictions, ces complications, pourrait-on dire, se retrouvent dans l'âme des simples. Le soldat russe peut avoir ses défauts : il peut être discuteur ; il peut ne pas professer pour la vérité un bien scrupuleux respect ; il peut aimer l'eau-de-vie plus que de raison et n'avoir qu'un goût modéré pour les ablutions et les autres soins de propreté ; il n'en a pas moins une certaine élévation d'esprit qu'il doit à une longue habitude de la soumission et à la contemplation de la nature.

Lorsqu'il chemine dans cette campagne infinie, uniformément cachée sous la blancheur des neiges ou sous l'herbe des steppes, sans un escarpement, sans un mamelon, sans un arbre souvent où reposer ses yeux, une mélancolie le saisit à se sentir perdu dans cette immensité, lui chétif ; il se replie sur lui-même ; il s'enveloppe dans son rêve, et, à défaut d'objets extérieurs qui le distrayent, son esprit se détache et se met à planer. Le voici heureux de se sentir meilleur, affranchi de la terre si rude, plus près de Dieu enfin ! Soldat, il reste doux, affectueux, prévenant ; contemplatif à ses heures, il s'isole, les yeux fixés par-delà la plaine, tout absorbé dans l'espace, dans l'espace qui n'arrête pas les pensées vers les êtres aimés, ni le défilé des souvenirs d'enfance.

A ses officiers, il obéit comme un enfant ; il les regarde comme sa providence ; de leur part, il supporte tout, même un mauvais traitement ; ils représentent pour lui l'autorité paternelle, cette autorité qui, aux yeux du Russe, est si illimitée qu'il semble que le tsar lui-même ne puisse pas en avoir une plus grande. Le Russe dit : *mon frère*, à son égal : s'adressant à son seigneur, à un fonctionnaire élevé, à un supérieur quelconque, il l'appelle : *père*, « *batiouchka* ». Dans l'armée, comme dans la nation, la base de l'édifice est l'autorité patriarcale.

On utilise, pour la formation des recrues, la douce sentimentalité de leur âme aimante : chez nous, on choisit avec soin « les camarades de lit » qui serviront aux « bleus » de guides et de mentors; de même, on confie chaque jeune soldat russe, quand il arrive au corps, à un ancien qu'on charge de son instruction militaire et de sa direction morale. Et ce moniteur prend ses fonctions fort au sérieux, tandis que, dans nos casernes, c'est surtout par des tournées à la cantine que se traduit trop souvent, hélas! l'action du patron sur son client. Ici, c'est de la camaraderie; là-bas, de l'attachement.

Dans une société que Pierre le Grand a militarisée, où chacun a sa place marquée dans la hiérarchie, où le titre de général est attribué à tout haut personnage, n'appartînt-il pas à l'armée, la discipline est en quelque sorte instinctive. Le paysan a beau être affranchi, il n'use pas de son indépendance : une longue servitude l'a tellement habitué à la soumission qu'il n'en sent pas le poids. Il est façonné à l'humilité. Mais, de même que le Chinois, auquel sont interdites les grandes conceptions, tourne l'activité de son intelligence vers les petites choses, en quoi il acquiert une industrieuse ingéniosité, l'homme du peuple en Russie, pour serf qu'il soit resté, n'est pas pour cela un être borné, indifférent, dénué de réflexion, une brute qu'on nourrit et qu'on dresse pour qu'elle marche et se batte. Il possède, au contraire, certaines qualités de race qu'on retrouve à un degré étonnant dans les hautes classes de la société : tels, l'instinct d'imitation et le talent d'assimilation. Patient et adroit, dit l'auteur de *l'Armée russe et ses Chefs*, « il ne demande jamais rien qu'à lui-même; aussi les relations entre la ville et le village n'existent-elles pas, en dehors des grands échanges qu'amène périodiquement la vente des produits du sol. A quoi lui pourraient-elles servir, ces relations? Son *isba*, il la construit avec le bois qu'il équarrit lui-même; tous les menus objets indispensables à la meubler, les longs jours d'hiver lui permettent de les fabriquer et au delà; ses vêtements sont confectionnés de ses mains; que lui faut-il de plus et qu'a-t-il besoin de courir la ville? Cette variété d'aptitudes du moujik explique la souplesse du soldat russe et du cosaque, souplesse étonnante, qui rend d'abord la tâche de l'instructeur plus aisée que nulle part ailleurs et qui permet de les utiliser avec autant de succès dans les sables de l'Asie centrale que dans les neiges de la Sibérie, sur mer comme sur terre, à cheval autant qu'à pied ». C'est, en effet, la cavalerie la plus entreprenante qui existe, et, comme infanterie, Plewna a montré que la vieille réputation du fantassin russe n'était pas usurpée : aujourd'hui comme autrefois, on peut dire de lui qu'il faut le tuer deux fois avant de l'abattre.

Rappelons-nous pourtant ce qui s'est passé en 1877. On a vu les régiments russes s'avancer sans tirer, impassibles, sur les lignes turques. La muraille humaine se refermait sur les brèches que la mousqueterie des assiégés ouvrait dans les rangs. Mais cette crânerie n'a pas réussi. Un moment est venu où la muraille s'est arrêtée. Elle n'a pas reculé ; elle n'a pas été disloquée. Elle a été clouée sur le sol comme par une puissance supérieure et un effet magnétique. Cet incessant sifflement des balles, ces cris arrachés par la douleur aux blessés, ces adieux des mourants qui, tombés sans une plainte, marmottaient un adieu suprême, tout cela agissait moins sur le cœur de ces héros que sur leurs nerfs. On les voyait s'arrêter, s'asseoir, se coucher et s'endormir même d'une sorte de sommeil hypnotique, dont les causes sont faciles à démêler, et qui avait raison des plus braves.

Ce phénomène caractéristique avait déjà été signalé

lors de la guerre de Crimée. Des témoins oculaires rapportent que, dans la tranchée, officiers et soldats dormaient adossés au parapet, sans plus se soucier des explosions et des projectiles que si l'épouvantable canonnade eût été pour eux un rêve. On sommeillait près d'une embrasure au risque de recevoir vingt balles dans la tête. On ne se réveillait même pas lorsqu'une pièce voisine vous tonnait aux oreilles. Mourir, soit; mais dormir ! « Au rempart, chez soi, que l'on causât, qu'on lût, à table, au lit, toujours les mêmes *gare! gare!* toujours et toujours le danger ! Et cela le jour après la nuit, la nuit après le jour, les mois après les mois, sans trêve, sans interruption, sans miséricorde ! Un état d'hébétement et de langueur s'était emparé de tout le monde ». Mais, si tout le monde était ainsi énervé, personne ne songeait à fuir. Le soldat russe ne sait pas se dérober au danger.

Il ne sait pas non plus désobéir. Ecoutez plutôt ce passage des *Souvenirs* de Marbot :

Les généraux russes espérant passer auprès de nous à la faveur de l'obscurité, sans être reconnus, avaient défendu de parler, et, en cas d'attaque de notre part, les blessés devaient tomber *sans faire entendre une seule plainte!...* Cet ordre, que des troupes russes seules peuvent exécuter, le fut si ponctuellement, que le colonel Albert... ayant ordonné aux vingt-cinq chasseurs de faire un feu de peloton, pas un cri, pas un mot ne se firent entendre, et personne ne nous riposta !...

Chaque division, chaque régiment défila donc sous notre fusillade sans mot dire ni ralentir sa marche un seul instant!... Les rues de Golymin étaient remplies de mourants et de blessés, *et l'on n'entendait pas un seul gémissement, car ils étaient défendus!* On eût dit que nous tirions sur des ombres... Enfin nos soldats se précipitèrent à la baïonnette sur ces masses, et ce ne fut qu'en les piquant qu'ils acquirent la conviction qu'ils avaient affaire à des hommes.

Ces grandes et précieuses qualités ne s'altèreront-elles pas? Tout porte à supposer que l'esprit moderne s'infiltrera fatalement, un jour ou l'autre, dans cette armée si disciplinée. En rendant le service obligatoire, la loi de 1874 a changé la composition des troupes et mis en contact des classes différentes de la société. Un grand nombre d'hommes sont chaque année appelés sous les drapeaux ; ils sortent de leurs campagnes ; ils viennent dans les villes et rapportent chez eux le souvenir de ce qu'ils y ont vu et entendu. On a beau dire que le citadin n'est pas, en Russie, comparable à ce qu'il est chez nous, il est inadmissible que les voyages, amenant les rapprochements, ne finissent par ouvrir les yeux du paysan sur l'infortune de sa condition. Mais ce travail de désorganisation n'est pas encore commencé d'une façon sensible, et c'est à peine si on en surprend quelques indices fugitifs et légers.

Faut-il avouer que ceux qui semblent devoir contribuer le plus à acclimater les idées nouvelles dans l'armée, ce sont justement les officiers, et les officiers les plus intelligents ? La jeune école, dont le général Dragomiroff est le représentant le plus brillant, prend pour règle de beaucoup parler au soldat, d'éveiller ses réflexions et de provoquer sinon ses critiques, du moins ses observations. Ce principe d'éducation, excellent au point de vue militaire, risque d'ébranler les bases de la hiérarchie sociale et, par contre-coup, une discipline qui repose sur l'exacte démarcation des classes. Trop bien instruite de ses devoirs, la troupe comprendra trop facilement l'insuffisance du commandement ; elle se rendra trop bien compte de la médiocrité de ses officiers.

Les capitaines de la Russie diffèrent des nôtres autant que les popes de nos curés. Nous connaissons tous ce singulier prêtre besogneux et obséquieux que tous les romanciers ont dépeint avec cette impitoyable précision de lignes, cette justesse de touche qui nous fait tant aimer les peintures des Tourguéneff, des Tolstoï, des Dostoïevski et de leurs compatriotes. L'officier lui ressemble, et, s'il est comme lui, c'est pour des raisons analogues.

Les villes sont rares en Russie, où on en compte à peine dix de 100.000 âmes, et celles qui existent, quelle que soit leur population, sont comme des îlots dispersés à d'immenses distances sur un océan de campagnes. La carrière de l'officier va donc s'écouler dans une garnison de petite ville ou même de bourgade rurale, au sein d'une province éloignée de tout grand centre. Dans ce milieu rustique et borné, il adopte des habitudes en rapport avec celles des gens qui l'entourent; la monotonie d'une existence sans issue n'est pas pour l'effrayer[1] : elle est son lot depuis qu'il est né ; car, en somme, il n'est pas du monde et n'aspire pas à en être. Privé de fortune, il ne connait pas plus le bien-être matériel que la distraction morale ; il se traite un peu mieux que ses sous-officiers, mais sans plus de prestige.

Bien entendu, il y a un autre genre d'officiers : l'officier de la Garde, par exemple, qui, par sa naissance, par ses relations, par sa situation de fortune, tient à la plus haute société. Il a ses entrées dans le monde; il est brillant, fastueux même; il apporte dans sa tenue, dans ses chevaux, dans tout son extérieur, la richesse et la correction qui conviennent à celui qui sert sous les yeux de son souverain. Si, un beau jour, il disparaît brusquement de la capitale, c'est pour

1. On voit de braves capitaines qui refusent l'avancement pour ne pas quitter leur compagnie, qui est devenue leur famille (à moins, pourtant, que ce ne soit pour ne pas changer leurs habitudes.)

échapper à des dettes, pour expier quelque frasque de jeunesse, quelque intempérance de langage, ou même c'est par ambition ou pour le plaisir de courir les aventures. Il s'en ira servir gaiement dans l'Asie centrale, jusqu'à ce qu'il puisse revenir faire bonne figure à Pétersbourg, et alors il y reparaîtra avec un grade de plus, heureux d'avoir vu du pays et calmé ses créanciers.

Les officiers de ces deux catégories sont aussi braves; mais leur ignorance est à peu près égale. On en est encore resté, en Russie, aux héroïsmes inutiles et aux prouesses compromettantes. On ne s'épargne pas, on n'épargne pas non plus le sang de ses soldats, et on croit en avoir fait assez. On semble préférer une honorable et brillante défaite à un succès sagement obtenu, avec le moins possible de pertes. Les assauts de Plewna étaient des folies; les échecs qu'on y a subis font de ces fautes autant de crimes. C'est pitié d'amener à découvert, en formations compactes, contre des retranchements défendus par une fusillade incessante, une magnifique infanterie à laquelle on interdit de tirer, en lui recommandant de ménager ses cartouches jusqu'au moment où elle sera à bonne portée. Avec une population innombrable, qu'importe la vie d'un homme, semble-t-on dire? A force de tuer du monde, les Turcs ne devaient-ils pas finir par épuiser leurs cartouches? En 1812, n'est-ce pas à force d'être envahi qu'on avait épuisé l'envahisseur, « vaincu par sa conquête »? On ne sait s'il faut plus admirer la sérénité fataliste et indifférente de ces chefs, qui lancent leurs troupes à la mort sans les précautions élémentaires qu'indique la tactique moderne, ou l'intrépidité de ces soldats, non moins fatalistes et non moins indifférents, qui exécutent rigoureusement la plus stupide et la plus barbare des consignes, qui tombent sans une plainte, sans une récrimination, en marmottant d'une voix tremblante : « Adieu ! Pardon, mes frères » !

Ce mépris de la mort, on l'étale avec un terrible cynisme. Disposé à se sacrifier sans arrière-pensée, on se croit le droit de sacrifier « d'un cœur léger » ses inférieurs. Dans son histoire de la campagne de 1871, le général Zukow ne craint pas de s'exprimer ainsi : « Nos troupes peuvent s'aligner, en rase campagne, contre n'importe quelle armée européenne. Les Russes n'ont nul besoin, sans une nécessité toute particulière, de s'abriter derrière des remparts, de s'entourer de fossés. *Il y aurait même quelque ridicule à dissimuler derrière des remblais ces belles lignes de troupes si bien ordonnées* » ! Malheur à qui tient un pareil langage ! Malheur au chef qui oublie qu'il a charge d'âmes et qu'il en doit compte à son souverain ou à Dieu ! Les panégyristes de l'armée russe sont bien obligés de convenir que là est la faiblesse de cet organisme colossal. Les cadres font défaut. On a bien de « magnifiques entraîneurs d'hommes », mais, trop souvent, ces hardis officiers entraînent leurs hommes à une mort inutile. Ils ont le goût du commandement ; ils n'en ont pas la science.

Tous leurs efforts tendent à exalter le courage de leurs soldats, et ils comptent sur la force plus que sur l'habileté. Aussi n'y a-t-il guère à s'extasier sur l'ingéniosité de leurs conceptions tactiques ; leur art militaire est resté singulièrement rudimentaire. Il repose entièrement, chez ce peuple à demi barbare, sur la force matérielle. Le nombre est, pour lui, l'instrument suprême de la victoire, ce qui fait songer à ce passage des *Souvenirs contemporains* de Villemain : « Le jeu terrible de la guerre n'était plus, à cette loterie meurtrière, que le gain déloyalement infaillible du gros banquier contre les faibles mises », à cela près que, si l'infaillibilité n'existe guère en cette affaire, la déloyauté n'y apparaît pas non plus.

Dans le même ouvrage, le même écrivain que nous venons de citer parle de l'imperturbable intrépidité, de « l'immobilité massive des Russes, résistant et mourant aussi longtemps que le voulaient leurs chefs, et reculant avec discipline et seulement par ordre, lorsqu'on était à bout de fatigue et de sang versé ». Que ne peut-on entreprendre avec de pareilles troupes, et qu'est-il besoin de recourir à l'artifice de combinaisons savantes, lorsqu'on possède la quantité et que cette quantité est d'aussi bonne qualité? La ténacité, la solidité, la résignation religieuse et presque fataliste, l'entrain aussi et la discipline des troupes qui nous ont résisté en Crimée, ont laissé aux vainqueurs une impression durable avec un profond sentiment d'estime. Nous avons éprouvé qu'il n'est aucune prouesse que leurs chefs ne puissent demander à leur intrépidité confiante. Ces chefs en ont abusé. Ils en abuseraient peut-être encore.

Actuellement l'officier, si complet comme soldat, est incomplet comme chef, a dit l'écrivain anonyme qui nous a fourni les éléments de cette étude. Jusqu'ici, en effet, à part de très brillantes exceptions, l'instruction semble avoir fait défaut du haut en bas de l'échelle hiérarchique, non seulement l'instruction générale, mais aussi l'instruction tactique. La campagne turco-russe, à laquelle nous revenons toujours, puisqu'elle est la plus récente, a fait ressortir, chez le haut commandement, bien des imprévoyances, bien des conceptions vicieuses, une ardeur souvent irréfléchie, et, chez l'officier de troupe, beaucoup plus d'*en-avant* que de coup d'œil du terrain et de direction méthodique. Cet état de choses n'a pas passé inaperçu, et l'on s'emploie activement à y remédier.

II

Au nombre de ceux qui s'y emploient le plus activement, et avant tous les autres, on doit citer le général Dragomiroff. Le nom de ce théoricien est bien connu en France : la *Revue militaire de l'Etranger*, publiée par l'état-major général de l'armée, a traduit, résumé, commenté ses doctrines, et elle a contribué à les propager chez nous. Enfin on a également donné une traduction de son *Manuel pour la préparation des troupes au combat*, qu'on a traité d'ouvrage admirable, de pur chef-d'œuvre, de bréviaire du soldat, que sais-je encore? C'est peut-être aller un peu loin. Il y a de bons conseils dans ce livre, des remarques justes, des considérations intéressantes; mais on y trouve aussi bien des naïvetés, bien des enfantillages. A côté d'une citation empruntée au maréchal Bugeaud, on tombe, — contraste étrange ! — sur une phrase qu'on croirait écrite par M. de La Palice ou par Joseph Prudhomme. A y regarder de près, de très près, — car, à un examen superficiel, on peut fort bien s'y tromper, — on ne tarde pas à reconnaître qu'on a affaire non pas à un corps de doctrine et à des convictions assises, mais à l'œuvre d'un polémiste qui, écrivant dans les journaux comme on écrit trop souvent dans les journaux, se fait ses convictions au fur et à mesure qu'il les formule, au lieu de les formuler parce qu'il les a. Une grande faculté d'assimilation, une réelle facilité de plume, un besoin évident de dire son mot sur toutes choses : voilà avec quoi cet ouvrage a été composé.

Tel brillant publiciste, connu par ses études d'économie politique ou ses critiques littéraires, se trouve témoin, par le hasard des circonstances, d'une manœuvre d'escadre. Il est invité au carré des officiers. Un d'eux, au sortir de table, l'entreprend au sujet du torpilleur, dont il est féru ; il lui en parle avec passion. Comme il est beau parleur et séduisant (l'imagination a souvent plus de charmes que la raison), son auditeur se laisse captiver. — Eh, quoi ! Cette invention des torpilleurs est si merveilleuse ! Et elle est méconnue ! Mais j'ai une plume : je vais célébrer les mérites de cet engin ; j'écraserai la routine ; j'ébranlerai le Ministère, et, ce qui est plus important, je rendrai à mon pays un inestimable service en lui révélant ce que pensent les gens du métier. Et aussitôt voici l'article fait et publié, un article à sensation qui peut se résumer ainsi : « Qu'est le torpilleur ? — Rien. — Que doit-il être ? — Tout ». Là-dessus une polémique s'engage. Les défenseurs de la vieille flotte cuirassée protestent. Et notre écrivain à son tour réplique. — « Vous me faites dire des choses que je n'ai point dites », prétend-il. Et la vérité est qu'on l'oblige à songer à des choses auxquelles il n'avait pas songé. Aussi opère-t-il insensiblement une volte-face ; il abandonne peu à peu son idée première, et, sans vouloir en convenir, il en arrive à une conclusion du genre de ceci : « Que doit être le torpilleur ? — Quelque chose. — Quoi ? — Je n'en sais rien ».

Le général Dragomiroff a passé par ces fluctuations. Il veut qu'on ne s'adresse qu'à l'âme du soldat ; le reste ne compte pas. — Quoi ! l'armement, le tir, la tactique, vous prétendez que ce n'est rien ? — Non, je ne le prétends pas : c'était simple manière de parler. C'est très important, au contraire... Mais pourtant ce n'est que secondaire. — Alors vous croyez qu'un brave soldat avec un sabre viendra à bout d'un poltron armé d'un bon fusil dont il saura se servir ? — Oui et non : oui, si la peur empêche ce poltron de bien tirer ; non, si la possession d'une arme de précision et à longue portée l'enhardit, l'empêche de trembler et lui donne le temps de se remettre. Donc, encore une fois, l'armement contribuant à donner du cœur à ce soldat et le déterminant à se défendre courageusement, j'ai raison de dire que c'est l'âme du soldat qui est la chose essentielle, en dernière analyse, que c'est à elle, avant tout, qu'on doit s'adresser.

Ces discussions sentent la scolastique et la casuistique, en même temps qu'elles dénoncent un esprit incertain, mal éclairé sur les conséquences des idées dont il se fait l'écho. Et on s'explique aisément l'inconsistance de ses doctrines lorsqu'on apprend que Dragomiroff était arrivé au grade de général de division sans avoir assisté à aucune affaire, si ce n'est de loin, en spectateur, pendant la guerre d'Italie ou la campagne de Bohême. Depuis son entrée dans l'armée, il avait beaucoup parlé de la guerre, il avait beaucoup écrit sur la guerre, il en avait enseigné les règles et dévoilé les secrets, mais il ne l'avait point faite. Ecrivain militaire estimé, presque célèbre, collaborateur assidu de l'*Invalide russe* et du *Voiennyi Sbornik*, professeur de tactique pendant de longues années dans cette Académie impériale d'état-major qu'il a dirigée avec éclat, s'il a dû beaucoup étudier, il n'avait jamais pratiqué, et c'est en 1877 seulement qu'il reçut le baptême du feu. Le 23 janvier, on lui confia, pour ses débuts, la conduite d'une opération importante, — le passage du Danube, — importante plus que périlleuse, car il disposait de 12 ou 15.000 hommes et de 48 canons, tandis que ses adversaires n'avaient à lui opposer que 5.000 combattants et 8 pièces. La comparaison des chiffres diminue quelque peu le mérite du vainqueur. Il avait, il est vrai, dans sa situation d'assaillant, le désavantage d'une position inférieure. Mais il y a loin de cet engagement minuscule, où, en tout, de part et d'autre, 1.500 hommes furent mis hors de combat, tant tués que blessés, à ces grandes luttes épiques dans lesquelles on perd des milliers et des milliers de soldats. Ce n'était pas, après tout, une bien grosse affaire. Et elle n'en causa pas moins de cruelles angoisses au malheureux débutant qui en était chargé. Il éprouva ce que les comédiens ressentent en entrant en scène, ce qu'ils appellent le trac : il perdit complètement la tête.

Eh bien, c'est à cette unique affaire, relativement secondaire, que se borne toute sa pratique de la guerre. Sa division donna, il est vrai, à Schipka ; mais il y reçut, dès le début de l'action, si je ne me trompe, une blessure qui le mit hors de combat. Son expérience est donc bien faible, et elle a été acquise dans des circonstances qui nous semblent enlever quelque prestige à son autorité. N'avons-nous pas recueilli de la bouche de ses panégyristes les plus convaincus, de ses amis les plus avérés, mais aussi peut être les plus maladroits (mieux vaudrait un sage ennemi), des dépositions accablantes contre lui ? Nouvel et curieux exemple de la naïveté de ces peuples orientaux que cette respectueuse confiance accordée à un homme qui a, dans une aussi courte carrière militaire, passé par de pareilles transes, au su et au vu de tout le monde. Un professeur de tactique qui aurait de tels états de service n'aurait aucune prise sur la jeunesse de France, gouailleuse et narquoise. La superficialité seule de l'état-major russe peut expliquer le crédit dont Dragomiroff jouit auprès de ses élèves. Ils sont éblouis par sa faconde, par l'originalité de son enseignement, par la crânerie de ses polémiques, par ses aspirations à la psychologie, par ses heureuses trouvailles d'idées et de mots, et, si l'on

peut s'exprimer ainsi, par les côtés journalistes d
son talent, qui est réel, mais plus littéraire que mili
taire. Pour que ces qualités l'aient mis au premier rang
dans un pays qui compte tant de vrais hommes de
guerre, tant de héros reconnus et éprouvés, ne faut-i
pas que l'indigence en théoriciens y soit considérable?
Il n'est que juste d'ajouter que, réduit à n'être considéré que comme un pédagogue, il est comparable à
son maître Souwaroff, qui fut un éducateur génial. Et
il faut dire aussi que son action a été bienfaisante, ne
fût-ce que grâce aux efforts qu'il a faits pour détruire
des habitudes qui dataient du temps où « Sa Noblesse »
M. l'officier était regardé par le soldat comme un
« Seigneur » dont tout le séparait, origine et sentiments, fortune et éducation. Ce sont de sains et nobles
conseils qu'il donnait aux capitaines, des conseils plus
sages que ceux du général Zukow, lorsqu'il disait :

Considérez le soldat comme le dernier élément de la camaraderie militaire, mais comme faisant partie de cette camaraderie. N'oubliez pas cette parole sacrée de Pierre le Grand : « Soldat est un nom d'honneur qui s'applique à tout le monde dans l'armée. Le premier des généraux est un soldat, tout comme le dernier des troupiers ». Au nom de la camaraderie, prenez soin de vos hommes...

Là où le terrain ne présente pas de couverts naturels, l'officier de troupe doit être capable d'en créer rapidement et d'une façon judicieuse... Un chef intelligent, quatre-vingt-quinze fois sur cent au moins, trouvera le moyen de mettre sa troupe à l'abri sur une position quelconque...

Tout cela fait bien des choses, et, tout de même, ce n'est pas encore assez : les instructions les plus complètes, les plus détaillées, présentent bien des « trous ». Aussi est-il impossible de se borner à la connaissance des théories et des règlements; il est indispensable de lire, lire et lire...

Instructeur et éducateur, Dragomiroff l'est jusqu'au bout des ongles. Comme Bugeaud, comme Souwaroff, il est en état de professorat permanent. A propos de tout et de rien, il fait une leçon. Quand il vient visiter une caserne, en France, il lui arrive de prendre le commandement de la première troupe qui lui tombe sous la main et de lui faire exécuter des mouvements insolites et compliqués. Comme il explique fort bien ce qu'il veut, ces mouvements réussissent, en général, du premier coup, et il en prend texte pour vanter l'intelligence de nos soldats, disant que, avec ses compatriotes, il ne serait jamais arrivé à obtenir aussi vite un résultat aussi satisfaisant. Au fond, il y met un peu de coquetterie, et il lui plaît de montrer ses rares facultés didactiques. Mais il faut bien avouer qu'il ne se hausse pas beaucoup au-dessus du rôle d'un colonel et qu'il exerce volontiers celui de lieutenant, voire de sous-officier. Le cours de tactique qu'il professait naguère à l'Académie d'état-major n'était pas fort élevé : il donnait des principes d'art militaire qui étaient tout ce qu'il y a de plus élémentaire, pour ne pas dire enfantin. Nous avons montré ce que vaut la moyenne des officiers ; à en juger d'après ce qu'on apprend à l'élite, celle-ci ne doit pas montrer beaucoup d'application à l'étude. Aussi bien la Russie, en face de ses adversaires habituels, à demi barbares, n'a-t-elle nul besoin de toutes les ressources de la science. Elle n'a guère à compter sur autre chose que sur la valeur individuelle, l'esprit d'abnégation, la vigueur tant des cadres que de la troupe. Elle tire meilleur parti de ruses de sauvages que des règles de Jomini ; la tactique ne lui sert pas à grand'-chose, car la tactique, après tout, c'est une convention, comme l'escrime. Dix ans de salle, une habileté incontestable aux armes sont inutiles en présence d'un adversaire qui n'a jamais tenu un fleuret, qui ignore les principes du duel, et qui, adroit, vigoureux et décidé vendre cher sa vie, se défend avec un gourdin. A forc de se battre contre des gens qui n'observent pas l code de la guerre, on le désapprend, comme les Françai l'ont fait dans leurs expéditions de l'Algérie, et on e détourne son attention. Nous avons donc grandemen lieu de supposer qu'en Russie le haut commandemen fait défaut et que les généraux, pour admirablemen braves qu'ils soient, se montreraient, le cas échéant inférieurs à leur tâche. Ils dirigeraient mal ou plutô ils ne sauraient pas diriger cette masse d'hommes qu les tableaux d'effectifs évaluent à 13.500.000 individus

III

C'est le chiffre, en effet, qu'on obtiendra, lorsque le dispositions les plus récentes auront produit leur plein effet, c'est-à-dire en 1910; mais cette force n'existera que sur le papier, car il faut déduire de ce total formidable une forte proportion de « non exercés ». L'*opoltchénié*, en effet, est une véritable garde nationale. Elle est organisée, recrutée, équipée et commandée dans chaque province, par l'Assemblée provinciale : l'Etat ne la prend à sa charge qu'en temps de guerre. En temps de paix, il n'exerce sur elle qu'une action de contrôle; il ratifie les nominations d'officiers supérieurs choisis par l'Assemblée provinciale (*Zemstvo*), laquelle nomme directement les autres, et il a dans chaque province un délégué pour veiller à l'exact fonctionnement de l'institution. Mais on comprend que cette surveillance soit illusoire. Et puis, eût-on les effectifs, les cadres fussent-ils au complet, les attelages aussi, ainsi que les magasins d'équipement et les approvisionnements de toute sorte, encore faudrait-il une instruction soignée pour mettre en œuvre les éléments matériels et pour donner à la troupe toute sa valeur.

La disproportion est trop grande entre cinq ou six ans de service actif pour les uns, et rien du tout pour les autres. Je suis porté à croire que deux ans ou trois ans de régiment, avec un effectif double, c'est-à-dire sans augmentation de dépense, décuplerait la puissance de la Russie. Et cette réduction de la durée du service ne serait nulle part plus réalisable que dans ce pays, fortement hiérarchisé et complètement discipliné, car l'agitation qu'on remarque à sa surface n'en trouble guère les couches profondes.

Songez que sa force militaire, à son maximum, ne se composera que de quatre millions et demi d'hommes véritablement instruits, sur une population totale que le dernier recensement officiel évalue à 113 millions d'habitants. Un égal nombre n'auront appartenu qu'au premier ban de la milice où on ne reçoit qu'une instruction très sommaire. Un égal nombre enfin, appartenant au second ban, n'en auront reçu aucune. Et c'est en additionnant tout cela qu'on arrive au total formidable de treize millions et demi de combattants.

Que ferait une telle cohue, si, lâchée en quelque sorte au hasard, elle se trouvait aux prises avec les troupes allemandes, si admirablement stylées et commandées dans la perfection ? Le conflit déciderait peut-être enfin la question si souvent controversée du Nombre et de la Qualité, et on saurait si la victoire se gagne à coups de vies humaines, pour ainsi dire, ou si elle est le prix de l'intelligence et de l'art ; s'il y a des remparts de poitrines assez solides pour résister à la pénétration des balles en acier et pour ne pas être entamés par les obus à mitraille ; si l'héroïsme en quelque sorte inculte peut triompher de la valeur mise en coupe réglée et habilement exploitée.

Pour nous, la réponse n'est pas douteuse : si on la voyait à l'œuvre, l'armée russe étonnerait le monde par sa débilité, résultat fatal de son énormité même. Plus elle est immense, en effet, plus elle a besoin d'être soigneusement conduite. L'administration de treize millions d'individus est une lourde charge, que le Ministère de la Guerre n'est peut-être pas de taille à porter. Les états-majors, de leur côté, sauront-ils mouvoir ces masses ? Seront-ils capables de tirer un parti efficace de voies ferrées dont l'insuffisance est manifeste, et dont ils auront à combiner l'emploi avec celui des routes ordinaires ? Son immensité même embarrassera le colosse, je le répète, et une si formidable puissance militaire en est réduite à la défensive. Elle n'a qu'une ressource, en effet, qui est d'attaquer la première, et cette ressource, elle ne peut y recourir.

L'état-major russe n'est pas sans savoir que le manque de voies ferrées, joint à la dispersion des troupes sur un territoire aussi étendu que celui de l'Empire, est une cause d'inquiétante faiblesse en face d'Etats, moins forts certainement dans le sens absolu du mot, mais destinés à affronter les premières rencontres avec une écrasante supériorité numérique, grâce au groupement plus concentré de leurs forces, et au rendement considérable d'un réseau ferré très complet. Pour parer à de telles défectuosités, la Russie n'a qu'un moyen, c'est de ne jamais accepter la guerre, mais de l'offrir. Mobilisation et concentration, elle doit tout commencer à la fois au moment où l'adversaire n'a pas encore de raisons péremptoires pour croire positivement la lutte inévitable ; sa décision doit être fixée longtemps à l'avance ; car, dans sa condition présente, tout acte offensif en politique doit être devancé par les mesures militaires qui le suivraient ailleurs.

Telle fut sa règle de conduite lors de la campagne des Balkans...

Dans le cas où elle se préparerait à déclarer la guerre à l'Autriche-Hongrie, la Russie pourrait poursuivre à l'avance la mobilisation de toute son armée ; de janvier à mars elle la terminerait, mais elle ne surprendrait ni ne tromperait personne, car, quelque obéissante que soit sa presse, on ne dissimule pas de pareils préparatifs, et la nation qu'ils visent est toujours suffisamment avertie pour être juge du moment où elle doit les troubler, en prenant elle-même nettement et vigoureusement l'offensive.

N'est-ce pas un singulier spectacle que celui de cette impuissance provoquée par la pléthore ? Ne dirait-on pas que la Providence veut faire expier à la Russie sa grandeur? Et comme cette immobilisation contraste avec la vitalité débordante de tel petit peuple dont une exploitation habile des ressources décuple la puissance!

Mais ce petit peuple, un désastre l'écraserait. L'armée russe, au contraire, peut supporter la défaite et, comme on l'a vu, finir par vaincre à force d'être vaincue. Lorsque, en 1812, le comte de Narbonne fut envoyé par Napoléon à Alexandre pour représenter à ce dernier les dangers de la guerre et faire une dernière tentative de réconciliation, le tsar avait sous les yeux la carte déployée de son empire ; il la montra au négociateur et lui répondit, paraît-il, en ces termes : « Je ne me fais pas d'illusions : je sais combien l'empereur Napoléon est un grand général ; mais, vous le voyez, j'ai pour moi l'espace et le temps. Il n'est pas de coin reculé de ce territoire hostile pour vous, où je ne me retire, pas de poste lointain que je ne défende, avant de consentir à une paix honteuse. Je n'attaque pas ; mais je ne poserai pas les armes, tant qu'il y aura un soldat étranger en Russie. »

L'espace et le temps ! C'est en effet la force de ce

grand pays, la force grâce à laquelle il a eu raison du génie et de la vaillance. Cette force est encore intacte. Une invasion de la Russie rencontrerait aujourd'hui les mêmes obstacles que la Grande Armée a rencontrés au commencement du XIXe siècle. Les difficultés opposées à sa marche seraient d'autant plus grandes que la défensive serait mieux outillée, mieux armée, plus largement pourvue en personnel.

Obligé de mouvoir des effectifs nombreux, l'envahisseur ne tirerait aucun parti des progrès accomplis par la construction de voies ferrées. Ailleurs, le réseau des chemins de fer offre aux états-majors de précieuses ressources, car la destruction complète des lignes est impossible, et les tronçons enlevés peuvent être plus ou moins vite reconstitués par les troupes techniques. Mais, en Russie, où le réseau n'est guère serré, les quelques lignes dont on dispose seront mises hors de service dès qu'on le voudra, et même, arrivât-on à les réparer si elles étaient partiellement coupées, on ne pourrait les utiliser, par suite de la précaution prise par le Gouvernement, qui a donné aux rails un écartement plus grand que la « voie » adoptée par les autres puissances européennes. Le matériel roulant de ces pays ne peut donc circuler sur le réseau russe, et c'est pour cette raison que les voyageurs sont soumis à un transbordement lorsqu'ils arrivent à la frontière.

Telle est l'insuffisance des moyens de transport que le défenseur en est gêné lui-même. Si, au lieu d'envahir son territoire, on se borne à l'attaquer en un point déterminé, il a grand'peine à y faire affluer ses forces, comme on l'a vu lors du siège de Sébastopol. La lenteur des opérations sous Plewna a aussi montré combien ses mouvements de concentration sont pénibles et embarrassés. Cette lenteur fait songer à la gaucherie de ces gens taillés en hercules, qui n'ont aucune prestesse dans les mouvements, et à ce Goliath que l'habileté du petit David a su terrasser. On a dit justement que, en Crimée, les Français étaient plus près de la France que les Russes de la Russie; car nous étions rapidement ravitaillés par des bateaux à vapeur, tandis que les assiégés recevaient leurs engins de guerre et leurs munitions par des convois de charrettes qui se traînaient lentement à travers les immenses plaines du Sud.

La tactique qui paraît donc s'imposer aux adversaires de la Russie, ce n'est plus de s'enfoncer dans ses steppes, c'est de choisir un point vital du pays et d'aller le frapper, en s'y maintenant et en attendant successivement, pour essayer de les battre, les renforts qui y seront envoyés. C'est à peu près ce qui a été fait à Sébastopol, c'est ce que l'état-major allemand semble vouloir faire à Saint-Pétersbourg. S'emparer de cette ville, s'y cramponner, s'y fortifier et y attirer, comme dans un piège, toutes les troupes de secours : c'est assurément un programme hardi et original, mais assez conforme, après tout, aux leçons de l'expérience.

A cette tactique, comment riposter? Comme font certains orateurs qui, pour n'avoir pas à se défendre, deviennent accusateurs : en attaquant. Réunir ses forces et porter la guerre chez son adversaire : tel est le conseil que bien des écrivains militaires donnent au tsar. Réunir ses forces! Voilà qui est bientôt dit. Nous venons d'expliquer tous les obtacles que l'étendue du pays, la dissémination des garnisons, la pénurie des moyens de transport, sinon la rareté des voies de communication, opposeraient à la mobilisation et à la concentration. Il serait plus dans les moyens de la Russie de pratiquer la défensive-offensive que blâment les théoriciens, mais que les circonstances peuvent conseiller plus fort qu'ils ne la déconseillent, et qui n'a pas si mal réussi, après tout, aux Horaces contre le Curiaces, ni, plus près de nous, à Wellington dans le lignes de Torres-Vedras. C'est peut-être la méthode la mieux appropriée aux qualités de la race et à la disposition d'esprit de l'armée, à la nature de son courage et à la tournure de son éducation, à sa masse enfin, qu oppose une force de résistance incalculable. L'intelligence vive et pénétrante du haut personnel des états-majors, l'aveugle confiance du soldat dans son souverain et dans les officiers qui le représentent, l'admirable valeur de tous, petits et grands, permettront à la Russie de faire durer la guerre. Or, plus elle la prolongera, mieux elle sera en état de la soutenir. Il lui faut du temps pour réunir ses forces perdues dans l'immensité de son territoire ; il lui en faut aussi pour acquérir de l'expérience. Il est malheureux seulement et qu'il faille acheter cette expérience aussi cher, et qu'on en soit à attendre les dures leçons d'une campagne pour improviser ce que la paix devrait préparer, et qu'on tienne si peu de compte des existences humaines qui serviront à payer ces leçons.

N'importe ! la France a raison de croire que l'alliance de la Russie lui serait utile. — Mais devons-nous nous attendre à ce qu'elle détourne les coups de l'Allemagne? — Non : il est de principe, en tactique, de négliger l'ennemi dont on a le moins à craindre pour s'attaquer au plus redoutable. Eh bien, c'est à l'ouest que l'Allemagne, placée entre deux feux, n'hésiterait pas à faire face. Nous croyons qu'elle ne craindrait rien pour sa sécurité du côté de la Vistule, et qu'elle aurait raison. C'est à la longue seulement que la Russie pourra agir efficacement. Au début, elle est condamnée à des succès médiocres, pour ne pas dire à des insuccès. S'attendre à autre chose, espérer une diversion complète, rêver de brillantes et décisives actions de la part de son alliée, ce serait pour la France se créer des mécomptes funestes, funestes surtout chez un peuple dont le tempérament est impressionnable à l'excès. Mettons-nous donc en garde contre les découragements qui naissent des désillusions, contre les désillusions qui naissent de l'ignorance. Ne croyons pas l'armée russe plus forte qu'elle ne l'est. Mais n'en venons pas non plus à la mépriser le jour où, comptant sur elle, nous la verrions tenue en échec et lente à trouver la victoire. Lente, elle doit l'être dans l'avenir, comme elle l'a toujours été dans le passé : comme elle l'a été en Crimée pour succomber, à Plewna pour triompher.

L'ARMÉE ANGLAISE

A vrai dire, la connaissance de l'organisation militaire de l'Angleterre ne nous touche pas directement. Nous ne pouvons guère y chercher un modèle à imiter. La position de la Grande-Bretagne est exceptionnelle, et les puissances continentales n'ont pas, comme elle, pour se protéger, la complicité de la mer. Par contre, il est des points où l'Angleterre est plus vulnérable que la France; les coups qui frappent sa flotte et ses colonies l'atteignent dans ses parties vitales. Ses adversaires le savent bien, et ils se préoccupent peu de son armée de terre; ils ne s'en préoccuperaient pas du tout si elle n'était en même temps l'élément essentiel de son armée coloniale. Car, tandis que, en France, les troupes de la marine assurent à elles seules la garde des colonies, à l'exception de l'Algérie toutefois, laquelle est considérée comme une simple province française, c'est, entre la Grande-Bretagne et ses possessions lointaines, un échange incessant d'officiers et de soldats. Sur un effectif de paix qui s'élève à 200.000 hommes, en nombres ronds, la moitié seulement est laissée dans l'île; le reste est réparti entre les Indes, l'Egypte, l'Australie, et sur les autres territoires où flotte le drapeau de Sa Gracieuse Majesté. Il s'y ajoute des troupes indigènes, d'un effectif supérieur à 150.000 hommes, non compris les milices et les réserves. Comme, dans ces troupes, les officiers sont fournis par la métropole, on peut évaluer au quart, tout au plus, le nombre des officiers anglais qui sont en Angleterre. Rien qu'aux Indes, il y en a 26.000.

I

La situation géographique du pays et le développement excessif de ses possessions d'outre-mer lui ont permis, jusqu'à présent, de recruter ses soldats par enrôlement volontaire. Le jour où il faudra en augmenter le nombre, les ressources du budget n'y suffiront pas, et il faudra prendre des mesures différentes : par exemple, il est probable que l'obligation du service sera imposée aux miliciens. Pour le moment, nul ne sert dans l'armée anglaise que de son plein gré, et ce détail lui imprime un caractère particulier, parce que le contrat signé entre l'Etat et les recrues n'est valable que si les clauses en sont observées, parce que les conditions du marché lient les chefs aussi bien que les subordonnés.

Naguère encore les recrues se plaignaient amèrement d'être entraînées à des frais dont les racoleurs s'étaient bien gardés de leur parler. On leur avait promis une solde élevée, et elles l'avaient; leurs « centimes de poche » s'élevaient à plus d'un franc par jour. Mais on ne leur avait pas dit qu'il y aurait à payer làdessus des effets de corvée, et, en leur annonçant un

« prêt » de 1 fr. 25, auquel s'ajouterait une livre de pain blanc et tout près d'une livre de viande distribués gratuitement, on avait négligé de leur faire savoir qu'elles auraient à leur charge l'achat des autres aliments qui entrent dans leur ordinaire : or, il leur fallait bien prélever cinq ou six sous par jour sur la solde pour les légumes, le thé, le sucre, le lait et le beurre des tartines. On s'est enfin décidé à faire droit à ces réclamations : depuis peu de temps, la solde journalière de 1 fr. 25 est dégrevée de tous faux frais. Mais Tom Atkins (c'est le nom qu'on donne au Dumanet anglais) ne compare pas sa situation à celle des soldats des autres armées européennes, lesquels servent par nécessité. Il la compare à celle des ouvriers de son pays. Entré dans l'armée librement et de son plein gré, il entend ne pas avoir aliéné son indépendance sans profit. S'il croit voir qu'on ne tient pas complètement les engagements pris envers lui au moment de son enrôlement, il cherche à se reprendre. On a beau lui donner un bel uniforme, qui plaît aux femmes ; on a beau lui assurer une solde relativement élevée, une nourriture abondante, des casernements agréables, de grandes douceurs d'existence, un confort incompatible avec les nécessités de la vie militaire en campagne, un bien-être au sein duquel il contracte de fâcheuses habitudes ; on a beau chercher à relever sa condition par tous les moyens possibles, il n'en éprouve pas moins de la déception, et il trouve que, dans un atelier, ou une usine, ou un comptoir, son sort aurait été plus heureux.

Aussi que de ménagements on a pour ces gens-là ! Comme on cherche à leur rendre la vie douce, non seulement en garnison, mais même en campagne, et, en attendant, aux grandes manœuvres ! Celles-ci ont été inaugurées tout récemment : en 1898, on a réuni 50.000 hommes au sud-ouest de Londres comme pour repousser un corps de débarquement qui aurait pris pied sur la côte méridionale de l'île. Un tel rassemblement de troupes ne se fait pas sans occasionner bien des fatigues[1] : à moins de toujours bivouaquer, il faut aller plus ou moins loin pour chercher des gîtes, et, par suite, on a du chemin à faire soit pour se concentrer en vue de la bataille, soit pour se former en ordre de marche. Aussi tout le monde de s'apitoyer à qui mieux mieux sur le sort des pauvres diables de soldats auxquels on imposait tant d'allées et venues. Écoutez sir Redvers Buller, commandant de l'un des partis : « Je me sentais gêné dans mes opérations tactiques par la pensée que chaque mille que je faisais faire à mes troupes les éloignait d'autant de leurs cantonnements ». Le duc de Connaught, chef de l'armée adverse, exprime son mécontentement par une boutade ironique : « Peut-être, dit-il, y avait-il une raison spéciale pour exiger des soldats tout ce dont ils étaient capables ; car il semble que le même travail eût pu être produit avec une bien moindre dépense de forces physiques ». Mais ni l'un ni l'autre, en s'exprimant ainsi, n'était inspiré par un sentiment d'humanité, de commisération, de tendresse. Ce qui dictait leurs paroles, c'était la crainte que tant de fatigues ne dégoûtât les Anglais de l'armée et ne rendît le racolage difficile. Le généralissime, directeur des manœuvres, n'a pas craint d'avouer cette préoccupation : « De dures journées et des nuits sans sommeil nuisent

1. Et pourtant voici ce que nous conte un officier français qui assista à deux journées. Dans la première, les hommes ne portaient pas le sac. Il en fit la remarque. — C'est qu'il fait très chaud, lui répondit-on. Mais « la seconde manœuvre eut lieu par un froid assez piquant, la température s'étant brusquement modifiée, ainsi que cela se produisit fréquemment pendant l'été de 1898. Pas plus que la première fois, les soldats n'étaient chargés. Il est donc permis de croire à un parti pris causé par la trop grande jeunesse de l'homme ».

au recrutement d'une armée composée de volontaires nous n'avons pas le droit de l'ignorer. Le travail d nos hommes pendant les manœuvres a bien souven été excessif; il va donc nécessiter une bien plus grand pression sur nos futurs soldats, et il n'est guère fai pour faciliter le recrutement ».

Si on s'efforce de leur rendre l'existence aussi douce dans la métropole, que dire de la vie qu'on leur laisse mener aux Indes? Les loisirs y sont interminables et les amusements infiniment variés. Pas de corvée : tout le gros ouvrage est effectué par la main-d'œuvre indigène. Indiens, les barbiers de la compagnie. Et ils viennent raser leurs clients au lit! Indiens, les cuisiniers de la compagnie. Et ils servent le thé à Tom Atkins avant qu'il ne soit levé! C'est seulement après ce premier repas qu'il se décide, l'excellent Tom Atkins, à quitter sa couchette pour se rendre à l'exercice, où on le retient le moins de temps possible. Pendant qu'il y est, le bungalow reste sous la garde de deux soldats spécialement chargés de veiller à ce que les indigènes employés comme balayeurs ne commettent aucune déprédation. Ainsi on est dorloté, choyé, dispensé de tout ce qu'il peut y avoir de pénible dans le trantran journalier de la vie.

Avec des troupes habituées à tant d'attentions, comment peut s'exercer la discipline, surtout dans une nation qui a fort le respect de la liberté individuelle? Les Français, en Crimée, n'en revenaient pas de la façon dont leurs alliés se comportaient. Les soldats, très braves, n'étaient pas exacts aux rassemblements, pour peu qu'ils eussent à se plaindre de la nourriture ou du gîte. De telles exigences paralysent le commandement, en le mettant dans l'impossibilité de compter sur l'entrain des troupes. Il ne peut même pas faire fonds sur leur vigueur et leur adresse. Quoique appartenant à un pays dont les citoyens ont un grand sens pratique, de l'énergie, de l'activité, de l'esprit d'initiative, et en dépit des exercices physiques qui entretiennent leur robuste constitution, les soldats anglais sont mous et peu « débrouillards ». Le régime trop doux auquel on les soumet ne peut que les débiliter en encourageant leur native propension à la fainéantise. Dans la guerre d'Espagne, ils n'ont montré aucun goût pour le service de pionnier et les travaux de terrassement. Il leur « fallait souvent employer trois nuits pour creuser une tranchée qu'on aurait dû faire en une seule », si nous en croyons un de leurs compatriotes, le lieutenant-colonel John T. Jones. Au siège de Burgos, ajoute celui-ci, il fut facile de voir la différence qui existe pour le travail entre Anglais et Français. En Crimée, la même différence apparut nettement. C'est à nos troupiers, et non à leurs propres soldats, que les officiers britanniques demandaient une foule de petits services qui exigeaient de l'industrie : voulaient-ils faire construire des cheminées dans leurs tentes, orner celles-ci, les éclairer, fabriquer des chandelles avec le suif des abattoirs, c'est aux Français qu'ils s'adressaient. Les Mémoires écrits à cette époque par des officiers russes nous montrent Tom Atkins toujours en haillons : habitué à faire réparer ses effets, il ne sait pas les raccommoder lui-même ; pareillement, il ignore les principes de la cuisine et ne peut préparer ses repas. Aussi souffre-t-il de la faim, bien que percevant une ration journalière d'une livre et demie de viande ! « Les soldats anglais, disait déjà Napoléon, n'ont pas l'adresse, l'activité, l'intelligence des nôtres ; quand ils ne craignent plus les coups de fouet, ils n'obéissent à personne ». Peut-il en être autrement avec des gens qu'aucun sentiment de patriotisme n'anime ? Et il est facile de comprendre qu'il en soit ainsi. L'état-civil, tenu par les paroisses, laisse fort à désirer, et on n'est jamais sûr d'incorporer des nationaux. Nous verrons tout à l'heure qu'on ne le cherche même pas. La loi, au surplus, admet des étrangers authentiques dans l'armée : la proportion tolérée est faible, à la vérité : un *foreigner* sur cinquante hommes. Quoi qu'il en soit, la masse est composée de mercenaires. Qu'attendre de ces gens-là ?

Il en est de deux sortes : les uns rêvent plaies et bosses, cherchent les aventures et demandent avant tout à se battre, — en ce cas, la vie plate de la garnison leur est odieuse ; les autres désirent avoir leurs aises, et ils ne considèrent la profession des armes que comme un simple métier, comme un métier où il y a quelque argent à gagner, où l'existence est assurée, et où l'on pourrait mener une petite vie assez tranquille, n'était l'incertitude des batailles.

Ces deux catégories de gens fort opposées se fondent en une collectivité où les sentiments moraux ne sont pas très élevés, où la sobriété n'est pas irréprochable, ni la fidélité au drapeau, ni le désintéressement. Un certain esprit « cocardier », un certain point d'honneur conventionnel y tiennent lieu de dignité ; l'amour de l'uniforme, quelque coquetterie même dans la tenue, y remplacent, dans une certaine mesure, l'affection pour les chefs, l'estime, la confiance, qui sont les fondements de la discipline. Enfin la force physique, la bravoure, les qualités professionnelles de ces stipendiés peuvent faire oublier ce qui leur manque de vertus civiques et de hauteur d'âme. Ils pensent peut-être mal, mais ils se battent en général bien.

Est-il bien surprenant que la mutinerie soit fréquente dans les rangs de l'armée anglaise et que la désertion y règne à l'état endémique ? En août 1895, défense avait été faite aux cantines du camp d'Aldershot d'ouvrir leurs portes et de débiter des boissons avant une certaine heure. Exaspérés par cette mesure, un certain nombre de soldats refusèrent d'obéir aux gradés et de faire les corvées commandées. Ces hommes furent alors amenés devant le colonel, qui infligea quelques jours de prison au meneur de la bande. A l'annonce de cette punition, que nous trouverions bien anodine, puisque, chez nous, une telle faute entraînerait la comparution devant un Conseil de guerre et une condamnation à au moins un an de prison, le soldat en question renversa la table d'un coup de pied et inonda d'encre l'uniforme du colonel. Pour cet outrage, il aurait encouru en France la peine des travaux publics. Il s'en tira avec quelques jours de prison supplémentaires. Le 12 décembre 1893, un certain nombre d'artilleurs récemment recrutés et qui se trouvaient réunis à Douvres se sont mis en grève et ont causé d'assez graves désordres dans la ville. Ils appartenaient à un régiment qui allait être embarqué à Portsmouth pour Gibraltar. Dans les premiers jours de 1900, des soldats désignés pour aller au Transvaal sautèrent hors de la passerelle qui les conduisait au bateau. La police dut les y conduire par force. Le *Times* a raconté ces scandaleuses scènes qui en disent terriblement long sur la valeur des « professionnels ». Ne pas vouloir aller se battre, quand tout le pays est soulevé par un unanime élan de patriotisme ! Et pareils faits se reproduiraient fréquemment si on ne prenait, pour les empêcher, des précautions vraiment curieuses, dont nous trouvons la description dans ce passage d'une lettre plus ou moins authentique, dont nous devons la connaissance à M. Georges Tricoche.

Je n'ai qu'un moment pour vous écrire, car nous sommes en plein *draft*, c'est-à-dire au moment de la relève des hommes de notre bataillon de l'Inde qui ont accompli dans la colonie leurs huit ans réglementaires et dont l'engagement est expiré. Si la majorité des soldats et surtout des sous-officiers attendent avec impatience leur départ, pour un grand nombre d'entre eux quitter l'Angleterre est un vrai cataclysme : parmi ces derniers, il faut ranger les hommes mariés sans autorisation[1], et ces mauvais ouvriers qui, enrôlés par paresse, ne font que de mauvais soldats. Aussi l'autorité militaire ne publie-t-elle la liste définitive du détachement de relève qu'au dernier moment, quarante-huit heures au plus avant le départ, et le bataillon est aussitôt mis sous scellés, le poste doublé, des sentinelles placées tous les vingt pas autour du mur de la caserne, des piquets envoyés dans toutes les directions ; le *provost-sergeant* et ses aides, des hommes de chaque compagnie dressés au rôle vulgaire de « mouchards », battent l'estrade entre les *barracks* (le casernement), la station et les quartiers mal famés de la ville. Ce sont, vous le devinez, autant de mesures préventives contre cette épidémie de désertion qui, à l'annonce du *draft*, est toujours prête à éclater : véritable épidemie, en effet, que cette sorte d'affolement soudain, contagieux, qui attaque jusqu'aux hommes les plus indifférents, jusqu'aux meilleurs soldats...

Aussi s'empresse-t-on, aussitôt après la divulgation de la liste des « élus », de garantir ceux-ci contre leur propre faiblesse en les écrasant de besogne et en les étourdissant à force de revues, d'appels et d'allocutions variées. J'ai vu cela de près, étant précisément caporal de jour pour le bataillon. La tête me tourne rien que de penser à ce brouhaha de voitures qu'on charge, de conducteurs régimentaires qui tempêtent, de chevaux qui piaffent, d'avalanches humaines qui dégringolent les escaliers, de femmes qui pleurent, alors que d'autres emballent fiévreusement leur pauvre ménage ; mélange de cris d'enfants, d'appels de clairon et de hurlements de chiens bousculés dans la bagarre, tandis que la musique, à demi désorganisée, fait

1. Beaucoup d'hommes sont mariés et trainent avec eux leur famille. Marbot raconte qu'à Astorga on trouva dans une grange un millier de femmes et d'enfants qui y étaient entrés, n'ayant pu suivre l'armée anglaise dans sa retraite. En principe, on n'accorde l'autorisation de se marier qu'à 4 pour 100 de

retentir la cour d'accords qui font des efforts inutiles pour paraître entraînants.

A quoi attribuer ces désertions qui ouvrent chaque année, dans les rangs de l'armée, des vides incessants, et faut-il, à l'exemple de M. Georges Tricoche, en faire honneur aux sentiments d'affection du soldat anglais pour ses camarades et ses chefs? Ce tendre attachement sent la *Gemüthlichkeit* allemande, plutôt que le tempérament britannique, et je suis porté à penser, pour ma part, qu'au lieu de chercher dans des sentiments nobles et poétiques la raison de ces actes d'indiscipline, on a plutôt chance de la trouver dans l'amour assez bas des jouissances matérielles, dans un désir constant de bien-être et de tranquillité, dans un âpre besoin d'argent. Les professionnels, les récidivistes de la désertion, n'ont pour but que de gagner le plus possible; dans un pays où l'état-civil, je l'ai dit, n'est pas tenu régulièrement, il leur est facile d'en profiter en contractant, sous divers noms, plusieurs rengagements successifs. Que risquent-ils, d'ailleurs? Si leur fraude est reconnue, si leur identité est établie, ils sont condamnés à reverser les sommes indûment perçues; ils doivent rembourser le prix de leurs effets; ils perdent une partie de leurs droits à la retraite; mais ces restitutions ou déchéances constituent à peu près la seule peine qu'ils encourent; et, après tout, beaucoup échappent aux investigations de l'autorité. A l'avantage de s'être donné du bon temps, ils joignent

l'effectif; encore exige-t-on, pour en donner une, que le postulant compte sept ans de service, qu'il ait un chevron de bonne conduite et qu'il possède cinq livres sterling d'économies déposées à la caisse d'épargne régimentaire. Mais les faux ménages sont très nombreux. Il est vrai qu'alors la femme n'est pas reconnue, elle n'est que tolérée. Aussi n'a-t-elle pas droit au transport, et, si elle veut accompagner son bon ami aux colonies, le voyage est à ses frais.

celui d'avoir choisi le corps dans lequel ils se décident à rester, après en avoir essayé plusieurs, c'est-à-dire en connaissance de cause. Ils ont vu celui où la chambrée est la plus agréable, la nourriture la meilleure, la dépense la plus faible.

Au début de la guerre du Transvaal, notre spirituel compatriote, M. Pierre Mille, eut l'idée de se présenter à l'embauchage. Il se rendit à la grille des Galeries Nationales, en face de l'église Saint-Martin. Il y trouva les sergents recruteurs à leur poste, devant les tableaux coloriés qui représentent les différents uniformes, tous magnifiques, du régiment pour le compte duquel ils opèrent. Avisant un de ces sous-officiers, M. Mille va à lui et conclut le marché. Mais, au dernier moment, un scrupule le prend, et alors s'échange le dialogue que voici :

— Je ne veux pas vous tromper, je suis Français. Ai-je bien le droit de servir dans les armées d'Angleterre ?

— Pourquoi le dites-vous *à moi ?* s'écria le sergent indigné. Vous parlez anglais convenablement. Vous prenez un nom quelconque, pas difficile d'orthographe : Wilson, par exemple, ou Norton, ou Morton. (Ne prenez jamais un nom qui s'écrit de deux ou trois façons, c'est assommant pour les sous-officiers !)... Personne n'a rien à vous demander.

— Vrai? dis-je. Mais on me ferait signer la déclaration, la déclaration comme quoi, en cas de mensonge, je suis passible de trois mois de travaux forcés. Alors, c'est pour rire, cette déclaration ? Vous ne faites jamais de recherches sur l'identité de vos hommes?

— Nous ne sommes pas si méchants !

— Et dans ceux que j'ai vus tout à l'heure au bureau, il y en a qui ont donné de faux noms ?

— Probable.

— Et quand ils toucheront leur pension, au bout de vingt et un ans de service, ils la toucheront sous un faux nom?

— Pourquoi pas? Je vais même vous dire une chose. Une

supposition que le docteur vous refuse à la visite. Eh bien, vous donnez une livre sterling à un des braves gens qui ont été jugés bons pour le service. Il vous passe sa feuille et son nom. Le tour est joué.

— Et lui, il prend mon nom ?

— Pour trois minutes. Et il va s'engager ailleurs. Ça ne le gêne pas, et... ça fait un soldat de plus.

Pourquoi s'engage-t-on, en effet[1] ? Peut-être, je le veux bien, par « jingoïsme » ou par amour de l'uniforme, mais surtout parce qu'on n'a pas de profession, parce qu'on est incapable d'exercer un métier ; ou encore parce qu'on a été ruiné (c'est le cas des cultivateurs après une série de mauvaises années[2]) ; ou enfin parce qu'on est à l'âge où le discernement n'est pas éveillé, où l'esprit n'est pas mûr. En principe, il faut avoir dix-huit ans pour être admis à entrer sous les drapeaux. Mais, sans acte de naissance, comment faire la preuve de ces dix-huit ans, puisque, disait naguère

1. L'*United Service Magazine* de juin 1899 dit que les cinq raisons suivantes peuvent pousser un jeune homme à s'enrôler :

1° Le désir d'améliorer sa condition, d'obtenir de quoi manger;

2° La vanité, la joie de porter un bel uniforme ;

(Ces deux cas sont fréquents.)

3° Le besoin de sécurité, pour échapper aux conséquences de crimes ou de délits, pour se soustraire à des querelles domestiques ;

(Très fréquente dans les villes, cette cause l'est beaucoup moins dans les districts agricoles.)

4° L'amour de la gloire ;

5° Un goût naturel pour la vie de soldat et une véritable vocation militaire. (Les deux derniers mobiles sont les plus rares.)

2. Les grèves et la famine font affluer les volontaires. Il en vient plus qu'on n'en veut, par les temps de vaches maigres. Dans les périodes de vaches grasses, au contraire, on a toutes les peines du monde à en trouver. Le racoleur est alors obligé d'aller à eux, puisqu'ils ne viennent pas à lui. Des tournées sont organisées par les sergents recruteurs. Ils vont, en grande pompe, battre la campagne, montrant aux paysans leur bel uniforme et essayant de piper les naïfs. Un colonel eut même l'idée, l'autre année, d'envoyer sa musique dans les villes ouvrières, d'où il espérait tirer des hommes. On l'applaudit beaucoup, mais on s'enrôla peu.

le général Wolseley, il n'y a que les chevaux pour lesquels l'examen des dents indique l'âge qu'ils ont ? Aussi arrive-t-il que l'on incorpore de très jeunes gens qui se sont présentés inconsidérément, sans trop savoir ce qu'ils faisaient, et qui sont souvent incapables de supporter même les fatigue de l'exercice, et *a fortiori* les dangers de la transplantation dans les colonies. Inexpérience, incapacité, dégoût, tels sont les principaux éléments dont se compose l'armée. Le commandement, pour en tirer parti, doit flatter le goût du luxe, satisfaire le besoin de bien-être et de paresse que ces gens apportent nécessairement par la nature même de leur origne. Lord Wolseley ne s'est pas gêné pour le dire dans un article du *Harper's Magazine*, qui fit pas mal de bruit, il y a quelque dix ans. Il s'y plaint qu'il faille donner aux soldats des vêtements grotesques, dont la seule raison d'être est qu'ils « tapent dans l'œil » de la jeunesse des deux sexes[1]. Le gamin désœuvré voudrait porter le belle veste écarlate de Tom Atkins, avec ses tresses et ses boutons dorés ; il rêve d'avoir, lui aussi, un jour, ce pantalon qui moule si bien les cuisses et les mollets, ce stick que Tom Atkins n'abandonne jamais, cette singulière calotte, enfin, qui n'abrite ni du soleil ni de la pluie, et qui ne tiendrait pas sur la tête sans l'aide d'une lanière de cuir qu'on ne saurait appeler ni jugulaire ni mentonnière, et qui mériterait plutôt le nom de muselière, car c'est devant la bouche qu'elle se met, prenant appui sur le nez.

1. « En dehors des établissements d'aliénés, dit-il, pourrait-on trouver quelqu'un d'assez fou pour se promener et chasser dans les broussailles ou les prairies, attifé comme l'est notre troupier ? Et ceci s'applique à tous les grades. Car, à parler franc, le singe costumé qui se démène sur les orgues de Barbarie ressemble fort à l'officier général anglais coiffé de son absurde chapeau à plumes, qui date du siècle dernier, et vêtu de son ruineux habit tout ruisselant (pour ne pas dire tout dégouttant) d'or, par devant et par derrière. »

D'autre part, Mary-Ann est fière de songer qu'elle pourrait se promener au bras d'un beau gars ainsi accoutré, dût-elle y mettre un bon prix.

Le temps ne manque pas au beau gars pour faire la cour à Mary-Ann. L'exercice ne lui prend qu'un nombre d'heures très limité. Sauf quand il est de garde ou en manœuvres, on le laisse ordinairement libre dès trois heures de l'après-midi, et il n'a pas à rentrer avant neuf heures. De plus, il obtient facilement la permission de minuit. Bref, il peut tout à son aise faire le joli cœur. Et il en use. Il faut avouer pourtant que, en dehors des jardins publics, le pauvre Tom Atkins n'avait pas, jusqu'à ces derniers temps, beaucoup d'endroits où s'amuser. J'entends : d'endroits convenables ; pendant longtemps, à Londres, il ne pouvait, même à prix d'or, passer la porte de la plupart des lieux publics. C'est tout récemment que les magistrats du Middlesex ont décidé de ne plus donner de licence pour les établissements tels que bals, cafés-concerts, *Music Halls*, sans stipuler que les militaires en uniforme y seraient admis, en payant, à toutes les places.

A défaut de divertissements extérieurs, la sollicitude du commandement a voulu assurer à l'intérieur même des casernes et des quartiers quelques distractions aux hommes. On a fait tout ce qu'on a pu pour leur en rendre le séjour agréable. La plupart du temps, au lieu d'habiter d'énormes bâtisses, comme chez nous, les troupes sont logées dans des pavillons entourés de jardinets et enfouis sous la verdure. Le cricket, le football, les palets, d'autres jeux semblables, sont activement pratiqués dans les régiments, et les officiers ne demandent pas mieux que d'y prendre part, ce qui contribue à maintenir entre eux et la troupe les bons sentiments et la camaraderie qui ont toujours existé dans l'armée de la reine.

Les Anglais trouvent qu'il reste encore beaucoup à faire pour rendre les logements plus habitables. Il y faudrait plus de lumière, le soir, et plus de feu, l'hiver. Ils regrettent que le soldat prenne ses repas dans la pièce où il couche, où il est supposé faire la veillée et qu'ils trouvent rien moins que confortable à tous égards[1]. Les casinos et les salles de récréation, qui existent dans chaque caserne, rendent pourtant cet état de choses fort tolérable. Avouons même que nous le trouverions, nous autres Français, plus que tolérable, voire fort enviable. Ces casinos sont de véritables clubs, qui vivent de leurs propres ressources et dont tous les bénéfices sont consacrés aux soldats eux-mêmes. Ceux-ci peuvent y trouver des vivres, de la bière, moyennant finance, bien entendu. Des livres, des journaux, des billards, des jeux divers, y sont à leur disposition. Parfois même une salle de spectacle y est annexée.

Pour donner une idée du bien-être qu'on cherche à procurer à la troupe, faut-il ajouter que, dans chaque bataillon, les cuisines, placées sous la surveillance de l'adjudant-major, sont dirigées par un sous-officier (*sergeant-cook*), qui a suivi le cours de l'Ecole militaire

1. Cette appréciation sévère a de quoi nous étonner. Nous non plus, nous n'avons pas de réfectoires, au moins dans la plupart de nos casernes. Par contre, la chambrée anglaise est incomparablement plus appétissante que la nôtre. En en relevant les lits, on la transforme en une salle haute et propre. Il s'y trouve une table, à l'un des bouts de laquelle s'élève un dressoir en bois blanc à étagère, formant armoire, et dans lequel on range la verrerie, la vaisselle et les couverts. On y met aussi à l'abri de la poussière (et des maraudeurs) les pots de moutarde et les flacons de pickles. Dans la chambrée, encore, il y a une vaste cheminée où se fait le thé et où on rôtit le pain grillé pour les tartines. Au-dessus de la tablette, une glace de belle dimension permet au soldat de voir si sa raie est bien faite, si ses accroche-cœurs sont suffisamment collés par la pommade. La pièce est d'ailleurs souvent ornée d'images, et on tolère autour des paquetages des photographies et des souvenirs personnels.

de cuisine d'Aldershot (!) et dont la nomination est soumise à l'état-major général de l'armée ?

Tout cela dit assez à quelles gens on a affaire, et cette exagération d'attentions n'a pour but que d'empêcher l'éclosion des mécontentements, qui sont le plus dangereux des dissolvants dans une armée dépourvue sinon d'un certain patriotisme, du moins d'élévation morale, ainsi que de vertus civiques. Elle était pour cette raison, méprisée, naguère encore, par la nation même qu'elle devait défendre. Traité par le libre citoyen de la libre Albion, comme un mercenaire qui a vendu sa liberté, disait M. Philippe Daryl, il y a une quinzaine d'années, le soldat anglais porte le stigmate qui s'attache partout au prétorien [1]. Ce n'est pas un frère, un fils ou un ami payant sa dette à la patrie :

1. John Bull a pourtant toujours témoigné à son armée, prise en bloc, toute la considération désirable : il proclamait volontiers qu'elle était la première du monde ; fier de ses exploits, il lui ouvrait assez largement sa bourse. Mais il ne pouvait se défaire de ses préventions contre le pauvre Tom Atkins. Le souvenir des mercenaires qu'enrôlaient autrefois les sergents recruteurs, souvent à coups de trique et de *chats à neuf queues*, l'empêchait de rendre justice aux volontaires que la stagnation des affaires, la difficulté de la vie, la dureté des temps amenaient à entrer au service de Sa Gracieuse Majesté, et qui, s'ils étaient de pauvres diables, n'étaient pas tous du moins de mauvais diables. Nous ne sommes plus au temps où trois régiments entiers étaient formés de criminels, graciés sous la condition de s'engager immédiatement, — temps pas bien éloigné, d'ailleurs, car c'était au commencement du XIXe siècle, pendant la guerre de la Péninsule. Les scélérats, les mendiants, les vagabonds, les déclassés de toutes sortes, qui, durant de longues années, ont composé à peu près exclusivement l'armée anglaise, c'est eux qui lui ont valu l'impopularité dont elle vient d'avoir tant de mal à secouer l'oppression. Mais cet état d'esprit s'est trouvé modifié par l'accès d'impérialisme qui a enfiévré le pays. L'enthousiasme pour l'uniforme a fait bruyamment explosion pendant les mois qui ont précédé la guerre du Transvaal. On a acclamé et fêté les troupes qui s'embarquaient pour prendre part à cette expédition : sans doute aussi, on les acclamera et on les fêtera à leur retour. Le sang versé aura effacé bien des préventions.

c'est un ilote soumis à la servitude, et il s'est avili en acceptant volontairement cette servitude. C'est pourquoi nous avons vu que la population civile, redoutant la souillure de son contact, l'écartait naguère encore des lieux de divertissements même les moins sélects, même les moins regardants d'ordinaire sur leur clientèle.

Quel que soit son mérite, rarement il sortira du rang. Ses chefs eux-mêmes le regardent comme un être inférieur et dégradé. De telles conditions sont peu faites pour relever son niveau moral. Aussi le point d'honneur, le sentiment du devoir, lui sont-ils presque inconnus. Il fait son métier par intérêt ou par habitude, et c'est tout. A force de répéter les mêmes mouvements, aux mêmes heures, de même façon, avec les camarades, il perd son individualité, devient une machine. Solide, il l'est assurément, — comme une borne, — et grand et fort : c'est ce qui l'a fait choisir. Après dix ou douze ans de roastbeaf, de bière et de martinet, le voilà « en forme », un troupier fini. Il n'est plus propre qu'à se rengager et se rengage.

Il convient de rappeler que cet homme est un homme pourtant, c'est-à-dire un être qui a ses qualités et qui est perfectible. Les distractions qu'on lui offre peuvent être combinées de façon à développer ses facultés intellectuelles, et on peut s'adresser à son âme. La sympathie est encore ce qu'il y a de mieux pour agir sur les sentiments des gens, et cette sympathie commence à venir. John Bull se sent attiré vers Tom Atkins, depuis qu'on lui a montré que, sous l'uniforme écarlate, c'est un de ses semblables qu'il y a. Après Leaver, Rudyard Kipling s'est efforcé de le lui faire voir : le jeune romancier anglo-indien a exercé une action vraiment bienfaisante par ses peintures exactes et humoristiques en révélant l'armée à la nation. Il n'en reste pas moins que jamais mercenaire n'obtiendra de ses compatriotes une affection comparable à celle des citoyens français, suisses ou allemands, pour ceux de leurs enfants que la loi du service obligatoire appelle sous les drapeaux.

Et il n'en reste pas moins aussi que c'est par l'argent seul qu'on luttera contre la concurrence de l'industrie ou du commerce. Pour l'emporter sur les salaires élevés de l'atelier et de l'usine, c'est peu d'un uniforme éclatant, de longues heures d'oisiveté, d'une alimentation abondante [1]. Le général Wolseley prétendait qu'on ne pourrait trouver des recrues que dans le rebut de la société, tant qu'on n'aurait pas relevé de 30 centimes le taux de la solde. C'était donc une dépense journalière de 30.000 francs pour les seules troupes casernées dans l'île (celles des colonies semblent suffisamment payées), ce qui correspond à un crédit annuel de près de 11 millions de francs. Et déjà on avait voté, en 1890, plus de 100 millions, rien que pour améliorer le casernement ! Le contribuable n'a pas montré grand empressement à délier encore les cordons de sa bourse ; mais il a fini par s'y décider en août 1898, comme je l'ai dit. On espérait par ces avantages attirer plus de monde, et de qualité meilleure. Malheureusement on ne réussit guère ni à ceci ni à cela : on n'a obtenu ni le nombre qu'on voulait, ni l'amélioration qu'on souhaitait. Mais le problème est insoluble, et on peut affirmer que, pour médiocre que soit l'armée anglaise, aucune nation continentale n'en aurait une aussi bonne s'il lui fallait la composer exclusivement par voie d'engagements volontaires.

1. Notons que le soldat anglais a droit à une sorte de retraite. Versé dans la réserve au bout de sa septième année de service et rentré dans ses foyers, il continue, quoique libéré, à recevoir de l'argent de l'Etat. Il touche une rente annuelle qui est de 220 francs pendant les cinq premières années et de 150 pendant les quatre suivantes, soit, en tout, près de 1.500 francs.

II

Le commandement est exercé par les officiers, que secondent les sous-officiers. Peut-être serait-il plus juste de dire qu'il est exercé par ces derniers au bénéfice des premiers, ou, si on veut, sous leur haute et un peu lointaine direction. L'armée anglaise rappelle beaucoup ce qui se passait chez nous sous l'ancien régime. Le lieutenant-colonel et le major, officiers de fortune ou de petite noblesse, instruisaient le régiment pour le compte du colonel, lequel, pendant ce temps, vivait à la cour, ainsi que ses capitaines. La richesse et la naissance assuraient à ceux-ci des prérogatives spéciales. Ils avaient acheté leur compagnie, et ils la menaient volontiers à la bataille. Mais si, en guerre, ils se comportaient en vrais gentilshommes, ils se trouvaient trop grands seigneurs pour s'occuper en temps de paix des humbles détails de la préparation des troupes, de leur équipement et de leur apprentissage professionnel. Les mêmes causes produisant les mêmes effets, il était naturel qu'il en allât tout pareillement en Angleterre, où les soldats sont des mercenaires, et où tout récemment encore les officiers, comme en France avant la Révolution, achetaient leurs grades.

Il est vrai que, à la suite des grands et terribles enseignements de 1870, la vénalité des charges militaires a été abolie. Mais les mœurs ont survécu aux institutions qui les ont fait naître. L'habitude s'est si bien prise de voir les officiers mener grand train, qu'il est à peu près impossible à un roturier sans ressources de briguer l'épaulette (ou plus exactement l'étoile) de lieutenant. Les grades sont restés l'apanage de la jeunesse riche, qui apporte à l'armée moins de dispositions à l'étude que de goût pour le sport et le jeu. Quoique la solde soit très élevée, elle ne suffit pas à faire face aux dépenses auxquelles on est absolument entraîné. Comme on l'a si bien dit, le système du *mess* ou de l'association, qui pourrait et devrait avoir pour effet de réduire au minimum les frais communs, est, au contraire, une cause de dépenses excessives, à raison du luxe insensé qui se déploie. C'est entre les régiments, notamment dans la cavalerie, une lutte d'extravagance ruineuse. Tel mess possède pour cent mille francs de meubles et de cristaux, tel autre pour un demi-million d'argenterie. Vaisselle plate aux armes du corps, cuisiniers et marmitons, laquais poudrés en bas de soie, tout cet attirail, digne d'une armée asiatique aux temps de Xerxès, devra suivre le régiment jusqu'au fond de l'Afrique ou de l'Afghanistan [1].

Quelle que soit la latitude, le champagne, le claret et le porto couleront à flots. Le seul article des boissons coûte souvent au lieutenant les trois quarts de sa solde. Et, comme les *army-agents* l'assiègent de leurs offres et de leurs circulaires, lui font un crédit sans limites, il est presque impossible qu'il ne s'endette pas, quelles que soient ses ressources personnelles. Le mess donne d'ailleurs des bals et des fêtes, tient table ouverte, entretient voitures et chevaux de trait, suit les courses et même les chasses. L'unique mérite qu'on puisse lui reconnaître, si c'en est un, est de placer les officiers, quel que soit leur grade, sur le pied d'égalité en

1. Je citais tout à l'heure ce qui se passait en France sous la monarchie. L'ordonnance somptuaire du 19 mars 1756, réglant les équipages et la table des généraux et des colonels, n'attribuait-elle pas 30 chevaux aux premiers et 23 aux seconds? Tous les officiers, presque sans exception, avaient une chaise pour faire la route: beaucoup d'entre eux y joignaient même une berline. Etonnez-vous donc qu'il y eût, à la suite de l'armée du prince de Soubise, une colonne de *douze mille* voitures!

dehors du service. Lieutenant, capitaine, major et colonel président tour à tour. Sur le terrain neutre de la salle commune, il n'y a plus de supérieurs et de subordonnés, mais simplement des hommes du monde[1].

On peut croire qu'avec de telles mœurs un jeune Anglais n'entre guère dans la carrière des armes entraîné par la vocation, par le goût des études militaires ou par des motifs patriotiques. Cela se voit parfois, mais l'officier instruit appartient presque toujours, soit aux armes spéciales, soit au service colonial. La plupart de ses collègues se sont déterminés à prendre l'épée tout simplement pour s'amuser à l'aise. Car le brevet d'officier est à la fois une enseigne de haute élégance et un pavillon qui couvre toutes les libertés généralement interdites aux sujets de la reine Victoria. Le préjugé puritain, impitoyable à l'infortuné *civilian*, a des indulgences plénières pour les fils de Mars. Aussi le *correspondant* des procès en divorce, le héros des scandales mondains, est-il, dans neuf cas sur dix, un officier. Le vulgaire « laïque » y perdrait à jamais toute considération. Il semble que le militaire y retrempe son prestige.

Ce prestige est, en Angleterre, en raison directe du nombre restreint des officiers, de la splendeur de leur outillage, des habitudes somptueuses qui font de la carrière militaire un luxe à peu près exclusivement réservé aux fils de famille, en raison aussi de la frivolité de la fonction. Il est beaucoup plus distingué d'appartenir à tel corps à la mode, à tel régiment de parade, qu'à tel autre. On pourrait presque dire que, moins un officier anglais a de campagnes, plus il est recherché, adulé et envié. Rien ne peut donner une idée juste de la position suprême qu'occupe,

1. L'officier supérieur auquel un retard imprévu fait manquer le commencement du repas présente ses excuses au simple *subaltern* exerçant la présidence hebdomadaire, de même qu'il lui demande l'autorisation de se retirer, s'il veut quitter momentanément la table. « Il est visible, dit un témoin oculaire, que le colonel s'efforce, dès qu'il a pénétré dans l'*anteroom*, de n'être plus qu'un gentleman venant vivre quelques heures en compagnie d'autres gentlemen ».

dans les clubs et dans les salons, un officier aux Gardes. Et pourtant, la maison de la reine n'ayant pas quitté les Iles Britanniques depuis 1815, il est matériellement impossible qu'un officier aux Gardes ait jamais vu le feu. Mais sa qualité veut dire : cinq pieds six pouces, un nom historique, un uniforme éclatant, de grosses rentes et l'entrée partout. Cela ne vaut-il pas mieux que des blessures ou des rhumatismes?

De ce qu'il aime le jeu, le sport et le luxe plus que l'étude, il ne faut pas conclure que l'officier anglais soit méprisable. Les exercices du corps entretiennent sa vigueur ; sa situation sociale lui donne un haut sentiment de sa dignité, en même temps qu'elle inspire à ses inférieurs cette déférence qui assure l'autorité du commandement ; le milieu dans lequel il vit est plutôt distingué, et, si sa connaissance des détails du métier est superficielle, il n'est point aussi fermé que d'autres aux idées générales. M. Max Leclerc oppose le consciencieux labeur et l'intelligente application de tel officier allemand à la superficialité de tel lieutenant anglais. Mais, d'abord, l'Allemand qu'il cite n'est pas le premier venu : l'individualité qu'il a prise comme exemple n'est ni plus ni moins que le major Wissmann. Et celui auquel il le compare est un jeune homme inexpérimenté qui, narrant son premier voyage de Pékin à Calcutta, à travers la Mongolie, la Kashgarie, le Turkestan chinois, le Thibet, et par-dessus l'Himalaya, n'a pas trouvé le moyen de donner le moindre renseignement sur les pays parcourus, sur les mœurs des populations rencontrées : son récit, long et détaillé, n'est qu'un journal fastidieux relatant les difficultés des transports et du ravitaillement, avec des dissertations sur les divers genres de véhicules et avec l'indication du nombre de milles « couverts » dans la journée. Est-il équitable de mettre en parallèle l'étude d'un explorateur de profession et le bavardage d'un simple touriste? Et, en retour, ne pourrait-on montrer combien plates et ternes sont la plupart des œuvres des écrivains militaires allemands, sans vues générales, mal composées, lourdement rédigées, et très terre à terre, tandis que les rares officiers anglais qui publient des articles ou des livres sur leur spécialité prennent les questions de haut, émaillent le texte de citations classiques, y glissent du Shakespeare, du latin, voire des vers grecs! Ceci est plus intéressant que cela et dénote une plus grande ouverture d'esprit, mais une possession moins complète du sujet, une moins grande intimité avec les détails, une attention moins méticuleuse, un labeur moins soutenu. Au surplus, cet argument encore ne prouve pas grand'chose, le nombre des officiers qui écrivent étant une infime minorité qui ne reflète pas forcément les aspirations de la collectivité. L'impression générale que donne l'ensemble, en dehors de ces cas particuliers, c'est que ce sont de vigoureux gaillards, qui ont du coup d'œil, de la décision, ce qui doit leur donner quelque autorité et leur permettre d'entraîner leur monde sur le champ de bataille. On sait assez (et les événements récents le prouvent) qu'ils ne boudent pas au feu et qu'ils sont les premiers à se faire tuer. Quant à savoir s'ils font de bonne besogne, c'est une autre affaire.

A la veille de la guerre du Transvaal, un ancien officier prussien écrivait, à ce sujet, dans la *Gazette de Francfort*, un article dont le passage suivant, entre autres, mérite d'être reproduit :

Les mêmes fautes (ignorance du service en campagne, négligences dans les reconnaissances) ont causé les grandes pertes des Anglais dans leurs guerres antérieures, sauf dans le cas où l'ennemi, par les lacunes de son armement, était pour ainsi dire sans défense, comme dans la dernière campagne du Soudan. Un major anglais que j'interrogeais sur ses prévisions pour la prochaine guerre du Transvaal me disait : « Elle se terminera, sans nul doute, à notre avantage, car nous avons des forces extrêmement supérieures à celles des Boers; mais elle nous coûtera d'énormes sacrifices en hommes, car il n'est que trop vrai que nos chefs ne comprennent rien à la guerre et que nos officiers ne savent pas ce que c'est que de conduire leurs troupes contre un ennemi bien armé. La capacité serait supérieure si, dans notre armée, la faveur jouait un moins grand rôle. Ce n'est pas le mérite, c'est la protection qui, dans la plupart des cas, décide de la nomination d'un homme à tel commandement élevé. Nos jeunes officiers entrent dans l'armée sans avoir la moindre idée du service. S'il leur arrive de partir tout de suite en campagne, ils se conduisent bravement, certes, mais ils savent à peine se retourner, et ne savent pas du tout que faire de leurs hommes ».

Avec la psychologie délicate et le rare bonheur d'expression qui sont la marque de son talent si distingué, Art Roë expliquait tout récemment[1] pourquoi l'officier anglais est si ignorant du soldat, auquel il s'attache peu, de l'instruction duquel il se désintéresse presque complètement. C'est que les bataillons stationnés dans la métropole « ne sont pas pour mener bataille ». Leur rôle a été jusqu'ici de recevoir les recrues et de les instruire en hâte pour les expédier bien vite aux bataillons qui servent outre-mer. Ils sont donc des salles d'attente adossées aux embarcadères des paquebots. L'éducation provisoire qu'on y dispense ne dépasse pas le premier rudiment; le commandement qu'on y exerce ne s'élève pas au-dessus d'un dressage ingrat et routinier. Le sol-

1. *Le Problème militaire anglais* (dans la *Revue Bleue* de novembre-décembre 1899).

dat quitte ses chefs avant d'avoir surmonté ce trouble physique et cette inquiétude nerveuse que cause la première application de la loi militaire; eux, ils voient sans plaisir s'embarquer cette infanterie sans jambes, à laquelle ils auraient voulu apprendre à marcher, mais à laquelle on ne demande que de se tenir debout.

Ce mouvement perpétuel qui pivote autour d'eux, cette fuite incessante dont ils sont les témoins, grandit, il est vrai, leur rôle, en faisant reposer sur eux seuls l'ensemble flottant de la chose militaire; mais ils la dénaturent en leur dérobant cette matière vivante, qui est à la fois l'objet de leur enseignement et le gage de leur propre instruction. Ne pouvant donner l'exemple, les officiers anglais se contentent de donner le ton; aux troupiers malappris, ils se présentent avec la raideur aisée de l'homme du monde et fondent leur autorité non sur une valeur professionnelle démontrée et reconnue, mais sur une simple différence de caste, sur la distance qui sépare ou qui paraît séparer le gentleman de l'ouvrier. Leurs vies correctes et chères se passent en exercices de places d'armes, en sports athlétiques, en plaisirs de musique ou de table goûtés dans leurs mess luxueux. Ni la vigueur physique, ni le dévouement à la souveraine, ni la conception noble de leur métier, ne leur font défaut, mais bien ce métier lui-même, qui n'est plus que convention, que figuration, qui ne mérite pas d'étude, qui n'inspire pas d'amour, et qui n'est enfin que la rencontre paradoxale d'hommes étrangers les uns aux autres dans une vie d'effort mutuel et de travail commun. Les conditions du recrutement s'ajoutent à celles du service pour les tenir éloignés de leurs soldats et pour leur refuser cette joie morale, accordée aux officiers du continent, de manier la pâte nationale et de la former.

Privé de cette jouissance, l'officier anglais mène sa troupe de très haut. Dans un très intéressant récit [1], d'un

1. Publié par la *Revue des Revues* (septembre-novembre 1899).

séjour qu'il fit, en 1898, au camp d'Aldershot, le capitaine de Malleray compare très justement sa conduite à celle d'un grand seigneur avisé qui fait exploiter ses terres par un corps d'intendants fidèles et bien traités et par des contremaîtres entendus, dont il contrôle le travail, quand... quand il est consciencieux. Cette restriction donne à penser qu'il ne l'est pas toujours. Il lui arrive de négliger les plus essentiels de ses devoirs professionnels et, en particulier, l'étude. Le même pénétrant observateur ne nous dit-il pas de cet officier qu'il aime généralement mieux « surmener ses muscles plutôt que sa pulpe cérébrale » ; qu'il a des écuries de polo bien montées, mais des bibliothèques mal approvisionnées ; qu'il fréquente les *courts* de tennis plus volontiers que les salles de lecture ; qu'il préfère les matchs aux examens, et les *horses plays* ou la boxe aux conférences?

Aussi n'est-il guère préparé à la solution des problèmes d'art militaire. Le programme des écoles spéciales est peu chargé, et on n'est pas très exigeant aux examens d'admission et de sortie. On ne l'est pas, parce qu'on ne peut pas l'être : les candidats font défaut. Pour entrer à Woolwich, il suffit de se présenter, car il y a moins d'inscriptions que de places. Même pour Sandhurst (le Saint-Cyr anglais), où les études sont infiniment plus faciles, le nombre des concurrents n'est que le triple du nombre des places. Les élèves de cet établissement reçoivent leur brevet de sous-lieutenant après une année scolaire qui ne représente guère que huit mois de travail effectif. C'est peu pour faire d'un écolier un officier. Aussi est-on obligé de perfectionner cette instruction au régiment[1]. Mais elle n'est jamais poussée bien loin, et

1. Il en est de même d'ailleurs pour tout le monde. En sortant du collège, fût-ce même des Universités d'Oxford ou de Cambridge, le jeune Anglais sait qu'il a beaucoup à apprendre, et il

la généralité est dépourvue de culture et de curiosité intellectuelle. En même temps elle reste ignorante de ce qui, dans certains pays, trompés par je ne sais quelles théories égalitaires, est regardé comme l'essence même de la profession. Je veux parler de vétilles comme l'astiquage ou la décomposition du maniement des armes, dont nous voulons, en France, que les officiers possèdent la pratique. N'a-t-il pas été tout récemment question de changer le mode de recrutement de nos sous-lieutenants d'infanterie et de cavalerie? Sous quelque spécieux prétexte (c'est l'exiguïté des bâtiments de Saint-Cyr, je crois, qu'on mettait en avant), un de nos ministres de la Guerre a songé à verser les élèves de cette école dans les régiments et à leur faire passer la première année, sinon mêlés à la troupe, tout au moins en contact avec elle. Cette idée a soulevé de graves objections. Il n'est pas nécessaire que l'officier soit tout à fait de la même essence que le soldat. Il est même avantageux, dans les pays, du moins, qui ont conservé l'esprit féodal, de ne pas gaspiller ce qu'il en reste de prestige pour la classe privilégiée. Voilà pourquoi le maréchal de Moltke a pu dire que l'Angleterre, en abolissant la vénalité des grades, se privait de ce qui restait de bon dans son établissement militaire.

Mais les mœurs ont maintenu la barrière qui avait été enlevée : l'officier anglais est resté gentleman. En même temps, il porte, dans l'accomplissement de ses devoirs, certaines parties de l'esprit pratique de sa race, de cette race qui comprend à merveille les précieux avantages de la division du travail. Un négociant de la

perfectionne peu à peu son instruction, par une étude patiente de tout ce qui se rapporte à la profession qu'il a choisie. Il n'est pas comme le Français, qui. une fois en possession de son diplôme de bachelier, renonce à cultiver ses facultés et se contente de remplir la place qu'il occupe.

Cité ne peut s'empêcher de rire en nous voyant écrire nous-mêmes ce que nous pourrions tout aussi bien dicter à un secrétaire ou enregistrer dans un phonographe. Coller des timbres-poste sur une lettre, classer sa correspondance, discuter avec un client, tout cela lui semble une besogne qu'il faut laisser aux sous-ordres le soin de faire, pourvu qu'ils en soient capables, et ils le seront si on se donne la peine de les dresser et si on ne craint pas de les payer ce qu'ils valent.

Les sous-officiers anglais[1] sont précisément d'excellents serviteurs qui, étant parfaitement à leur place, s'acquittent à merveille de la mission importante qui leur est confiée. Si je ne me trompe, ils peuvent être donnés comme modèles même aux Allemands, auxquels ils sont supérieurs par le rôle qu'ils jouent dans l'organisme militaire, en vertu même de cette indifférence que les hauts grades professent pour les petites corvées du métier. Bien que les officiers non mariés logent à la caserne, on ne les y voit guère. Ils s'empressent de se débarrasser des obligations du service et, dès qu'ils le peuvent, ils quittent l'uniforme, pour lequel ils ont une invincible répugnance.

Elle procède, je le veux bien, d'un sentiment honorable : l'horreur de la livrée, qu'on rencontre un peu dans toutes les classes de la société en Angleterre. Mais ce qui se comprend chez l'employé de chemin de fer ou le conducteur d'omnibus est irrationnel chez le soldat, dont la profession est la plus glorieuse de toutes, dont la vie est faite de dévouements obscurs et de dangers de tous les jours. Au point de

1. Ceux-ci se nomment, d'ailleurs, *non commissioned officer*, c'est-à-dire « officiers sans brevet ». Ils portent le *sash*, l'écharpe amaranthe des officiers, mais en sens inverse : de l'épaule gauche à la hanche droite. Ils vivent non dans des cantines sordides, mais dans des mess comparables à nos cercles militaires les mieux tenus. Tous ces avantages contribuent à donner à ce personnel subalterne une haute situation, très justement enviée et considérée.

vue de la considération de l'armée, point de vue si important quand on doit avoir recours uniquement aux engagements volontaires, le dédain ouvertement professé par les officiers pour l'uniforme est un réel danger.

Ainsi s'exprime le volontaire dont M. Georges Tricoche nous a déjà communiqué la correspondance. Ses lettres nous montrent combien peu les chefs tiennent à faire acte de présence au corps. « Notre colonel, dit-il, est un mythe que vous chercheriez vainement ailleurs que sur l'*Annuaire*... ou à Aix-les-Bains ; il faut vous dire qu'il a des rhumatismes. » Les autres officiers, on les voit prenant part aux parties de cricket ou de football ; on les voit aussi, les jours de fête, aux grandes solennités religieuses ou militaires, allant à la chapelle avec leur famille et assistant aux mêmes offices que la troupe ; car ils ne craignent pas de se mêler à celle-ci, sachant bien qu'ils n'ont, de sa part, aucune familiarité à redouter. Avec leur famille aussi, ils honorent de leur présence les distributions des prix de tir, des prix de bonne conduite, des galons de « premier soldat ». Mais leur rôle se borne à peu près à assister à ces cérémonies. Ils sont pour la représentation et laissent aux gradés subalternes le soin de former les soldats, de régler le service, de maintenir la discipline.

Aussi n'avons-nous pas à trouver étonnant que le *sergeant-major* (qu'on appelle aussi *warrant-officer*), soit à la caserne un très gros personnage. Aussitôt qu'on voit briller, dans le lointain, les quatre chevrons et la couronne d'or qui ornent sa manche droite, le sergent de garde s'inquiète, le *pionner-sergeant* active le balayage de la cour, les plantons deviennent plus raides encore que de coutume, et les sentinelles donnent la chasse, avec une énergie farouche, aux désœuvrés qui se pressent, curieux, à la grille de la caserne. Ce sous-officier, nommé par le Secrétaire d'Etat de la Guerre, jouit du privilège de ne pouvoir être puni par personne au régiment, pas même par le chef de corps! La cour martiale, seule, peut le frapper. Il occupe donc une position fort enviable, et il représente véritablement ce qu'on appelait autrefois un bas officier. Au point de vue matériel, comme au point de vue moral, il n'a pas à se plaindre. Il est bien payé, confortablement logé; il vit très indépendant, très tranquille. Il jouit généralement de l'entière confiance de ses chefs, de l'estime parfaite de ses inférieurs. M. Georges Tricoche nous fait assister à une scène bien topique à cet égard. C'est la fête donnée au mess le jour où le *sergeant-major*, quittant le régiment, reçoit les adieux (et les cadeaux) de ses supérieurs et de ses camarades.

Il rentre dans la vie civile après trente années passées au South-Surrey; veuf, sans enfants, il va se retirer dans son pays, une bourgade d'Ecosse, où ses 2.250 francs de pension lui permettront de vivre en grand seigneur... et peut-être d'acheter un château sur ses économies. Il sera très regretté ici, où « grâce à son impartialité, il ne comptait que des amis », comme le dit le lieutenant-colonel, dans l'ordre d'adieu qu'il lui a adressé ce matin.

Donc, à deux heures, tous les *non-commissioned officers*, auxquels s'étaient joints un capitaine et l'adjudant-major, lui ont offert, dans la salle du mess, une théière et un « crémier » d'argent, gravés à ses initiales...

Les sergents sont nombreux et, par suite, peu chargés de besogne. Leur paie journalière est de 3 francs; les retenues la réduisent bien à environ 2 francs (indemnité due au brosseur, cotisations pour le cercle, pour la salle de lecture, le tir, le cricket, etc.); mais enfin il leur reste chaque mois une cinquantaine de francs à mettre de côté ou à consacrer à leurs fantaisies. Les sous-officiers mariés ont de véritables appartements de deux, trois, quatre pièces. Enfin leur vieillesse est assurée, car de nombreux débouchés leur permettent de vivre à l'aise tant qu'ils peuvent rendre des services.

Parmi ces débouchés, c'est à peine si on doit compter les lieutenances. Bien peu de sous-officiers, en effet, arrivent à « décrocher » l'étoile d'officier. Il n'y a guère que le train ou l'intendance qui se recrutent dans les rangs. C'est tout au plus si les régiments y vont chercher des quartiers-maîtres, des payeurs, des instructeurs d'équitation. Ces emplois spéciaux sont d'ailleurs bien rétribués : un *quarter-master* touche près de 20 francs par jour, et il se retire avec le grade et la pension de major.

En général, on quitte le service actif pour occuper un emploi civil ou pour être affecté au cadre permanent des volontaires. Mais c'est surtout l'Inde, terre promise du fonctionnarisme, qui offre aux gradés les plus belles perspectives, avec les hautes paies, les installations princières, les facilités de toutes sortes réservées aux employés des différents services. Ne dit-on pas que, dans cette colonie, un garde-magasin de l'*Ordnance Department* mène une existence plus enviable qu'un major dans la métropole ?

L'ensemble de ces mesures assure à l'Angleterre un corps de sous-officiers hors ligne[1], par l'application judicieuse du principe connu qui consiste à mettre *the right man in the right place!* Chez nous, on tourne sans succès autour de la solution du problème, parce que nos sergents sont le plus souvent des déclassés,

1. Particularité notable. Ces excellents serviteurs, si considérés et si respectés, la troupe ne les salue pas. Faut-il voir là, demande le capitaine de Malleray, une façon discrète de leur faire sentir que, si voilé qu'il soit, le fossé qui les sépare de la situation supérieure n'en est pas moins infranchissable, ou presque ?

les meilleurs étant impatients d'arriver à l'épaulette et ne se sentant pas bien dans le poste qu'ils occupent. L'inquiétude de l'avenir hante, d'autre part, ceux d'entre eux qui n'ont pas d'aussi hautes ambitions. On ne leur offre dans les administrations civiles que bien peu d'emplois, et dont beaucoup ne sont guère reluisants ; aussi redoutent-ils qu'il leur faille, sans avoir de position assurée et sans posséder la pratique d'aucun métier, quitter l'armée à un âge où, encore en état de travailler et de gagner leur vie, ils ne trouveront aucun emploi à exercer, à moins d'en faire l'apprentissage dans des conditions souvent humiliantes. Il en résulte que si, en France, la loi du service obligatoire fournit des éléments nombreux et excellents, ils sont mal encadrés et, partant, mal utilisés, en dépit de la valeur et des efforts vraiment exagérés du corps d'officiers, tandis qu'en Angleterre on tire un parti convenable des ressources pourtant médiocres que donne le racolage. Malheureusement la qualité n'est pas tout, et la quantité fait défaut.

On cherche bien à augmenter l'effectif. Le Parlement a voté, en 1897, les crédits qu'il croyait nécessaires pour obtenir cet accroissement qui, en 1901, doit s'élever à 26.000 hommes. Malheureusement on n'arrive pas à obtenir le contingent de recrues nécessaires. On a eu beau faire son possible pour rendre l'armée plus populaire, pour exciter le zèle des agences de recrutement, pour procurer des avantages aux soldats, soit pendant la durée de leur service, soit après leur libération, il a fallu non pour atteindre le chiffre demandé, mais pour s'en approcher (on voulait 50.000 recrues, en 1898, et on n'en a eu que 40.000), il a fallu, dis-je, abaisser le minimum de la taille réglementaire. La proportion des hommes qui avaient été incorporés sans l'avoir atteinte était déjà de 18 0/0 en 1896. Elle s'est élevée à près du double (34 0/0) en 1898. Auparav quand il se présentait des sujets dont le dévelop ment physique était insuffisant, on les classait pr soirement dans la milice; maintenant, pour fa nombre, on les admet directement dans l'armée ré lière. Celle-ci se trouve donc plus forte, sur le papi mais c'est au détriment des troupes de deuxième lig Au surplus, voici les chiffres : Au 1er janvier 18 l'armée régulière comptait 213.555 hommes ; la rése 32.805 ; la milice, 112.541. Le total était de 408.900. 1er janvier 1899, l'armée régulière comptait 222.3 (soit un gain de 8.818) ; mais la réserve était tombé 78.798, et la milice à 107.753, si bien que, en définiti l'accroissement de l'effectif total de l'armée britanniq s'est accru, en quatre ans, de *vingt-quatre* unités !

Aussi le généralissime a-t-il demandé et fini p obtenir, nous l'avons vu, qu'on augmentât la solde soldat.

On sera obligé de le faire dans un avenir prochain, disait- et le plus tôt serait le mieux. Le peuple anglais se targ volontiers d'être un peuple pratique, un peuple d'affaire si c'est vrai pour les individus, le Gouvernement, lui, a so vent des vues singulièrement étroites en ce qui concer l'armée; ses procédés financiers à l'égard de celle-ci résument parfois en des économies de *pence* et des dépens de livres sterling[1]. A l'heure actuelle, il procède, comm certains constructeurs peu scrupuleux qui emploient de matériaux de rebut; le résultat est aisé à prévoir.

1. Parlant de l'insuffisante instruction des réservistes qu'on n convoquait jamais, par raison d'économie, lord Wolseley disa encore que c'était agir comme le ferait un homme qui, ayan acheté une pompe à incendie de grand prix, reculerait devan une dépense annuelle de quelques shellings d'huile pour assure le bon fonctionnement de cet engin. Les événements ont prouv que les objurgations pressantes du généralissisme n'étaient poin inopportunes. Il semble qu'on veuille pourtant lui faire porter l responsabilité des échecs qui se sont produits.

III

La faiblesse numérique de l'armée permanente préoccupe depuis longtemps une nation extrêmement jalouse de sa puissance et qui ne sait jusqu'à quel point elle peut compter sur la sécurité de ses côtes. Ses généraux lui disent qu'elle a tort de se croire invulnérable et de se fier au large « fossé plein d'eau » qui l'entoure. En 1888, dans une conférence faite à la *Royal United Service Institution*, le même lord Wolseley affirmait qu'une flotte de 150.000 tonnes suffirait à transporter une armée de cent mille hommes. Or, à cette époque, en recourant aux bâtiments du commerce, la France eût pu disposer de plus de mille vapeurs jaugeant ensemble près de 500.000 tonnes. Mais il faut remarquer combien serait précaire la situation de cent mille ennemis débarqués sur le littoral d'une île peuplée de gaillards vigoureux et patriotes, et pourvue, d'autre part, de toutes les ressources que donnent une industrie florissante et d'immenses richesses naturelles, sans compter l'habitude de l'initiative et l'exercice de la concurrence. Toutes les forces vitales du pays se retourneraient contre les envahisseurs, que rattacheraient seules au continent, c'est-à-dire à leur vraie base d'opérations, les communications maritimes, toujours incertaines et fragiles. Ne se trouveraient-ils pas comme isolés entre la mer et un cercle d'ennemis résolus à se défendre? S'il est vrai, d'ailleurs, qu'une flotte de 150.000 tonnes puisse transporter cent mille combattants, on ne saurait dire qu'elle peut débarquer une armée de cent mille hommes, car ni le matériel, ni les approvisionnements nécessaires à cet effectif n'y trouveraient place. Or, qu'est-ce qu'une armée sans ses accessoires sans ses services auxiliaires, sans ses réserves de munitions et de vivres, surtout si le service des ravitaillements est à la merci d'une tempête? Qu'un coup de main puisse être tenté contre la Grande-Bretagne qu'une petite troupe déterminée soit subrepticement débarquée à proximité de quelque grande ville d'Angleterre pour la bombarder, la terroriser et s'en emparer sauf à ne pas s'y maintenir et à reprendre ensuite la mer, de telles audaces seraient assurément permises et on en pourrait attendre d'assez considérables résultats. Le général Niox admet qu'une vingtaine de vapeurs pourraient, en quelques heures, jeter sur la côte anglaise un petit corps d'armée pour exécuter une sorte de *raid* dont l'exécution inquiéterait les populations, déconcerterait le Gouvernement et paralyserait même les mesures militaires, si les voies ferrées étaient endommagées, les ouvrages d'art détruits, les arsenaux menacés. Quant à faire agir des masses, il ne semble pas qu'il y ait à redouter cette éventualité. Napoléon a renoncé à la descente qu'il comptait effectuer ; et, depuis lui, les torpilles, les chemins de fer, les canons à longue portée, le télégraphe ont donné plus à la défense que la création de la marine à vapeur et l'adoption du cuirassement n'ont donné à l'attaque[1].

L'Angleterre n'a besoin de son armée que pour soutenir une lutte en quelqu'une de ses nombreuses colonies. Elle n'est vulnérable que dans ses possessions lointaines, en Asie ou en Afrique, dans l'Inde ou en

1. Les événements du Transvaal montrent bien ce qu'est la situation d'une armée, fût-elle numériquement considérable, qui se trouve avoir à dos la mer, avec un adversaire résolu et instruit en face de soi. Notez qu'un corps expéditionnaire, débarqué sur le littoral anglais, n'aurait pas la ressource que les territoires du Cap offrent aux troupes britanniques, puisqu'elles y ont trouvé des ports, des points d'appui, des refuges.

Egypte ; comme Achille, qu'on blessa en l'atteignant au talon et qu'on n'eût pas blessé en visant à la poitrine, c'est à ses extrémités qu'on cherchera à la frapper plutôt qu'à son cœur même. La métropole n'a pas grand'chose à craindre, et elle peut se dégarnir de ses forces permanentes au profit des expéditions continentales ; elle le peut d'autant mieux qu'elle possède, pour assurer la garde du territoire, des troupes de deuxième et de troisième ligne. Je veux parler de la milice (dont la *yeomanry* fait partie) et des volontaires, qui, je le crois, seraient capables de tenir en respect une agression. Ce ne sont pourtant pas des forces bien redoutables, car tous les écrivains militaires estiment que la milice pourrait, au moment venu, fournir des recrues « passables » à l'armée active, qu'elle pourrait « dans une certaine mesure », suffire au service des places et des côtes, mais que l'instruction militaire, la tenue, la taille, la force physique, la résistance générale de ces miliciens, « sont déjà de second et de troisième ordre », que les volontaires, enfin, « pour la plupart mal armés, mal équipés, mal commandés, mal exercés », sont inférieurs de tous points à n'importe quelle force régulière du continent. Malgré l'unanimité de ces critiques, je persiste à penser que, même en face d'adversaires aussi insuffisants, un débarquement serait la plus téméraire des entreprises, la plus dangereuse folie, et je comprends que John Bull se sente à l'abri de toute invasion. Mais pourquoi alors, soit dit en passant, repousse-t-il avec tant d'obstination le percement d'un tunnel sous la Manche? N'est-il pas évident que la capacité de transport d'une voie ferrée est inférieure à celle d'une flotte, que les débouchés d'un chemin de fer, on les tient, alors qu'on ignore sur quels points s'opérerait un débarquement? D'ailleurs, un geste ne suffirait-il pas pour couper le cordon nourricier qui relierait à la mère-patrie un corps français amené à Douvres en wagons, si tant était qu'il y arrivât? La terreur qu'inspire au Parlement anglais l'ouverture d'une voie d'accès sous-marine n'est-elle pas la preuve de son peu de confiance dans son armée? N'est-elle pas un éclatant indice de faiblesse? Le pays en a conscience; la prudence l'a poussé à fuir toutes les occasions de faire « donner » cette armée alors que d'autres les rechercheraient. Des exemples récents nous ont appris que, même en présence d'adversaires assez méprisables, les petits-fils de Wellington comptent plus volontiers sur l'âne de Philippe et sur son chargement d'or que sur l'élan de leurs troupes. On a fait justement remarquer qu'on ne saurait beaucoup les en blâmer : le prestige militaire est chose si délicate qu'il est toujours prudent de ne pas l'exposer sans nécessité [1]. « A quoi bon payer du sang d'un seul homme ce qui peut s'acquérir avec une liasse de banknotes? Les économistes d'Outre-Manche ne démontrent-ils pas qu'un fantassin de Sa Majesté représente un capital de 300 guinées? Que de pachas on achèterait à ce compte, avec la monnaie d'un bataillon »!

Sir Garnet Wolseley, auquel justement on a reproché d'avoir beaucoup fait ce raisonnement et d'en avoir poussé les conséquences peut-être un peu trop loin, s'est justifié en insistant avec une énergie particulière sur l'insuffisance des forces militaires du Royaume-Uni.

L'armée anglaise, dit-il, a un effectif si faible, relativement à la besogne dont elle est chargée, que tout devrait y être de premier choix : choses et gens. Pour le personnel, on a vu ce qui en est. Le matériel, lui, n'est pas moins défectueux. Avec une administration conforme aux exigences

1. Qui sait si ce n'est pas sous l'aiguillon de railleries de ce genre que s'est éveillé le jingoïsme anglais? Le règne pacifique de Louis-Philippe ne nous a-t-il pas jetés, par une réaction très naturelle, dans les guerres du second Empire?

purement militaires en même temps qu'aux règles du sens commun, il n'y aurait pas d'armée, en Europe, qui fût composée de meilleurs éléments et pourvue de meilleures armes. Ce n'est pas le cas actuellement.

On sait à quoi l'honorable général faisait allusion. Au surplus, l'histoire a été contée trop agréablement par M. Max Leclerc pour que nous ne lui laissions pas la parole.

C'était en 1890. Toutes les armées du monde s'armaient alors du fusil à répétition. Le secrétaire d'Etat à la Guerre réunit ses principaux collaborateurs du *War Office*, tous officiers, et leur dit : « Il faut que, nous aussi, nous ayons notre fusil à répétition. Nous avons sous la main différents modèles qu'on nous a soumis : examinez, expérimentez et choisissez le meilleur ». Les officiers se mettent à la besogne, mais, tous se reconnaissant incapables d'en venir à bout, ils s'adjoignent un civil, un spécialiste, un fabricant d'armes : « De tous vos modèles aucun n'est bon, leur dit cet honnête industriel. — Ah !... Eh bien ! indiquez-nous un bon système. — Voilà... le mien ». On adopte le modèle du conseiller civil, on en fabrique 15.000 répliques, et, quand le fusil passe des mains du fabricant dans celles de Tom Atkins, on s'aperçoit qu'il ne fonctionne pas.

Cette anecdote donne une piètre idée de la valeur des comités techniques ; elle donne aussi la clef de quelques énigmes. On est frappé en songeant aux erreurs industrielles commises par les militaires dans une nation où l'industrie est si intelligente, si active : on reste confondu de ce qui parfois leur manque de sens pratique, alors que ce sens est si développé chez leurs compatriotes. Ceci tient à ce qu'ils ne se sentent pas perpétuellement sous la menace d'un danger. On s'abandonne, on se laisse aller; on ne se reprend qu'a jours de panique, lorsqu'une circonstance impérieu fait songer à la guerre. Alors que les autres peuples o une armée afin de pouvoir se battre, il y a des momen où il semble que l'Angleterre veuille uniquement e avoir une pour... pour faire comme tout le monde! Se officiers ne songent pas obstinément au progrès; il s'occupent accessoirement des devoirs de leur profes sion. L'opinion publique, de même, ne s'intéresse qu par boutades aux choses militaires, au lieu d'y appor ter une attention soutenue.

Telle était l'indifférence professée dans le Royaume-Uni pour la préparation des troupes à une guerre continentale qu'il a attendu 1898 pour faire exécuter des grandes manœuvres à son armée. Avant cette année-là, on se contentait des évolutions qu'on pouvait faire dans les camps d'instruction, comme ceux d'Aldershot, de Curragh et de quelques autres centres militaires. Ce n'est pas sans grandes hésitations que le Gouvernement demanda, ce n'est pas sans beaucoup de peine que le Parlement accorda le droit de réquisition sans lequel il est impossible d'effectuer des exercices qui rappellent les opérations de la guerre. De l'argent, on n'en aurait sans doute pas marchandé. Mais il s'agissait de porter atteinte à la propriété privée, et on sait assez quel respect religieux les Anglais professent pour la liberté individuelle; on se rappelle la difficulté qu'on éprouve en ce pays pour obtenir la faculté de prononcer des expropriations légales. La création des chemins de fer, l'isolement des édifices, une foule d'œuvres utiles sont contrariées par ce fétichisme presque exagéré des intérêts particuliers. Or il fallait que le commandement ne fût pas entravé, qu'il pût faire traverser par les troupes — moyennant indemnités, bien entendu, — n'importe quels terrains, sans avoir à s'assurer au préalable de l'assentiment des propriétaires ; il fallait qu'on pût commettre tels dégâts que comporte la mise en état de défense des localités, que l'autorité militaire eût la possibilité d'interdire au public certaines voies de communication et de subordonner à ses commodités tout le trafic de la contrée sur laquelle les évolutions auraient lieu. Une telle détermination n'aurait peut-être jamais été prise, si la nation n'avait été saisie d'un revenez-y de chauvinisme, sans les bouffées d'impérialisme qui ont soulevé les âmes, sans les bardes officiels et les autres poètes sans mandat qui ont joué les Tyrtée et dont les lyres retentirent d'hymnes agressifs, au lieu de moduler les cantilènes sentimentales dont elles avaient jusqu'alors l'habitude. Il y avait de la poudre dans l'air.

C'est pourquoi le pouvoir législatif édicta l' « act » réclamé par l'exécutif; c'est pourquoi aussi, quand les manœuvres eurent lieu, en septembre 1898, et qu'une cinquantaine de mille hommes se trouvèrent réunis à proximité de Salisbury, où l'Administration de la Guerre possède de vastes terrains, les habitants montrèrent un empressement indescriptible, un enthousiasme belliqueux auquel on ne se serait certes guère attendu de la part d'une population assez froide, en général, et industrielle, commerçante, agricole, plutôt que guerrière. Les paysans distribuèrent avec libéralité aux troupes de l'eau, du lait, de la bière, dont celles-ci avaient le plus grand besoin. Les citadins rivalisèrent avec les campagnards. Les villes étaient en fête. Les rues pavoisées regorgeaient de monde. La revue finale attira des milliers et des milliers de spectateurs. Cette solennité prenait le caractère d'une première représentation et avait le charme de la nouveauté.

Tout ce beau feu tomba bien vite. Après qu'on a été ébloui par l'éclat des fusées et le tournoiement étincelant des soleils, on ne retrouve plus que des baguett calcinées et la carcasse bête, inerte, noircie, des pièc d'artifices. Le lendemain de l'enthousiasme fut d mécontentement. La presse anglaise, la presse étran gère, signalèrent bien des défectuosités, dont certaine fort graves; au milieu des éloges que le command ment décerna, de dures critiques se glissèrent [1]. Quan aux intéressés, aux patients, — c'est les soldats que j veux dire, — ils se plaignirent de la façon dont on le avait traités.

Et pourtant, on l'a vu déjà, la préoccupation constante de leur bien-être avait entravé les combinaisons des généraux. Un détail montrera ce que ce souci apportait de difficultés au maniement des colonnes. Tom Atkins n'aime pas à coucher à la belle étoile : il tient à dormir sous la tente. On avait donc à traîner journellement quatre mille tentes, à raison d'une pour douze ou treize hommes [2]. On n'ignore pas le poids considérable, même quand ils sont secs, de ces abris faits en toile à voile épaisse et imperméable. Ayant à en assurer le transport, on n'a pu se contenter des véhicules de l'armée, et il a fallu réquisitionner ou louer à des entrepreneurs des voitures de toutes sortes, depuis les plus élégantes, attelées de beaux chevaux, jusqu'aux « guimbardes » les plus invraisemblables, tirées par des haridelles étiques. On a formé ainsi d'interminables convois où l'élément civil l'emportait de beaucoup sur l'élément militaire. Le personnel réquisitionné, les charretiers de louage étaient peu au courant des mœurs de l'armée ; l'insubordination, l'ivro-

1. « Pas d'initiative parmi les subalternes, mauvaise organisation des services de l'arrière, écrivait l'*United Service Gazette*. L'effet des manœuvres a été si piteux sur l'esprit des populations, que les districts où on manœuvrait sont définitivement perdus pour le recrutement ».

2. Voir ci-dessus, page 45.

gnerie, l'inexactitude, étaient les péchés mignons de tout ce monde-là. Aussi eut-on plus d'une fois à attendre pendant des dix heures l'arrivée des précieuses tentes, malgré que les charrois fussent neutralisés, c'est-à-dire autorisés à traverser les troupes combattantes, au grand détriment de toute vraisemblance.

L'obligation de camper avait rendu très difficile le ravitaillement en eau. Pour être sûr d'en avoir, on avait dû fixer à l'avance toutes les localités qui seraient occupées chaque soir par les troupes, et, de ce côté, tout avait dû être prévu, ce qui est encore le contraire de ce qui se passerait dans la réalité. Malgré tant de précautions, malgré le concours du « Corps royal » qui, chargé du service des ponts, de la télégraphie, de l'aérostation, trouva encore le moyen de s'employer activement au ravitaillement en eau, malgré la généreuse initiative de la population qui, nous l'avons vu, s'efforça d'y contribuer pour une large part, Tom Atkins ne cessa de geindre. Ah ! il n'est pas facile à contenter, le bonhomme ! Autant qu'à boire il tient à manger du bœuf frais ! Aussi ses doléances ne cessèrent-elles pas tant que durèrent les opérations. Au rebours des soldats vraiment militaires, qui préfèrent la vie en plein air, avec tous ses désagréments, à l'existence tranquille de la caserne, il ne témoigna de vraie joie qu'au moment de la dislocation. En rentrant dans sa garnison, il poussa un gros « ouf » ! de satisfaction.

Les officiers, naturellement, ont des exigences comparables à celles de la troupe. Ils se font suivre d'un matériel considérable pour leur mess. Chacun d'eux a droit à 80 livres de bagages, c'est-à-dire près de quatre fois plus que chez nous, où il n'est concédé qu'un poids de 12 kilogrammes. La question des transports est, pour l'armée anglaise, une question vitale : on se rappelle que les troupes du général Roberts, en

Afghanistan, emmenaient huit valets d'armée pour neuf combattants. Quels terribles impedimenta! Et quelles conceptions stratégiques peuvent s'accommoder d'aussi lourdes colonnes? Les interminables files de voitures qui formaient les convois aux manœuvres de 1898 ne tardèrent pas à défoncer complètement les routes crayeuses qu'elles traversaient. Il s'y creusa de profondes ornières qui rendirent la traction extrêmement pénible, et, le soleil dardant, la poussière s'élevant, nombre de chevaux tombèrent sur le chemin pour ne plus se relever.

Les officiers ne se montrèrent pas à leur avantage. On trouva que, dans tous les grades, ils avaient une attitude négligée, que leur commandement était mou, qu'ils semblaient, sans doute par crainte de mécontenter leurs subordonnés, ne pas attacher une importance extrême à l'exécution des ordres qu'ils donnaient. A en croire un officier allemand qui les a vus à l'œuvre, ils ne tiennent aucun compte de la nature du terrain sur lequel ils manœuvrent, et chaque opération de manœuvre anglaise, avec son infanterie qui tire toujours des feux de salve et dédaigne héroïquement de se couvrir, vous reporte au temps de la bataille de Waterloo, la seule bataille peut-être que les officiers étudient, s'ils veulent se donner quelque idée de la tactique. L'histoire militaire, un de leurs compatriotes ne craint pas d'avouer qu'ils l'ont en horreur. « Or, comme, en dehors de leurs guerres contre les Afridis et les Soudanais, ils n'ont aucune occasion d'apprendre pratiquement; comme le dressage du soldat à l'exercice ne présente pas davantage d'occasion d'acquérir la science tactique; comme de plus l'officier anglais s'applique très soigneusement à laisser de côté tout ce qui sent le militaire en dehors des heures d'exercice, et comme il borne son étude à quelques-unes des anciennes batailles des guerres anglaises, il ne faut pas s'étonner que déjà, sur un champ de manœuvre, il joue un rôle douteux quand il est observé par un œil vraiment militaire. En somme, ces messieurs jouent au soldat. Ce sont des gentlemen, dont l'allure, l'indifférence, pendant les heures de service, dont l'existence en dehors du service, marquent bien clairement qu'ils n'endossent l'uniforme qu'à cause du titre d'officier, et parce que tel est l'usage des fils de bonne famille ». De son côté, le premier commandant de l'armée du Transvaal émettait dans le *Broad Arrow* des opinions pessimistes dont il ne devait que trop éprouver la justesse devant les gués de la Tugela.

L'infanterie, écrivait-il (d'après le résumé de M. Art Roë), l'infanterie ne sait pas manœuvrer en campagne; les officiers s'en tiennent au mécanisme rigide du règlement, aux alignements, aux intervalles, et n'assouplissent pas les formations au gré des accidents du terrain. Le tir lui-même manque de liberté, de spontanéité; le soldat tire en automate, au commandement; les officiers sont enclins à ne combattre que par feux de salve, comme faisaient leurs grands-pères à Waterloo. La cavalerie ignore la tactique des autres armes et manque d'habileté dans le service des reconnaissances; cette insuffisance de notions se traduit pour elle, comme il arrive fatalement, par la timidité et par l'inaction. L'artillerie, un peu mieux instruite peut-être, n'a pas été non plus irréprochable et s'est mise plus d'une fois dans le cas d'être masquée et d'être réduite au silence par la marche avançante de l'infanterie. Mais, par-dessus tout, du haut en bas de la hiérarchie, manque d'activité, d'objectivité, de liberté...

D'aussi sévères appréciations ne pouvaient plaire beaucoup au jingoïsme. Aussi les manœuvres de 1899 ne semblent-elles pas avoir excité un enthousiasme comparable à celui qu'on avait remarqué l'année précédente. En vain y a-t-on fait participer seize bataillons de milices pour avoir l'occasion de dire aux milicie qu'il y avait très peu de différence entre eux et l soldats de l'armée régulière. En vain l'imminence d événements du Transvaal avait-il échauffé les espri Les opérations qui se sont déroulées autour de Sali bury[1] n'ont pas eu une bonne presse. Il est probab qu'après avoir obtenu un succès de curiosité elles rencontreront plus désormais que de l'indifférence. I public anglais, je le répète, ne s'engoue des chos militaires que par caprice.

Il se trouve alors que les questions sont résolues, a hasard des événements, tantôt avec un grand savoi tantôt sans discernement : tombe-t-on sur une bonn solution, comme pour le fusil Martini-Henry, c'est par fait ; mais on risque (et nous en avons vu la preuve de ne pas toujours avoir la main aussi heureuse. L'espri de suite manque à la direction supérieure.

Nous avons signalé l'insuffisance de celle-ci. D grandes qualités personnelles rachètent, à la vérité bien des défauts ; mais rien ne supplée à l'application, à l'assiduité, à la conscience ; et si on peut beaucoup pardonner à des gens en faveur de leur bravoure[2] ou de leur patriotisme ou du sentiment très élevé qu'ils ont de l'honneur et de leur dignité, on ne doit pas

1. On y revient toujours, parce que le *War Office* y possède un vaste emplacement, qui vient encore d'être augmenté tout récemment du domaine de Netheraven, acheté par l'État, au prix de deux millions et demi, au chancelier de l'Échiquier, sir Michael Hicks Beach.

2. Je lis ce passage très frappant, dans l'article que j'ai déjà cité de la *Gazette-de Francfort :* « Un officier anglais me disait un jour qu'il estimait incompatible avec sa dignité de s'agenouiller ou de se mettre à plat ventre devant le feu de l'ennemi ; il estimait que c'était un signe de crainte. Les nombreuses pertes d'officiers pendant les dernières campagnes contre les Boers et les Afridis, les défaites mêmes dans la guerre de 1881 contre le Transvaal, ont été le résultat de ce courage louable, mais dangereux et dépourvu de connaissances militaires ». La série continue.

méconnaître que leur ignorance ou leur indifférence met en péril le patrimoine qui leur est confié en dépôt. Faire courageusement son devoir, ce n'est pas faire tout son devoir, et ce n'est pas en allant noblement mourir sur le champ de bataille qu'on aura réparé les torts d'une organisation défectueuse et caduque ou d'un outillage hétérogène, parfait dans certaines de ses parties, médiocre dans beaucoup d'autres.

Une réforme serait nécessaire, qui commencerait par les bases du recrutement : il est urgent de modifier celles-ci pour assurer, sans rien supprimer de la qualité, le nombre qui est devenu nécessaire à un empire colonial démesurément étendu. Mais, si l'Angleterre a compris, à certains moments, l'utilité de cette amélioration, elle n'en a senti presque jamais la nécessité. On a parlé souvent de changements. Le Parlement, la presse se sont émus. Puis les difficultés surgissaient, l'ardeur tombait, et les choses restaient en l'état. « Pour en changer la face, écrivais-je en 1894, il faudrait ou un grand cataclysme imprévu ou l'arrivée au pouvoir d'un homme qui joignît à la vigueur et à l'autorité la divination de la révolution à accomplir. Jusque là l'Angleterre est condamnée à être la plus pacifique des nations ; ses rodomontades ne peuvent que cacher sa faiblesse, et, si elle avait à soutenir une campagne sérieuse sur les bords du Nil ou peut-être même du Gange, son prestige serait fort compromis, et aussi l'intégrité de sa puissance, en dépit de ce qu'elle contient de valeur et d'énergies latentes »[1]. Mes pronostics

1. Déjà, en 1887, dans un très bon livre et qui n'a presque pas vieilli (*L'Armée de John Bull*, Bibliothèque Charpentier), M. Hector France, alors professeur à Woolwich, si je ne me trompe, formulait ses conclusions en ces termes : « En cas de guerre continentale, quelle serait l'attitude de l'Angleterre ? — Avec son organisation militaire défectueuse, sa flotte en décadence, ses embarras intérieurs, elle ne peut garder, à l'heure actuelle, qu'une ligne de conduite : celle de l'effacement ».

se sont trouvés justifiés au bout de cinq ans. La campagne du Transvaal a été ce cataclysme que ne prévoyaient pas les politiciens, hommes dont la légèreté est restée sourde aux avertissements des hommes du métier, qui avaient étudié la situation et en connaissaient les dangers. La leçon a été rude, et il est à supposer qu'elle portera ses fruits. Il faut à l'armée anglaise un esprit tout différent de celui qui l'animait, un autre corps d'officiers et d'autres soldats [1].

L'organisation aussi a grand besoin d'être améliorée, et notamment le système de mobilisation, dont le mécanisme s'est montré si défectueux, lorsqu'on a voulu le faire fonctionner, en octobre 1899. Les corps d'armée ne sont pas constitués en permanence comme chez nous, ni même les divisions, voire les brigades ; seul le régiment, dans l'infanterie, est prêt. Encore ne l'est-il qu'à peu près, attendu que, à chaque changement de garnison, le régiment change aussi d'affectation de guerre, et c'est sur le lieu de garnison seul, non sur un noyau militaire fixe, que la mobilisation doit s'appuyer, sous peine d'être entravée par mille complications. L'artillerie, elle, forme un unique régiment, fort de plus de 20.000 hommes. C'est donc fort justement qu'on a comparé ce corps à un monstre antédiluvien, à quelque plésiosaure ou à quelque mégathérion. La batterie est la seule unité constituée. Et la cavalerie, quoi qu'on en puisse penser, n'est pas dans une situation meilleure que les autres armes. Ses effectifs sont très faibles, et leur proportion est insuffisante. Alors qu'on admet

1. L'Angleterre, semble-t-il, est tout indiquée pour appliquer les principes formulés par M. Gaston Moch dans son remarquable projet d'armée à l'usage d'une démocratie, projet dont nous aurons occasion de reparler à propos de l'organisation militaire de la Suisse. Bien entendu, les milices ne lui serviraient que pour la défense de la métropole, et elle devrait conserver pour ses troupes coloniales une armée permanente du genre de celle qu'elle possède actuellement, sauf à en modifier les mœurs.

qu'un corps d'armée devrait compter 1.200 cavaliers, elle lui en fournit à peine la moitié.

Les hommes sont beaux, bien à cheval, et ils portent de magnifiques uniformes; il est certainement difficile de voir une plus belle troupe que le régiment de Carabiniers, par exemple (6e dragons) ou le 12e Lanciers du Prince de Galles lorsque, serré dans son spencer bleu à plastron rouge et sous le frémissement de son épais plumet écarlate, il s'avance, monté sur des bêtes de robe absolument identique; on sent là des hommes fiers de leur passé et prêts à recommencer les charges héroïques du « dernier des Cardignan ».

Toutefois, pour exécuter de pareilles prouesses, il faut avoir un bon cheval; or, un cavalier sur trois n'en possède pas; car les chevaux manquent, dans ce pays classique des belles montures. L'effectif en chevaux est de 320, dit la *Revue du Cercle militaire;* il descend jusqu'à 270 pour 512 hommes, et, comme il y a 50 à 60 chevaux dits « de recrues », en déduisant les jeunes bêtes non dressées, on partirait avec 190 sabres par régiment.

Voici donc, par une étrange anomalie, un peuple pratique, utilitaire, connu pour ne pas se payer de mots, dont l'instrument de guerre est sans solidité, dont l'armée, survivance d'un passé bien lointain, n'a pas su s'inspirer de l'esprit qui a fait si puissante l'industrie de ce pays, qui lui a donné tant de vitalité. Cette armée ne comptait guère avant 1900. Pendant des années et des années, et quoi qu'il arrive, elle va rester quantité négligeable

L'ARMÉE DES ÉTATS-UNIS D'AMÉRIQUE

La puissance militaire des Etats-Unis d'Amérique comprend deux éléments distincts : d'une part, l'armée fédérale, qui est permanente; d'autre part, les milices des différents Etats, qui sont de véritables gardes nationales[1].

Les troupes fédérales sont mises en mouvement en vertu de l'article 4 de la section IV de la Constitution, soit pour garantir à chaque Etat un gouvernement républicain, soit pour résister à une invasion, soit en cas de désordres qui mettent l'Union en péril.

En dehors de ces trois circonstances, un *act* du Congrès est nécessaire pour faire intervenir l'armée dans des cas prévus par la loi, tels que les suivants : paix des élections, observance des quarantaines, protection de la propriété individuelle, exécution des lois sur les droits civils. Il en résulte que le soin de réprimer les

1. Il ne faudrait pas, en effet, se laisser tromper par ce mot de garde nationale, qui évoque chez nous des souvenirs plaisants, d'hôtel des Haricots, et non de quelque chose de sérieux. Notre armée ne renferme plus, sauf erreur, qu'un de ces corps irréguliers : c'est la compagnie de canonniers sédentaires de Lille, qui a été conservée en raison de son passé glorieux.

émeutes, dans chaque État, est laissé au gouvernement local et à la garde nationale; les réguliers ne sont appelés — comme en 1894, dans l'Illinois, — que lorsque les services publics, les communications, la poste, sont menacés.

D'une façon générale, les milices sont mieux préparées aux opérations de police qu'au service de guerre[1]. Leur rôle est surtout la répression des émeutes et le maintien de l'ordre. Elles reçoivent une instruction spéciale pour la guerre des rues (*the Riot Drill*). Ces opérations consistent en une série de dispositions destinées à faire évacuer les rues par pression et sans coup férir. On y emploie de l'infanterie soutenue par des sections de gatlings ou autres mitrailleuses. En général, elles s'acquittent à merveille de ce service. Leur mobilisation, leur mise en route, leur entrée en action s'opèrent avec une incroyable rapidité. Il est rare que les citoyens n'apportent pas la plus grande conscience dans l'exécution de ce devoir civique. En 1892, lors des troubles de l'Homestead, on vit des miliciens quitter les bains de mer ou les villes d'eau, quelques-uns même interrompre leur voyage de noces, pour rejoindre leur corps. La même année, des troubles ayant éclaté dans les environs de New-York, par suite des prescriptions de la quarantaine contre le choléra, le gouverneur fit paraître une proclamation, au reçu de laquelle le général de division commandant supérieur des troupes (son bureau est au Capitole d'Albany, à côté de ceux du gouverneur) télégraphia l'ordre de mobiliser. Cet ordre, le colonel du 69e le reçut vers minuit : au petit jour, les hommes étaient rassemblés dans leurs *Armories*. Bien

1. Ce service de guerre, d'ailleurs, n'est pas dans leurs attributions, et c'est ainsi qu'on a vu certaines d'entre elles, qui comptent à bon droit parmi les plus braves, refuser de s'embarquer pour Cuba, ce qui a surpris bien des gens.

entendu, les autorités civiles prêtent en pareilles circonstances, leur concours le plus dévoué, et elles emploient tous les moyens à leur disposition pour accélérer la transmission de l'ordre : elles le portent à la connaissance du public en faisant sonner le tocsin, battre la caisse dans les rues, apposer des affiches, etc. D'autre part, on a soin, en organisant les escouades, de les composer d'hommes logés dans le voisinage les uns des autres ou employés dans les mêmes établissements. C'est ainsi que, dans l'ouest de la Pensylvanie, il existe un régiment dont une compagnie est presque entièrement formée de mineurs ; il suffit d'un signal d'alarme donné par un contremaître pour réunir la compagnie en quelques instants.

Tout ceci dénote des qualités de discipline, de décision, d'énergie, de bon esprit, qui ne sont pas pour étonner de la part des citoyens américains. Et il n'est pas étonnant que, avec un certain dressage, avec un certain entraînement, de pareilles troupes aient été bien vite mises en état de faire figure sur un champ de bataille, contre un ennemi régulier. Il manquait pourtant à la plupart d'entre elles, lors de la guerre de Cuba, et la préparation militaire et l'organisation matérielle qui sont nécessaires. L'infanterie n'était pas habituée à la marche, l'artillerie n'exécutait pas d'écoles à feu ; les troupes à cheval n'avaient pas de chevaux Si, dans certains États, il y avait des escadrons comme la *First Troop of Philadelphia*, dont tous les membres sont des sportsmen, possédant chacun une écurie où ils se remontent, on voyait les deux escadrons et la batterie légère du Montana réduits à faire le service à pied et s'en allant au camp comme infanterie, faute de fonds pour louer des montures et des animaux de trait ! Les ressources en armes, en équipements, sont très variables : elles dépendent de la richesse des États et de l'esprit qui y règne. Tandis que certains Parlements serrent les cordons de la bourse, d'autres font grandement, très grandement, les choses. Le budget de la seule milice de New-York est supérieur à ce que le Gouvernement fédéral dépense pour la totalité des troupes régulières qu'il entretient.

Les *National Guards* n'ont guère de valeur militaire que dans les républiques du nord et de l'est (New-York, New-Jersey, Massachusetts, Connecticut, Pensylvanie, Vermont, Michigan, New-Hampshire, Rhode-Island), où se trouvent des corps de troupe que les grandes nations militaires de l'Europe pourraient envier. Tels sont : l'*Ancient and Honorable Company of the Artillery of Massachusetts*, la première en date des *organizations* militaires existantes (son origine remonte au XVIIe siècle) ; la *First Troop* de Philadelphie, dont j'ai déjà parlé, qui est composée de l'élite de la jeunesse locale, et possède le premier étendard national des Etats-Unis (c'est elle qui forma la garde d'honneur de Washington pendant la guerre de l'Indépendance) ; enfin le 22e et surtout le 7e New-York, qui doit, tant à l'esprit de corps de ses membres qu'à l'heureux choix de ses chefs successifs, MM. Duruyee, Lefferts, Clark, D. Appleton, d'occuper une des premières places dans le monde militaire.

La désignation des cadres ne se fait pas partout d'une façon uniforme. Les hauts grades sont, en général, conférés par le gouverneur de l'Etat, qui est, de droit, commandant en chef de la milice. Il a sous ses ordres un état-major complet, trop complet même, car il lui est loisible d'attacher à sa personne un nombre indéterminé d'aides de camp, qu'il prend en général parmi les « civils » de sa connaissance et dont il fait d'emblée des majors et des colonels. La plupart d'entre eux ne se sont distingués, le plus souvent, que dans les luttes électorales. C'est pourquoi les politiciens ont tous des grades. Il n'y a pas longtemps, la Chambre des représentants et le sénat du Missouri étaient presque exclusivement composés de colonels !

Dans chaque compagnie, les sous-officiers sont nommés par voie de vote; mais certains Etats imposent l'obligation de n'élire officiers que des candidats pourvus d'un certificat d'aptitude délivré par une commission, ce qui constitue une certaine garantie. Aussi cette règle semble-t-elle devoir se généraliser.

Au demeurant, sur environ 110.000 miliciens que l'Union comptait en 1898, et dont la valeur intrinsèque, le degré de préparation et l'outillage présentaient des inégalités considérables, on admettait qu'un bon quart était d'ores et déjà en état de fournir un appoint sérieux à l'armée régulière, c'est-à-dire, en réalité, de doubler son contingent, qu'un autre quart, au bout de quelques semaines, pourrait être prêt à lui apporter son concours, mais qu'il faudrait des mois et des mois, pour que le reste pût entrer en campagne.

I

L'armée régulière est une force permanente, constamment maintenue sur pied de guerre. Elle est exclusivement fédérale; le terrain qu'elle occupe, baraquement et champ de manœuvre, place d'armes et cimetière, jardins et magasins, dépendances de toutes sortes, enclavé sur le territoire d'un Etat, est soustrait à la juridiction de cet Etat : sous le nom de *Reservation*, il jouit d'une sorte d'exterritorialité. Comme symbole et manifestation extérieure de ce privilège, on hisse chaque matin sur un mât élevé au milieu du *Post*, en le saluant d'un coup de canon, le drapeau symbolique de l'Union, le *Flag*, à raies rouges et blanches, avec les étoiles d'argent sur fond bleu. Le soir, on amène les couleurs avec le même cérémonial.

Ce pavillon couvre une marchandise très mêlée ; il abrite une population cosmopolite et multicolore : des blancs et des nègres, des Peaux-Rouges et des Chinois. A la vérité, ces deux dernières catégories sont faiblement représentées. Les Indiens, sur l'esprit belliqueux desquels on comptait, n'ont pu supporter les rigueurs de la discipline et la monotonie d'une existence sédentaire. Ce n'est guère que comme guides et éclaireurs qu'ils peuvent rendre des services ; l'astuce proverbiale des Apaches trouve son emploi tout indiqué dans ces fonctions spéciales. Quant aux enfants du Céleste-Empire, ce n'est pas comme soldats qu'ils servent, mais comme cuisiniers et domestiques, les officiers n'étant pas autorisés à prendre des brosseurs dans les rangs de l'armée.

D'une façon générale, l'Union recrute des gens de tout poil et de toute provenance ; nombre d'étrangers sont incorporés. Divers spécimens de ces volontaires nous sont présentés par M. Georges Tricoche, celui-là même qui nous a déjà fourni tant de détails intéressants et vivants sur l'armée anglaise. Voici d'abord un Anglais. C'est, en principe, quelque déserteur de l'armée britannique, quelque malandrin qui a eu maille à partir avec la justice de Sa Majesté. Il est indiscipliné, paresseux, le pire des subordonnés en un mot, vagabond issu d'une classe supérieure.

L'Irlandais donne un excellent ou un détestable soldat : il n'y a pas de milieu. Il s'engage parfois par amour du métier, étant batailleur de son naturel. Se rapproche du

Breton des régiments français par plus d'un point. Couche sociale : agriculteur pauvre.

L'Allemand et le Suédois sont de beaucoup les meilleurs : sérieux, travailleurs, disciplinés, propres. Ce sont des paysans ou de petits ouvriers des villes qui sont arrivés en Amérique sans but bien défini, poussés par ce courant d'émigration qui a porté, en moins de quinze années, près de deux millions de sujets de ces deux contrées vers les États-Unis. Bien que la plupart s'expatrient pour se soustraire aux rigueurs du service, — au moins en Allemagne, — l'adage qui veut que les princes de Hesse soient des « officiers recruteurs » pour l'Amérique montre bien les tendances d'une certaine catégorie de ces émigrants, tendances dont le Secrétaire d'Etat de la Guerre n'a qu'à se louer!

En ce qui concerne les nationaux, — les Américains, — les meilleurs soldats, les seuls à peu près qui soient capables de faire d'excellents sous-officiers et même des officiers distingués, sont ceux appartenant aux six Etats du nord et du nord-est désignés sous l'appellation de *New-England.* Leur patience, leur dignité et leur ténacité — poussée parfois jusqu'à l'obstination — les désignent naturellement à l'avancement.

Les gens du sud sont en général disciplinés, sans qualités transcendantes.

Les nègres sont obéissants, fidèles et bons manœuvriers. Seuls, ils ne sont pas sujets au mal du pays... « Ah! mais non, c'est bon pour les blancs, ça »! dit mon camarade de lit, un noir de Bâton-Rouge, qui ne se soucie pas plus des rives du Mississipi que s'il était né au Groënland; mais il m'avoue tout bas qu'il peut difficilement s'habituer à ne pas avoir de pain brûlant pour dîner. « Les gens du nord, constate-t-il avec un soupir, ne savent pas ce qui est bon »!

Les 24e et 25e d'infanterie, les 9e et 10e de cavalerie sont exclusivement composés de gens de couleur. L'heureux caractère des noirs, leur soumission, leur vigoureuse apparence en font de bons et beaux soldats. Ils ont triomphé sans peine de la réputation de mauvais marcheurs qu'on leur avait faite prématurément, pour ne pas dire malicieusement. « Au contraire, lit-on dans le *Quarterly Journal of Psychological Medecin and Medical Jurisprudence*, leurs larges articulations et la position saillante de leurs apophyses forment de puissants leviers pour les muscles utilisés dans la locomotion ».

Le nègre, toutefois, dans les climats froids, devient aisément poitrinaire; et, si la nostalgie lui est inconnue, il résiste, en général, mieux à l'absence de nourriture qu'à des fatigues prolongées.

Parfois, pour améliorer la composition du régiment, on tâche d'y incorporer de braves agriculteurs, des gens de la campagne, qui sont d'un niveau supérieur à celui de ce ramassis d'éléments disparates[1]. A cette fin, un officier emmène un petit détachement d'hommes choisis parmi les plus « roublards » et les mieux tenus. Avec cette escorte, il va battre la campagne dans un certain rayon autour du poste occupé par le corps et chemine tout doucement par les villages et les hameaux. On campe sur la place publique ou dans quelque endroit bien en vue. On y fait la cuisine en plein air. Bref, on cherche à donner aux populations une petite représentation de la vie militaire, ou tout au moins de ses côtés les plus agréables. L'officier se montre on ne peut plus aimable; les sergents sont souriants, et les hommes ont l'air si heureux, dans ces occasions, que les paysans donnent

1. Le correspondant d'un grand journal à Cuba a pourtant prétendu que, physiquement et moralement, le soldat yankee est supérieur au soldat européen, « sauf toutefois quand, ivre de whisky ou aveuglé par le sang qu'une chaleur torride fait monter à son cerveau, il tue sans pitié tout indigène rencontré par lui après sept heures du soir — heure de la retraite pour tous — dans les rues de Manille ou sa banlieue». Ceci veut dire, je pense, que ces hommes sont des gaillards vigoureux et qui n'ont peur de rien. Voilà en quoi surtout consiste leur supériorité morale, car je lis, quelques lignes plus loin : « Et puis, il est un autre trait de son caractère dont j'ai été beaucoup frappé : c'est son absolue indifférence pour le danger, indifférence qu'il pousse jusqu'à la sottise ».

en masse dans le panneau : garçons de fermes, pâtres, employés de petites boutiques, demandent à s'engager non point par besoin, comme la clientèle habituelle des *rendez-vous*[1], mais parce qu'ils sont littéralement éblouis par les boutons bien astiqués, parce que le bagou des commis-voyageurs en recrutement les a subjugués. Ces tournées (*recruiting parties*) fournissent le meilleur ou, si on le préfère, le moins mauvais de la troupe.

On a vu déjà, à propos de l'Angleterre, quels ménagements spéciaux exige une armée composée exclusivement de volontaires. Lié envers l'Etat par un contrat, le soldat exige l'exécution intégrale des clauses du marché conclu, clauses dont certaines sont tacites, mais dont les autres sont explicites. Tels les avantages qu'énumère cette alléchante annonce, prise dans un numéro du *World* :

> ON DEMANDE pour l'armée des Etats-Unis des jeunes gens bien constitués, célibataires, entre vingt et un et trente ans. Solde élevée, rations copieuses, habillement excellent, soins médicaux attentifs. Les postulants doivent être en mesure de fournir toutes les références et attestations nécessaires en ce qui concerne leur âge, honorabilité et conduite. S'adresser : 140, Broom Street, New-York City.

Il ne suffit pas que ces belles promesses soient tenues pour donner entière satisfaction au soldat. S'il trouve

1. Aux Etats-Unis, il n'y a pas, comme en Angleterre, de sergents recruteurs faisant les cent pas dans les carrefours, en coquet uniforme pour « amorcer » la recrue. Non. L'engagement est une affaire qui s'annonce dans les journaux, comme nous ne tarderons pas à le voir, et qui se traite dans ce qu'on appelle des « rendez-vous ». Le 140, Broom Street, dont il va être question, n'est autre chose qu'un de ces bureaux de placement.

la discipline trop rude et le service trop chargé, s'il est grevé de faux-frais imprévus, s'il a affaire à des chefs désagréables, il se croit lésé, prend le métier en dégoût et déserte, ce qui est plus facile dans le Nouveau Monde que partout ailleurs [1]. Le niveau moral des soldats n'est pas très élevé ; aucun sentiment de devoir patriotique ne les retient ; et les territoires de l'Amérique sont vastes. Rien n'est donc plus aisé que de disparaître. Aussi compte-t-on une moyenne de 9 déserteurs sur 100, proportion considérable qu'on s'efforce de diminuer par bien des moyens, à commencer par l'augmentation de la prime, 30 dollars, qu'on attribue actuellement aux personnes qui capturent un déserteur ou provoquent son arrestation. De même on retient une sorte de cautionnement sur la solde des hommes, en conservant une partie de ce qu'on appelait jadis, en France, le décompte de leur masse individuelle.

On a préconisé aussi le tatouage, dont le maréchal de Saxe déjà a proposé l'emploi. « Je voudrais, dit-il en ses *Rêveries*, que tous les soldats fussent marqués à la main droite des mêmes chiffres, avec une composition comme s'en servent les Indiens, ce qui ne s'efface jamais, et empêcherait la désertion. Cela serait aisé à introduire, et tire à de grandes conséquences... Les Romains en usaient ainsi ; mais ils marquaient avec un fer rouge ». Les Américains n'ont pas adopté cette méthode ; mais tout de même ils ne l'ont pas complètement repoussée, car ils vaccinent leurs recrues au mollet gauche, ce qui laisse des traces révélatrices de l'incorporation.

Quand on est obligé de prendre de telles précautions

1. Un journal a raconté que l'an dernier, aux Philippines, une batterie de volontaires déclara qu'elle refuserait de se battre si le commandement du corps expéditionnaire n'était pas enlevé au général Otis.

contre le mal, c'est qu'il existe; mais, s'il existe en dépit de ces précautions, c'est qu'il a des raisons d'être. L'ennui en est une; aussi les fuites sont-elles moins rares dans les postes, où on est occupé, que dans les dépôts d'instruction où les recrues sont envoyées pour apprendre le métier. On ne les dirige sur leurs corps respectifs, en effet, que lorsqu'elles ont subi un certain dégrossissage dans ces établissements. Elles n'y travaillent pourtant pas beaucoup. A Jefferson-Barrack, où on forme les cavaliers (les fantassins, eux, font leur apprentissage soit à David-Island, près de New-York, soit à Columbus, dans l'Ohio), il y a chaque matin une heure et demie d'équitation; l'exercice du cavalier à pied dure une heure avant le dîner de midi et une heure après, avec un petit supplément de vingt minutes, le soir, avant la retraite. C'est bien doux. Ce l'est même peut-être trop, car l'oisiveté est mauvaise conseillère.

L'instruction de sujets extrêmement disparates, tant par leur niveau social que par leur provenance, exige des qualités de tact que bien peu d'instructeurs possèdent. Ils ne s'attachent pas à leurs élèves, qu'ils sont appelés à perdre de vue bientôt. D'ailleurs, les élèves qui apprennent le mieux sont les premiers versés dans les régiments, et les plus mauvais restent. Le séjour du camp, où les distractions sont rares, contribue à rendre les gradés hargneux. Quant aux recrues, elles ont hâte de rejoindre leurs corps; dans le dépôt de transition où elles ne font que passer, elles ne cherchent pas à se créer des amitiés qui seraient nécessairement brisées à tout jamais au bout de quelques semaines. Un vague ennui, une sorte de malaise pèse sur ces nouveaux-venus, qui se sentent dépaysés et qui ne résistent pas à la tentation de reprendre leur liberté. Aussi est-ce à leur début dans la carrière, je le répète, que beaucoup désertent.

Ceux qui arrivent dans les régiments y trouvent en général cette nourriture variée et abondante que promettent les réclames. Les mets, préparés par un véritable chef, sont de bonne qualité. Ils sont servis dans des réfectoires confortables, sur des tables couvertes de nappes en toile cirée. Les sous-officiers mangent avec leurs hommes et sont chefs de table, ce qui est une garantie de la bonne alimentation de tous. N'empêche qu'il y a parfois de la négligence et des abus, qui amènent soit des mutineries, comme celles de Fort-Sheridan, en 1892, soit des désertions comme celles qui, du 1er juin 1888 au 31 mai 1889, réduisirent de 13 0/0 l'effectif de l'armée, causant au Trésor un préjudice de plus de 3 millions de francs. Une enquête faite, non par l'autorité militaire, mais par l'initiative du directeur d'un journal de Saint-Louis, la *Post Dispach*, révéla que des gradés diminuaient les portions des soldats pour augmenter les leurs et allaient jusqu'à priver leurs subordonnés de sucre pour leur thé.

Mais ce sont de rares exceptions. D'une façon générale, la nourriture du troupier américain est d'une qualité très satisfaisante et suffisante en quantité.

De même sa solde est élevée et son habillement excellent[1]. Mais, à cet égard encore, il lui arrive d'éprouver de petits mécomptes. Les allocations, en effet, sont largement calculées en ce qui concerne certains articles : ainsi on reçoit, pour cinq ans, cinquante paires de chaussettes, quinze gilets de tricot, autant

1. A la vérité, il n'est pas luxueux ; l'éclat des uniformes, les chamarrures, les panaches, qui conviennent aux armées prétoriennes et aux troupes d'honneur des souverains ne seraient pas de mise en ce pays de simplicité démocratique. Les soldats ont un peu l'air de nos employés de l'octroi français, et la tenue des officiers rappelle assez celle de nos officiers de douaniers. Mais elle est seyante, commode, et, pour sévère qu'elle nous paraisse, elle ne manque pas d'élégance. D'ailleurs tout est relatif, et il suffit, en définitive, qu'on l'apprécie au Nouveau Monde.

de caleçons, et, dans l'infanterie, quarante paires de gants. Mais les hommes sont obligés d'acheter des blouses ou des vareuses, au compte de leur « masse individuelle », et, ce qui leur est plus sensible, ils ont à payer de leurs deniers, dans les régions froides, un bonnet de fourrure ou tel autre coûteux accessoire, comme la cravate noire, dont le port est obligatoire, sans être gratuit. De plus, on leur retient quelques sous sur leur solde mensuelle pour l'entretien du *Soldiers Home*, l'hôtel des Invalides de l'Union. S'ils ne blanchissent pas leur linge eux-mêmes, ils ont au moins à leur charge les frais de main-d'œuvre (car le savon leur est fourni). Bref il y a peut-être de quoi motiver les criailleries des « réclameurs » ; mais enfin, tout déduit, le soldat non rengagé empoche, dès sa première année, plus de deux francs par jour, et ce n'est déjà pas si mal, d'autant plus que cette solde augmente d'année en année et que, s'il est soigneux, il peut encore mettre de côté une partie de la prime qui lui est versée pour l'entretien de ses effets. Avec de l'économie, il arrive à gagner ainsi 300, 400 et même jusqu'à 500 francs sur ce chapitre. De plus, il a la faculté de confier son pécule à la Caisse d'épargne militaire qui, à la vérité, ne rend le capital qu'au moment de la libération du créancier, mais qui, en attendant, lui en sert les intérêts au taux de 4 0/0.

Aux avantages pécuniaires et matériels s'ajoutent des satisfactions d'un autre ordre.

Le service est très doux. On s'ingénie à procurer aux soldats des distractions aussi nombreuses et variées que possible. Dans les garnisons, ils ont des clubs, des salles de récréation, des jardins, des pistes pour les exercices athlétiques, sans compter de belles salles de bains pourvues de baignoires émaillées à l'intérieur. Celles-ci sont d'une propreté admirable : les cuivres sont journellement astiqués avec une minutie qui rappelle celle de nos navires de guerre. Ah! que nos casernes sont donc loin d'avoir un tel confort ! Et ce n'est pas seulement ce luxe que nous avons à envier aux troupes du Nouveau Monde. Chaque soldat de l'Union possède un placard et un tiroir fermant à clef; son lit, à sommier élastique, est pourvu d'un oreiller. Le jour, on roule la fourniture de façon à découvrir le pied de la couchette et à en faire un siège commode. Dans les chambrées, rien absolument de ce qui sert aux chevaux : ni couvertures, ni brides, ni aucun de ces objets en cuir qui empestent les chambrées de nos quartiers, en dépit des prescriptions des règlements. Tout cela reste à la sellerie, où chaque homme a une case numérotée pour l'étrille, la brosse et l'époussette.

Des bals, des représentations théâtrales, sont organisés, ce qui est d'autant plus facile qu'il y a, dans chaque régiment, une certaine proportion du sexe auquel nous devons les nourrices et les couturières. Autrefois il existait des situations régulières de blanchisseuses, à raison de trois ou quatre par escadron ; c'était là, en quelque sorte, un moyen de fixer le nombre légal des ménages de soldats, et il était devenu de règle, pour les hommes, d'attendre une *vacance de blanchisseuse* pour formuler leur demande en mariage. « Mais l'ère des blanchisseuses a passé! nous dit M. Georges Tricoche. Et à Port-James la seule carrière ouverte jusqu'ici aux *dames* de MM. les troupiers, la réparation des effets, vient de disparaître, par suite d'un contrat passé avec un tailleur civil de Little-Missouri ».

Des équipes de *foot-ball* et de *base-ball*, subventionnées par les officiers, se livrent avec ardeur à des luttes qui ne sont pas toujours sans danger, même pour les spectateurs. Le travail intellectuel qui alterne avec ce divertissements consiste en leçons données par le chapelain soit à MM. les militaires, soit à leurs enfants. Rien de tout cela n'est vraiment bien pénible.

La discipline, d'autre part, est extrêmement paternelle. Pour n'exciter ni récrimination ni jalousie, le service est commandé avec une scrupuleuse équité ; on tient compte des corvées et même des fractions de corvées, de façon à faire marcher chacun bien exactement à son tour. Cette minutieuse comptabilité met le soldat à l'abri de l'arbitraire. On n'a pas davantage à redouter, — au moins en principe, car dans la réalité l'imperfection humaine retrouve toujours ses droits, — les punitions injustement infligées dans un moment de colère ou dictées par un sentiment de vengeance. Nul, en effet, ne peut en prononcer ; nul, pas même le capitaine dans sa compagnie, pas même le colonel dans son régiment, pas même un général, voire le Ministre de la Guerre. Toute faute, toute infraction aux règlements ou aux lois est déférée, suivant sa gravité, à un Conseil de discipline régimentaire (*Regimental Court*) ou à un Conseil de guerre (*General Court Martial*). Celui-ci peut infliger les peines les plus variées : mort, arrêts, confinement, emprisonnement au pain et à l'eau (pour quatorze jours, au maximum), enchaînement, amende, perte totale des allocations pécuniaires, cassation, etc. ; il ne lui est guère interdit que de condamner un soldat à être marqué ou tatoué, et de lui imposer une faction supplémentaire, « l'accomplissement d'un devoir aussi important et honorable que le service de garde ne devant être considéré, sous aucun prétexte, comme un châtiment ».

On comprend que ce soit toute une affaire que de mettre en branle cet appareil judiciaire. Et l'excès des précautions que l'on prend pour éviter les dangers de l'arbitraire tourne contre son objet[1]. D'une part, en effet, les membres du Conseil de discipline, convoqués en séance pour juger des peccadilles, n'y attachent pas la moindre importance. « Ils trouvent toujours l'accusé coupable, disait la *Commercial Gazette* du 1er septembre 1890, et ils le condamnent au maximum de la peine; cela sert à rompre la monotonie de la vie de garnison sur la frontière indienne ». D'autre part, en campagne, ne pouvant s'embarrasser de tant de formalités, on délègue un officier pour exercer, dans une certaine mesure, assez restreinte d'ailleurs, les fonctions de grand justicier du régiment. Cette pratique s'étend peu à peu ; même en temps de paix, les infractions légères à la discipline sont soumises à la juridiction d'un seul officier ; mais, pour sauvegarder le principe, on conserve le nom de « Conseil », et cet unique juge s'intitule *Summary Court!*

Le sous-officier, lui, ne peut jamais être condamné que par un Conseil de guerre ; même en campagne, l'officier qui constitue à lui seul la cour martiale est sans action sur lui. Au surplus, on ne met jamais ces gradés à la salle de police : ils sont simplement consignés à la chambre. Enfin il n'est pas rare que les peines prononcées contre eux soient réduites par le commandement. On admet, en effet, que l'autorité militaire, compétente pour convoquer le Conseil de discipline ou le Conseil de guerre, a qualité pour ne tenir aucun compte de ses décisions ; elle peut les revoir, les amender, sinon les annuler.

1. Il est avec le ciel des accommodements ! En cas de nécessité, s'il y a flagrant délit, on enferme à la salle de police le soldat coupable. Un officier seul, l'officier de jour, par exemple, peut prendre cette mesure, à condition de mentionner le fait sur le registre du poste. Mais, en pratique, les sergents envoient souvent des hommes à la salle de police, quitte à en référer, après coup, à l'*officer of the day*.

Le plus souvent, l'indulgence du commandemen tempère la sévérité des jugements prononcés. L'autorité a le droit de pardonner, et elle en use très largement, ce qui est fort nécessaire, puisque les juges encourent le reproche de n'y pas regarder d'assez près avant de voter. Leur rapidité peut s'expliquer, dans une certaine mesure, par le nombre considérable des affaires évoquées à leur tribunal. Songez qu'il y en eut 10.447 en la seule année 1888, pour une armée dont l'effectif légal était de 25.000 hommes ! Aussi n'est-il pas rare que les colonels ne tiennent aucun compte de la sentence prononcée, et on en a vu qui transformaient en une simple amende de 50 sous une condamnation portant renvoi de l'armée, avec perte totale de la solde et des allocations pécuniaires !

Le régime n'est donc pas sévère, et la répression des fautes est entourée de toutes les précautions possibles et imaginables, à quoi les intéressés ne peuvent manquer d'être très sensibles.

Si les soldats ont à un très vif degré le sentiment du bien-être, il est fort possible, recrutés comme ils le sont, qu'ils n'aient guère celui de leur dignité, ou même qu'ils ne l'aient pas du tout. La Constitution l'a pour eux, et les lois leur interdisent tout acte de servilité. Un lieutenant du 8th *Cavalry* appelle un de ses cavaliers et lui demande de l'aider à tendre une toile sur un hangar qui lui appartient. Le cavalier refuse formellement. Traduit pour ce motif devant le Conseil de guerre, il est acquitté (24 octobre 1889). Aussi les officiers emploient-ils pour leur service personnel des négresses et des Chinois, par exemple. Ils ne peuvent recourir à la main-d'œuvre militaire qu'en cours d'expéditions ou lorsqu'ils sont dans l'impossibilité absolue de se procurer des domestiques civils.

Mais, comme disait cet autre, tourner la loi, c'est

prouver qu'on la respecte. De même qu'on ne se gêne pas pour envoyer un homme à la salle de police « de pied ferme », sans attendre le jugement d'une Cour martiale, à laquelle on se contente de demander plus tard la ratification de la mesure préventivement prise, de même on s'arrange souvent pour se faire aider dans son ménage, par des hommes de troupe. Celui qui soigne le cheval de l'officier ne tarde pas à devenir un véritable brosseur (*stricker*), au moins dans certaines garnisons, avec des colonels tant soit peu « coulants ». Certains chefs de corps tolèrent que les hommes punis soient employés à des travaux domestiques. Sous l'œil sévère d'une sentinelle, les prisonniers scient le bois, emmagasinent le charbon et, au besoin, nettoient les poêles de MM. les officiers. Mais enfin ils peuvent s'y refuser : les textes sont formels, et, s'ils les invoquaient, on ne saurait faire autrement que de donner raison à leurs réclamations. Aussi n'est-il pas douteux que les choses se passent correctement ; on a tout intérêt à traiter selon l'équité des soldats qui risquent de se mutiner ou de déserter, si on ne leur rend pas justice, et qui, d'autre part, peuvent recourir à la presse, dont la liberté est absolue et qui ne se gêne ni pour dévoiler les abus ni pour prendre en main la défense des opprimés. La *Commercial Gazette* du 1er septembre 1890 ne dénonçait-elle pas l'usage que certains officiers faisaient du troupier, réduit « à cirer les bottes de ses supérieurs et à promener leurs rejetons » ? Les journalistes sont gens terriblement indiscrets et bavards, et il ne peut rien y avoir de caché dans un pays où on les laisse dire tout ce qu'ils veulent.

Quoi qu'il en soit, la vie est en général douce aux soldats de l'Union. Si le chiffre des désertions est élevé, n'oublions pas qu'elles portent surtout sur les débuts, de même que le chiffre de la mortalité porte surtout sur le bas âge. Il est naturel que les commencements paraissent pénibles, qu'ils apportent des mécomptes, des désillusions, des regrets. Une fois entré dans la carrière, il est assez rare qu'on songe à en sortir ; pris dans l'engrenage, on va jusqu'au bout, à moins qu'on n'ait la malechance de tomber sur (ou plutôt sous) de mauvais chefs et dans un milieu où fermente l'esprit de révolte. C'est un fait connu, dit M. Tricoche, qu'un bon capitaine n'a guère par an que deux ou trois désertions dans son escadron, au maximum, tandis que ce chiffre s'est parfois élevé à vingt, sur un effectif de soixante hommes, dans les *troops* mal commandées. En pareil cas, le malheureux soldat ne peut que contempler avec terreur les années qu'il a à rester au régiment : voyant se dérouler si longue la chaîne qui le lie au service militaire, il s'effraie de son poids. C'est pour cette raison qu'on songe à substituer pour la durée des engagements le terme de trois ans à celui de cinq. Dès maintenant on accorde aux hommes, au bout de leur troisième année, des congés de trois mois avec solde entière, à la suite desquels ils peuvent, à leur choix, rentrer au corps ou être libérés par anticipation. Ils peuvent même se racheter plus tôt encore. Il en coûte 120 dollars (soit à peu près 600 francs) pour être renvoyé de l'armée au bout d'un an de service.

Ceux qui restent sous les drapeaux touchent la solde mensuelle de cinquième année (16 dollars), à laquelle s'ajoute une prime de deux dollars par mois pour le premier rengagement et d'un dollar seulement pour les suivants. Donc le troisième chevron d'ancienneté donne droit à une paye de 20 dollars, soit 100 francs.

L'autorité, d'ailleurs, tient peu à encombrer l'armée de vétérans. Après dix ans passés au régiment, le simple soldat est considéré comme usé, comme appelé à se détériorer rapidement, comme destiné à accroître le contingent des ivrognes. Aussi les militaires qui ne sont pas en possession d'un grade et d'un emploi ne sont-ils plus admis à contracter de rengagements au-delà de la dixième année.

II

Dans l'armée de l'Union, le caporal, le sergent ne sont guère que des soldats galonnés. Au rebours de ce qui se passe en Angleterre, il n'y a entre ceux-ci et ceux-là aucune différence considérable. Le sergent touche à peine 20 francs par mois de plus que ses hommes; il mange à la même table qu'eux, nous l'avons vu; il partage leurs distractions, n'ayant pas de salles de récréation spéciales ni de club séparé.

Plus il est rapproché du troupier, plus il semble que l'officier s'en tienne éloigné. « Le caractère aristocratique de l'armée américaine n'a pour ainsi dire pas de pendant au monde, lisons-nous dans l'article de la *Commercial Gazette* que nous citions tout à l'heure. Le *West Pointer* à la fine taille et à la moustache pommadée, parfumé à l'eau de lavande, maintient entre sa royale personne et le simple soldat un abîme tout aussi insensé que les démarcations des castes dans l'Inde. Son affaire est de s'habiller coquettement, de boire avec ardeur et de conduire le cotillon ». Qu'il y ait de l'exagération dans cette critique, ce n'est pas douteux. Mais il suffit d'un peu de réflexion pour comprendre qu'elle contient un grand fonds de vérité.

Que peut-il bien y avoir de commun entre des hommes distingués, instruits, triés sur le volet, comme nous le verrons plus tard, et ce mélange hétérogène de gens qui compose la troupe, dont beaucoup sortent de la plus basse classe de la société et proviennent des origines les moins recommandables ? Songez que les chefs ne sont pas même appelés à l'honneur de pétrir cette matière et de la façonner, puisque les recrues sont formées au métier militaire dans des camps d'instruction spéciaux. Dans les *Reservations*, on vit côte à côte, à peu près comme si on était à bord d'un navire. Raison de plus pour garder les distances. On n'ignore pas que les officiers de marine se tiennent très à l'écart de leurs matelots. Ils se cantonnent dans leur coin et n'en sortent guère. Dans certains postes militaires des Etats-Unis, les officiers n'ayant pas de salles de jeux et de récréation se servent de celles de la troupe, après que celle-ci en a été expulsée : à des heures déterminées, elle cède la place à ses supérieurs. Ces messieurs ont leur quartier à part : ils habitent des pavillons plus ou moins coquets, bâtis sur quelque avenue plantée d'arbres du côté opposé à celui qu'occupent les baraquements des soldats, au milieu desquels on ne les voit guère s'aventurer. Qu'y feraient-ils, en effet ? La surveillance des exercices est à peu près la seule occasion qu'ils aient de voir leurs hommes, et ces exercices ne sont pas fréquents. Ils ne sont pas intéressants non plus : on n'exécute jamais de grandes manœuvres, la Constitution interdisant aux troupes de loger chez l'habitant ; impossible, donc, de les faire voyager par étapes. Habituellement elles sont transportées d'un point à l'autre par les voies ferrées. Les opérations en terrain varié se bornent soit à des évolutions de parade, qui ont lieu une fois par semaine, soit à quelque représentation classique, comme la défense d'un train attaqué par des bandits, épisode assez fréquent dans les Plaines. Il n'y a pas là de quoi amener un contact intime et durable entre chefs et subordonnés, ni de quoi unir les uns aux autres. Sans doute on se bat quelquefois ensemble, on part en expédition, on fait colonne ou on entreprend un *raid*. Mais ce sont là des incidents très exceptionnels.

Sans doute aussi l'aristocratie veut bien, à certains jours, frayer avec le peuple et se mêler à ses jeux. Mais elle lui accorde rarement cette faveur, ce qui, d'ailleurs, en fait davantage apprécier la valeur. Comme en Angleterre, les officiers assistent aux bals donnés par la troupe, aux représentations dramatiques organisées par elle; ils ne refusent pas un cadeau que les simples soldats leur offrent en se cotisant; ils daignent accepter d'eux un souvenir. Mais il doit être entendu que c'est une manière qu'ils ont de témoigner de la bienveillance à leurs sous-ordres, et que ceux qui offrent reçoivent en quelque sorte une faveur de ceux qui acceptent. Il y a certes des exceptions. Quoique, pour Pierre Loti, la plupart des « mathurins » de son équipage ne fussent que des numéros, il s'est attaché tout de même à son frère Yve. La situation que nous avons trouvée en Angleterre, nous la retrouvons, et pour les mêmes causes, en examinant les mœurs militaires de l'Amérique. L'officier s'y intéresse tout aussi peu à son personnel [1]. Preuve en soit la facilité avec laquelle il s'en sépare. En cas de changement de garnison, comme les distances sont longues et les frais, par suite, considé-

1. Si ce personnel est de nationalités diverses, n'oublions pas que les chefs eux-mêmes ne sont pas tous Américains de naissance. Beaucoup sont Irlandais, Anglais ou Allemands; quelques-uns, Français ou Italiens. Tel le lieutenant d'artillerie Luigi Lomia, qui fut envoyé de Washington à Rome, comme attaché militaire à la légation des Etats-Unis. Le Gouvernement italien reconnut alors qu'il était un insoumis, au point de vue des lois de son pays natal et que, dès lors, sa présence sur le territoire de la Péninsule le mettait sous le coup d'une peine disciplinaire! Le Gouvernement fédéral dut le rappeler.

rables pour le Trésor, chacun des corps qui permutent laisse son matériel sur place et le troque contre le matériel de l'autre. Mais ce n'est pas seulement le harnachement ou la batterie de cuisine qui restent dans leurs stations respectives : ce sont encore les chevaux ! Et même les hommes ! Ceux d'entre ces derniers qui ne tiennent pas à quitter le poste sont autorisés, en général, dans une large mesure, à demander leur transfert dans le régiment qui vient y tenir garnison. Dans certains cas, même, ce transfert est obligatoire.

En France, où périodiquement s'opère la relève des corps entre Paris et certaines villes de province, il est arrivé à des généraux de demander à ne pas suivre les mouvements de leur brigade ou de leur division ; pour éviter l'ennui d'un coûteux déménagement, ils auraient renoncé à ne pas accompagner la troupe qu'ils avaient formée, commandée, et qu'ils étaient destinés à conduire au feu ; ils auraient consenti à la repasser à un camarade et à prendre la sienne en échange, si on avait donné suite à leur demande. De telles pratiques dénotent une décadence de l'esprit militaire, de cet esprit de sollicitude, d'affection cordiale, qu'un Bugeaud ou un Canrobert éprouvait pour ses subordonnés les plus humbles, pour le dernier de ses soldats. Aussi ne se sont-elles fait jour, chez nous, qu'avec timidité. En Amérique, on ne semble éprouver aucun scrupule à en agir ainsi, et rien ne peut mieux nous convaincre du bien-fondé des observations désobligeantes formulées par la *Commercial Gazette*, en ce qui concerne les relations des officiers avec la troupe.

Quant à représenter les élèves de West-Point comme uniquement occupés à danser et comme incapables de faire autre chose, c'est une pure plaisanterie. Il n'est guère d'école militaire où les études soient plus sérieuses que dans cette Académie, d'où sortent la plupart des officiers des Etats-Unis [1]. Non pas tous, cependant : un certain nombre proviennent des rangs ; d'autres sont pris en dehors de l'armée. Le Président de la République est libre d'autoriser n'importe quel jeune homme, pourvu qu'il ait de vingt et un à vingt-cinq ans, à subir un examen [2], à la suite duquel ce bourgeois peut être nommé d'emblée second lieutenant, sans concours. D'ailleurs, le concours, dont on connaît les inconvénients, ne semble pas très en honneur en Amérique, et ce n'est point par ce moyen que se recrutent les élèves de West-Point. Chaque district ou territoire a le droit d'envoyer, comme bon lui semble, un sujet à l'Académie militaire. Dix places par an sont réservées, en outre, aux candidats personnels du Président de la République. A leur arrivée, toutefois, une commission est appelée à les examiner et à éliminer ceux qui lui semblent n'être pas en état de suivre les cours.

Ces cours comportent l'instruction intégrale de toutes les armes. Pendant les quatre ans que dure le séjour à l'Ecole, il n'y a pas de spécialisation : qu'on doive deve-

1. Il faut convenir que les études intellectuelles ne prennent pas tout leur temps et qu'ils ne font pas fi des exercices physiques. Preuve en soit un petit tableau statistique dressé à l'école de West-Point, et qui met en évidence la proportion des accidents causés par les jeux athlétiques, l'équitation et la gymnastique. Il montre que, dans la période qui va du 1er septembre 1893 au 17 mars 1894, les élèves ont perdu 345 journées d'instruction par suite d'accidents, ce chiffre total se répartissant de la manière suivante :

Equitation..........	11
Gymnastique........	57
Foot-ball............	277

2. Le jury d'examen comprend deux médecins sur un total de cinq membres. Dans toutes les Commissions du même genre, les Etats-Unis font une part aussi considérable au corps médical chargé de constater les aptitudes physiques des concurrents.

nir sapeur ou cavalier, artilleur ou fantassin, constructeur d'armes ou officier d'état-major, tout le monde fait les mêmes études, des études dont le niveau, je le répète, est fort élevé.

Qu'il y ait une détente à la sortie de West-Point, c'est fort possible. M. Tricoche, qui est ancien officier de l'armée française, a retrouvé chez ses camarades d'Amérique des sentiments qu'il connaît bien ; il a reconnu chez eux cette tendance au relâchement qui suit une longue compression. Par contre, il a constaté en ces officiers l'esprit chevaleresque, le brillant qui conviennent à l'uniforme. Ils ont aussi un peu de l'esprit « fonctionnaire » qui existe en France. Ces messieurs ne donnent pas dans les travers du milieu utilitaire, pratique et jouisseur qui les entoure. Au sein de la lutte qui enfièvre le Nouveau Monde, ils restent calmes. Ce sont de vrais gentilshommes. Ne leur reprochait-on pas, tout à l'heure, d'être un peu trop grands seigneurs ? Assurés d'une belle solde — le second lieutenant de cavalerie touche plus de 7.500 francs par an [1], — n'ayant que peu de service, ils peuvent se laisser aller à la douceur de jouir paisiblement de l'existence. A l'abri de tout souci, n'étant talonnés ni par le besoin, ni par l'ambition (car l'avancement se fait à l'ancienneté), ils sont plus pacifiques que la plupart des « bourgeois » qu'entraîne à lutter le besoin de se créer une situation. Aussi, dans la société américaine, constituent-ils, en quelque sorte, une anomalie [2].

1. Pour remettre les choses au point, je me hâte d'ajouter que le portier chef de Washington est payé 20.600 francs ; que le chef *clerk* du Congrès touche 23.175 francs ; que les messagers ou courriers et le serrurier du Parlement américain ont une paye égale au traitement du second lieutenant !

2. Il est impossible de faire un séjour, si court qu'il soit, dans un fort, sans être frappé de la galanterie, de l'amabilité, de la modestie des officiers de l'armée des États-Unis. Si, dans ce siècle de *business* à outrance, au milieu de cette chasse au

Les citoyens de la grande République sont parfois un peu choqués de mœurs qui détonnent à côté des leurs. Mais on conçoit fort bien que des jeunes filles, n'y regardant pas de si près, s'éprennent de jeunes gens qu'elles voient très différents du monde dans lequel elles ont été élevées, qui sont très éloignés des préoccupations de gain qui hantent leur père ou leurs frères. « Le prestige de l'uniforme, l'attrait d'une existence toute nouvelle, satisfont à la fois la vanité et la curiosité féminines », disait un jour un riche banquier, furieux de s'être vu évincé au profit d'un second lieutenant d'infanterie, « et de jeunes personnes appartenant à l'élite de la société d'élite de Boston, élevées dans les premières écoles de l'Est, ayant parcouru l'Europe en tous sens, vont échouer dans un cottage militaire du territoire indien et passer les plus belles années de leur existence entre le champ de manœuvres d'un côté et le désert de l'autre ».

— Soit, conclut l'aimable écrivain qui nous rapporte ce propos; mais est-ce là une existence perdue?

C'est à la femme qu'est réservée la tâche d'élever le niveau moral de l'Ouest, et son influence n'est pas moins salutaire pour le soldat que pour le pionnier. L'un et l'autre sont isolés dans des conditions peu favorables à leur développement intellectuel. La femme d'officier qui comprend son rôle sent que, si les soins du ménage, les soucis de la famille ne suffisent pas à son activité, elle a devant elle un champ d'action plus vaste, un but plus relevé encore.

Si monotone, d'ailleurs, si terne que paraisse la vie, elle n'est souvent qu'un obscur roman de souffrances et d'abnégation.

dollar qui ne laisse que peu de place aux sentiments généreux, le gentilhomme américain se perdait, on le retrouverait à l'ombre du drapeau du *Post*. Le soudard des plaines est passé à l'état de curiosité historique. .

Ce clairon, que la femme d'officier entend tous les jour rassembler les soldats pour la corvée ou l'exercice, sonn tout à coup l'assemblée du départ... Au retour, quelque noms ont disparu des contrôles; sur le flanc de l'escadron une place est vacante. Et celle qui, hier, heureuse épouse, devisait joyeusement avec ses hôtes sur sa vérandah, aux feux des lanternes vénitiennes, au son de la musique militaire jouant sur la *Parade*, la voici qui s'achemine aujourd'hui tristement et en deuil vers la station solitaire pour y prendre le train de l'Est.

That is the romance of it!

Toutefois, et précisément par ses côtés aventureux, la vie des *Post* exerce une attraction irrésistible sur certaines natures. Et c'est un fait que les femmes d'officiers ne s'en lassent jamais...

Quoique animée d'un esprit aventureux, quoique appartenant à un pays de progrès et d'audace, l'armée américaine est, à certains égards, tout aussi routinière et paperassière qu'on l'est sur l'ancien continent, ce qui n'est pas peu dire. On ne travaille pas longtemps à l'*orderly room* d'un escadron (au bureau), sans entendre les lamentations du capitaine en ce qui concerne les fameux « rapports descriptifs ». Tout homme appartenant à l'armée est l'objet d'une description minutieuse, — « minutieuse » étant un euphémisme, — non seulement sur les contrôles du corps, mais sur des registres spéciaux tenus à l'*Adjutant General Office*, à Washington. Dans le but de permettre de constater que la couleur des yeux ou la forme du nez du cavalier Un Tel ne subit pas de modifications inquiétantes, on expédie tous les mois, à Washington, des rapports détaillés qui cadrent toujours nécessairement avec les registres tenus dans la capitale, par la bonne raison qu'ils sont les uns et les autres la reproduction des mêmes documents.

Certains autres détails montrent que, là-bas aussi, il y a de l'incurie, de la négligence dans le corps des officiers, en un mot, tout ce qui résulte de l'« esprit fonctionnaire ». Que de mutineries provoquées par le manque de conscience et par l'insuffisance de tout contrôle de la part du commandement!...

III

Connaissant maintenant la matière dont est faite l'armée américaine et les éléments qui la composent, nous pouvons nous demander ce qu'elle vaut. Mais ici un facteur intervient, duquel nous n'avons dit qu'un mot en passant : c'est le nombre. Avant la dernière guerre, l'effectif légal des troupes permanentes, tout compris, s'élevait à 25.000 hommes. Retranchez de ce chiffre le cadre des dépôts d'instruction, le personnel de la justice militaire et du commissariat aux vivres, le détachement et la musique de West-Point, divers services accessoires, il vous restera en tout et pour tout 21.000 combattants. C'est peu.

A défaut de la quantité, a-t-on la qualité?

Nous avons vu que la discipline laisse à désirer, cette discipline dont on dit justement qu'elle fait la force principale des armées. Les chefs sont obligés de composer avec leurs hommes. C'est ainsi qu'un ordre général du 1er régiment d'artillerie autorise les canonniers à sortir en ville en bourgeois et leur accorde la libre disposition de trois nuits par semaine! On ne peut faire autrement que de lâcher la courroie, dans le voisinage des grandes cités comme New-York, San-Francisco ou Washington, parce qu'il est impossible d'y tenir les hommes en lisière serrée. Cette insubordin tion fait qu'un régiment américain, malgré la supériori individuelle de ses hommes, paraît bien inférieur da son ensemble à un régiment européen. Notre type cla sique du parfait soldat est « une unité non pensan d'un tout bien organisé ; il est le rouage entre beau coup d'autres rouages d'une machine compliqué il doit être prêt à exécuter l'ordre qu'il reçoit de l'offi cier placé immédiatement au-dessus de lui, sans s faire une opinion sur l'utilité ou l'inutilité de cet ordre Or, le soldat yankee n'a rien de ce type : il discute e critique la tactique de ses généraux avec autant de liberté que s'il parlait de la pluie ou du beau temps ».

L'instruction professionnelle est médiocre ou, tout au moins, très inégale. L'infanterie s'exerce beaucoup au tir, mais elle n'exécute que très rarement des marches. Les changements de garnisons eux-mêmes s'effectuent par chemins de fer. Quant à cette hardie cavalerie, dont les prouesses sont restées mémorables, hélas ! il n'en reste rien. Ou du moins il semble qu'il en reste bien peu. Mais, après tout, il se pourrait que du temps des Lee et des Shermann, déjà, la remonte fût déjà aussi piteuse qu'elle l'est maintenant. Peut-être les cavaliers de la guerre de Sécession étaient-ils aussi inexpérimentés que ceux d'aujourd'hui. En tous cas, ils ignoraient l'art de ménager leurs montures, eux qui pourtant voulaient voyager loin. Dans la seule armée du Potomac, chaque cavalier en a usé deux et demie ! On en a perdu 35.078 rien qu'en l'année 1863 ! C'est, d'ailleurs, le souvenir des fameux raids de cette époque qui détourne la cavalerie, — si paradoxale que puisse paraître cette assertion, — de la pratique de l'équitation ; car ces pointes audacieuses et rapides avaient pour but de transporter sur les derrières de l'ennemi, en des points éloignés du théâtre des opérations et où on ne s'attendait aucunement à en voir apparaître, des soldats qui agissaient à pied : c'étaient, à proprement parler, des fantassins ou des pionniers, qui venaient faire le coup de feu sur les lignes de communication, ou qui coupaient les voies ferrées, qui interceptaient les correspondances, qui détruisaient les lignes télégraphiques, qui troublaient la quiétude des populations ou cherchaient à anéantir des approvisionnements de vivres. La cavalerie américaine n'était donc que des sapeurs à cheval, de l'infanterie montée, c'est-à-dire ce que les dragons français étaient à l'origine et dans le principe même de leur création. La tradition s'est maintenue, et c'est ce qui explique cette indifférence des cavaliers pour leur monture, cette facilité avec laquelle nous avons vu les capitaines échanger les chevaux de leur escadron. Quant à l'artillerie, elle n'est pas mieux partagée, bien que l'esprit inventif de l'industrie américaine ait introduit dans son matériel des innovations hardies et curieuses : les canons pneumatiques du lieutenant Zalinski et les essais tentés récemment pour remplacer la poudre par la dynamite comme agent balistique marquent un louable effort vers le progrès, un esprit de décision véritablement yankee. Il n'en est pas moins certain que l'artillerie des États-Unis n'est, à proprement parler, qu'un ensemble de batteries de côtes. Chacun des cinq régiments de l'arme possède, en tout et pour tout, deux batteries montées, soit dix au total, lesquelles, à l'exception de trois qui sont détachées à l'École de cavalerie et d'artillerie légère de Fort-Riley, manquent nécessairement de cohésion, étant éparpillées depuis New-York jusqu'à San-Francisco. Cette situation peu brillante commence à inquiéter les esprits, et on a pu entendre prôner la séparation de l'arme en artillerie de campagne et artillerie de forteresse.

La grande tactique et la stratégie semblent être peu

en honneur dans l'armée américaine. A quoi on pe répondre que, n'ayant pas à appliquer ce que no appellerons l'art militaire européen, point n'est beso qu'elle le connaisse. Elle est à peu près dans les cond tions où se trouvaient nos troupes d'Algérie après conquête, et on sait que nos généraux, ils ne l'ont qu trop montré, y ont désappris la grande guerre. Selo toute vraisemblance, si le Gouvernement américai n'avait pas cru devoir s'écarter des tradition national et de la doctrine de Monroë pour intervenir *man militari* dans les affaires de l'Espagne, les force militaires de l'Union n'auraient jamais eu à prouve leur insuffisance à cet égard. Il n'y a donc aucun comparaison à faire entre elles et nos corps expéditionnaires. Aussi, en dépit des défauts que nous lu reconnaissons, en nous plaçant à notre point de vue, devons-nous reconnaître que cette armée était bien appropriée à son objet primitif et essentiel. Chargée d'un rôle de police, mais non de grandes entreprises d'agression ou de conquête, elle répondait à sa destination. En cas d'invasion du territoire de l'Union par des voisins entreprenants ou par des troupes de débarquement, elle présentait une force suffisante pour résister, surtout si les milices devaient venir se grouper autour d'elle.

Elle ne jouissait pas, dans son propre pays, d'une grande considération : tant s'en faut. Mais le pays qui est absorbé par le souci de la production, qui agit, qui lutte, ne pouvait guère s'intéresser à cette poignée d'hommes qui montait la garde pour écarter du territoire des adversaires de moins en moins gênants. A ses yeux elle n'était guère plus que n'est, pour le nabab endormi, l'esclave dont l'éventail garantit le sommeil du maître contre l'indiscrétion des moustiques.

Dans une société bien organisée, et qui veut fournir

son maximum de rendement, l'armée est une cuirasse qu'il faut faire aussi légère et aussi peu coûteuse que possible. Il serait coupable d'affecter au service militaire, c'est-à-dire à la défense du pays, un effectif plus considérable qu'il n'est strictement nécessaire ; il ne serait pas moins coupable, n'en ayant pas besoin, d'y employer des éléments de première qualité. Les Etats-Unis n'ont pas de voisins gênants : ils ont su se garder aussi, jusqu'à ces derniers temps, d'ambitions également gênantes ; ils n'avaient songé ni à reculer leurs frontières, ni à coloniser, ni à se mêler de ce qui ne les regardait pas. Ils avaient assez pour pouvoir s'en contenter.

Le patriotisme ne peut pas produire des recrues pour l'armée régulière, écrivait naguère le major-général Hancock au Secrétaire de la Guerre, dans une lettre qui a été rendue publique. Au contraire, il pousse les citoyens, en temps de paix, dans la voie des affaires pour la prospérité générale, et, en cas de guerre, les fait s'élancer dans les rangs des volontaires. Il n'existe pas de courant, de sentiment public sur lesquels on puisse compter pour remplir les rangs d'une armée permanente, et c'est pourquoi les bureaux de recrutement peuvent seulement spéculer sur les désirs, les besoins et les goûts des individualités. Dans ces circonstances, tout ce qu'on peut attendre de ces bureaux, c'est qu'ils nous fournissent des hommes dont les qualités mentales, morales et physiques soient suffisamment développées pour qu'ils puissent être transformés en soldats par des règles appropriées de discipline et d'instruction.

Impossible de mieux dépeindre la situation et de mieux exprimer qu'il est inutile, pour l'objet spécial et très limité qu'on a en vue, de s'y prendre autrement qu'on ne l'a fait.

Quand la guerre de Cuba a éclaté, on s'est demandé

si cet organisme, qui convenait si parfaitement à objet spécial et très limité, pouvait en être détourn Suffisantes pour tenir en respect les Indiens et po calmer les Etats que pourraient troubler quelqu velléités séparatistes, ces troupes seraient-elles capabl de fournir un détachement de quelque importan pour une expédition lointaine? Seraient-elles e état d'affronter la science militaire des générau de l'Europe et même d'entrer en lutte contre l cohésion que donne soit la discipline, soit le fanatisme, soit l'enthousiasme patriotique? Evidemmen les 25.000 hommes de l'armée régulière ne pouvaient y suffire. Mais ne perdons pas de vue les ressource latentes que recèle le Nouveau Monde. Toute l'intelligence, toute l'énergie dont il est rempli, toute la puissance matérielle que lui assurent la fertilité de son sol et la richesse de ses industries, tout cela, sous certaines influences, devait se militariser et, en quelques mois, en quelques semaines, une armée a pu se créer qui n'a pas fait mauvaise figure, encore qu'on attendît mieux d'elle.

Déjà, dans la guerre de Sécession, comme nous le rappelle M. Guglielmo Ferrero[1], les troupes recrutées par les Etats du Nord, qui avaient commencé par se montrer désordonnées, indisciplinées, peu résistantes, faciles à affoler, ne tardèrent pas à former des armées imposantes de courage, de subordination, de solidité. « Parmi les agriculteurs, les ouvriers, les marchands, les avocats, les courtiers qui combattaient dans les armées ennemies, et surtout dans celle du Nord, à peu près personne ne savait ni pratiquement ni théoriquement ce qu'était la guerre. Et pourtant, à la fin de la campagne, au dire de tous les critiques militaires, l'habi-

1. *Le Militarisme et la Société moderne*, traduction de M. Nino Samaja (Paris, Stock, 1899).

leté des chefs le disputait à la valeur et à l'endurance des soldats. Quelle force avait opéré ce miracle? Ni la terreur ni l'habitude, certes; car, pour la première, c'eût été matériellement impossible, et la seconde demande du temps, qu'on n'avait pas. Il en résulte que les Amériques, et surtout les Etats du Nord, ne seraient jamais arrivées à créer d'armée, si elles n'eussent trouvé dans les citoyens une matière excellente, facilement transformable en bons soldats. En 1848 déjà, dans un message de décembre, le président Polk avait, d'une manière emphatique, mais très subtile, remarqué cette excellence de la matière américaine.

« Nos citoyens soldats, disait-il, sont complètement différents de ceux qu'on réunit dans les autres Etats. Ils comptent dans leurs rangs des hommes de toutes les professions et de tous les métiers : agriculteurs, avocats, médecins, marchands, fabricants, ouvriers, et cela non seulement parmi les officiers, mais aussi parmi les simples soldats. Dès leur jeunesse ils furent accoutumés à manier des armes à feu, et plusieurs d'entre eux sont d'adroits tireurs. Ce sont des hommes soucieux de leur réputation et qui tiennent à la conserver par leur bonne conduite en temps de guerre. Ils sont intelligents, et il se développe entre eux un point d'honneur qu'on ne retrouve en aucune autre armée. Dans la mêlée, chaque soldat et chaque officier combat, en même temps que pour son pays, dans le but d'obtenir gloire et distinction parmi ses concitoyens, le jour où il rentrera dans la vie civile.

» ... Aussi, par un effort conscient de volonté, déterminé par divers sentiments moraux, réussirent-ils tous à devenir rapidement de bons soldats, c'est-à-dire à prendre l'habitude de la discipline et à dominer l'instinct de la conservation ». Et voilà comme on fait les bonnes armées !

L'ARMÉE SUISSE

Parmi les questions vitales de l'heure présente, il n'en est guère de plus importante que la réorganisation de notre système militaire. Et parmi tous les ouvrages qui ont été consacrés à l'étude de ce problème ardu, il n'en est guère de plus fortement déduits, de plus judicieusement pensés, de plus solidement étayés, de plus substantiels à la fois et de plus suggestifs, que *l'Armée d'une démocratie*, travail considérable, dans lequel M. Gaston Moch nous fait connaître à fond l'organisation du système militaire suisse, système qu'il nous propose comme un modèle à imiter, au moins dans une certaine mesure.

Sans entrer dans le détail de la discussion et même en faisant dès à présent des réserves sur les conclusions de ce livre, on peut signaler le point critique sur lequel doit porter le débat. Vaut-il mieux une bonne milice qu'une mauvaise armée? Ou bien, de même qu'on dit que le pire des cantonnements est préférable au meilleur des bivouacs, devons-nous préférer une armée médiocre (et qu'on possède) à une milice excellente (et qu'on n'est pas sûr d'avoir)? Si c'est sur la dernière des branches de ce dilemme que nous posons notre choix, il est hors de doute que la démocratique Helvétie offre des dispositions dont nous ferions bien de nous inspirer, qu'elle a adopté des principes que nous aurions intérêt à nous approprier, non sans toutefois les avoir quelque peu transformés pour permettre à notre organisme de les assimiler.

Il est clair que ni le chiffre de notre population, ni notre constitution politique, ni notre situation géographique, ni les obligations de notre passé, ni nos rêves d'avenir, ni nos aspirations colonisatrices, ni même les appétits de nos voisins ne nous permettent d'agir comme un petit Etat neutre abrité par ses montagnes et dépourvu de marine. Ce qui lui convient ne saurait nous convenir. Il ne réussit pas à la grenouille de chercher à se faire aussi grosse que le bœuf. Mais l'inverse n'aurait pas eu plus de succès. Tout en travaillant à nous améliorer, nous devons rester ce que nous sommes et ne forcer ni notre talent ni nos aptitudes. Il sied sans doute aux réformateurs de faire table rase de ce qui existe ; ils dessinent ainsi en pleine utopie un projet idéal, dont les hommes d'action tendent à exécuter certaines parties, dans la mesure où elles sont réalisables. La sagesse veut que dans ce travail d'application, on utilise les forces existantes. En négligeant ces forces ou en les supprimant, les « idéologues » se montrent gens peu pratiques. Il faut, dans la conduite des affaires, ne rien perdre de ce qu'on possède. Les traditions, si on sait en tirer parti, ont une valeur intrinsèque : elles représentent quelque chose qui est. En rompre la chaîne, c'est dépenser une dose d'énergie qu'on pourrait peut-être employer à accomplir quelque progrès. Les véritables organisateurs sont conservateurs ; ils savent combien il est difficile de créer, et ils préfèrent tourner à leur avantage, plier à leurs desseins, plutôt que de s'attarder à le détruire, les obstacles mêmes qu'ils rencontrent.

De ces généralités un exemple concret fera mieux comprendre la portée. Ecoutons M. Gaston Moch :

On sait qu'il n'existe pas de décoration en Suisse, et que les citoyens de ce pays ont coutume de ne point accepter d'ordres étrangers. Or, cette habitude démocratique s'est traduite, dans leurs lois, par l'interdiction absolue à tout militaire d'accepter et de porter une décoration quelconque.

Eh bien, si on va au fond des choses, on reconnaîtra que cette disposition témoigne d'un sentiment de la discipline infiniment plus juste que celui qui règne ailleurs. Il n'est pas rare de voir, chez nous, un lieutenant, qui a tenu garnison aux colonies, en revenir avec toute une brochette de ces ordres bizarres qui ont été créés depuis quelques années; les soldats ont peine à voir en lui l'inférieur d'un capitaine au dolman vierge ou d'un colonel simple chevalier de la Légion d'Honneur. D'autres ont la poitrine chamarrée, pour avoir piloté aux grandes manœuvres ou, simplement, dans un établissement militaire, une mission d'officiers étrangers...

Le général Trochu disait à l'Assemblée nationale, en 1872 : « La France s'est plus décorée, plus favorisée, après la douloureuse catastrophe de 1870, que si elle avait vaincu l'Europe ». On peut en juger par la comparaison des croix données pendant les campagnes de Crimée, d'Italie et de France :

	1854-55	1859	1870-71
Grands-croix	3	3	16
Grands-officiers	12	10	52
Commandeurs	25	78	232
Officiers	182	276	1.700

Quant aux chevaliers, le général Jung renonce à les évaluer! En 1886, après Sadowa, ajoute-t-il, le Gouvernement autrichien ne distribua pas de décoration.

Mais il ne suffit pas de réserver ces distinctions pour les guerres victorieuses; car, aussi bien, on peut se distinguer dans une défaite. La question est plus élevée. Ce qu'il faut, dans une démocratie, c'est interdire le port, sur l'uniforme, de toute marque distinctive autre que les insignes de grade, de fonction et de spécialité, ou que les insignes décernés à la suite de concours, prix de tir, de pointage, etc., qui ne sont eux-mêmes que des insignes de spécialité. Les Suisses sont dans le vrai, au point de vue de l' « esprit militaire », en considérant comme contraire à la discipline qu'un inférieur puisse se parer d'une décoration que ne possède pas son supérieur.

En soi, cette thèse est fort discutable. Le soldat, qui voit une médaille coloniale ou une médaille de sauvetage sur la tunique d'un de ses chefs, en conclut que ce chef, ayant eu une occasion de se distinguer, ne l'a pas laissé échapper. Que si son général n'a que la rosette d'officier, le jugera-t-il indigne d'une plus haute distinction ? Non : il se dira que l'occasion de la mériter ne s'est pas présentée à lui. Il est absolument conforme à l'esprit démocratique de récompenser la vertu, le courage, le dévouement, partout où on les trouve, sans distinction de grade : à chacun selon ses œuvres et selon son mérite. Et c'est une belle pensée que de mettre sur le pied de l'égalité hors pair tous ceux qui, à des titres divers, ont pu contribuer à la grandeur du pays. En vertu de la théorie contraire, on a vu protester contre l'élection de Julien Viaud à l'Académie, sous ce prétexte que c'était le classer au-dessus d'amiraux qui ne faisaient pas partie des Quarante et n'en feraient jamais partie. Dans le même ordre d'idées, une décision ministérielle réserve aux seuls officiers supérieurs la rosette du Mérite agricole ou la palme d'or de l'Instruction publique, comme s'il y avait correspondance entre le rang dans la hiérarchie militaire et les services rendus soit à l'agriculture, soit à l'enseignement. Je vois pas ce que l'« esprit militaire » a affaire là-deda j'y vois par contre un esprit égalitaire qui n'est pas meilleurs, ou plutôt cet esprit militariste en vertu quel tout ce qui fait la personnalité d'un homme disparaître derrière ses galons, en vertu duquel on s' cupe non de ce que valent les gens et de la place qu ont dans la société, mais uniquement du grade dont sont investis. Et vous voulez, d'autre part, que des at buts, des insignes divers montrent qu'il y a souve manque de proportionnalité entre le mérite professic nel et le nombre des galons! N'est-ce pas de cela su tout que le bon sens du soldat risque d'être offusqu Car, s'il comprend sans peine que son lieutenant a mérité une médaille de sauvetage ou que son adjuda porte la médaille coloniale, alors que le capitaine de s compagnie n'est pas chevalier de la Légion d'Honneu il s'étonnera sans doute de ne voir sur le bras de so sergent aucun cor de chasse ni sur sa poitrine aucun chaînette, tandis que le caporal d'escouade, voir quelque premier soldat, porte ostensiblement la preuv éclatante de sa supériorité comme tireur.

Ah! dites que la faveur joue un rôle considérable dans l'octroi des décorations, qu'elles sont données mal à propos, qu'elles servent de primes d'ancienneté, alors qu'elles étaient primitivement destinées à récompenser les actions d'éclat; dites qu'elles excitent des convoitises qui peuvent être malsaines. Soit, et j'en demeure d'accord. Mais elles peuvent provoquer de saines ambitions. Bien des prouesses ont été accomplies avec le seul espoir d'un bout de ruban rouge, et, si la vanité intervient, qui ne préfèrera cette vanité à la cupidité qu'on encourage chez les généraux anglais, par exemple, en leur accordant de belles dotations pour prix de leurs victoires? Les contribuables en tout cas n'ont pas le droit de se plaindre si, par ce moyen économique, ils déterminent nombre de fonctionnaires et de militaires à faire loyalement, pendant de longues années, un service maigrement rétribué. Que la « *décorite* » soit une maladie française, je ne l'ignore pas. Mais ne faut-il pas savoir vivre avec ses maux, surtout si le remède qui doit les guérir compromet par quelque autre côté l'organisme, et en trouble certaines fonctions ? Si l'usage des décorations n'existait pas chez nous, il faudrait regarder à deux fois avant de l'y introduire, et alors on mettrait les arguments de M. Moch en balance avec les arguments contraires. Mais, cet usage étant entré dans nos mœurs, il y a lieu de considérer le vide que produirait le déracinement de notre goût national pour les « hochets de la vanité ». Si donc nous cherchons dans les armées étrangères des modèles, rappelons-nous que nous devons les accommoder à nos facultés, à nos besoins, à nos habitudes, voire à nos préjugés. Et entreprenant d'indiquer certaines des dispositions les plus originales, les plus caractéristiques, les plus heureuses des institutions militaires suisses, ce ne sera pas sans nous être préalablement mis en garde contre les dangers qu'il pourrait y avoir à les imiter, fût-ce en les transposant intelligemment. Sous prétexte que la Suisse est une démocratie et que la France veut en être une, ne nous hâtons pas de conclure que ce qui convient à celle-là réussira à celle-ci.

I

« Ainsi que cela a toujours existé, dit le Règlement du 20 août 1817, chaque Suisse capable de porter les armes est soldat ». La race est donc foncièren militaire. N'a-t-elle pas pris part à toutes les gue de l'Europe dans le passé ? N'a-t-elle pas fourni à to les puissances de vaillantes troupes, très recherch et très appréciées? Que si le sentiment patrioti n'était pas ce qui l'animait alors, on ne peut nier q du moins, elle eût des goûts belliqueux. Une lon inaction n'a pas modéré son ardeur. N'est-ce pas l'am de la guerre qui a poussé des hommes de la valeur Jomini à prendre du service partout où on se batt tantôt sous les ordres de Napoléon, tantôt contre lui? (exemple a été suivi par le disciple de ce célèbre thé ricien, le colonel Lecomte, hier encore doyen des di sionnaires fédéraux [1], et bien connu, lui aussi, par s écrits militaires. N'étant que capitaine d'état-major, a fait campagne avec nous, en Italie, dans l'été de 185 deux ans après, on le retrouvait en Amérique, où apprenait, sous les drapeaux du Nord, une aut tactique et surtout une stratégie bien différente. S'il n pas pris part à la guerre franco-allemande, tout moins l'a-t-il suivie de fort près.

A de telles gens, animés du feu sacré et qui aime à faire de « l'art pour l'art », il doit peser de ne poi exercer leurs facultés et de ne guerroyer que sur l papier ou, tout au plus, dans les batailles pour rir des manœuvres d'automne. Aussi en entend-on qu regrettent le temps où les Suisses servaient l'Etranger Qu'un pays qui nous soit sympathique, déclarent-il sans ambages, forme donc pour la guerre une sorte d *légion étrangère* exclusivement composée de Suisses et il verra accourir, comme autrefois, non pas seulement nombre d'officiers, qui se consument dans l'inaction d'une carrière sans issue, mais encore assez

1. En Suisse, le grade de colonel est le plus élevé qu'on puisse obtenir en temps de paix.

d'hommes des vingt-deux cantons pour constituer un solide corps d'armée.

Comme le dit fort bien M. Ch. Malo, en rapportant ce propos, un pays où on pense de la sorte n'est pas un pays amolli et gâté. Il ne l'est ni moralement ni physiquement, et c'est ce qui lui permet de ne craindre, le cas échéant, — sur son territoire tout au moins, — aucune des armées que l'on renomme. De fait, le Suisse apporte à la caserne, lorsqu'il y met le pied pour la première fois, une foule de sérieuses qualités qu'ailleurs le soldat ne possède guère que lorsqu'il en sort, son temps de service accompli. Que lui apprendrait-on en effet? L'art de marcher et de résister à la fatigue? Sa rude existence de montagnard l'y a rompu depuis longtemps. L'art de se servir de son arme? Il est habitué à tirer dès l'enfance. Une recrue qui, en arrivant au corps, marche et tire comme un vétéran, qui, par surcroît, est docile, disciplinée, animée de la meilleure volonté, cette recrue-là, assurément, est du bois dont on fait les bons soldats.

Avant l'incorporation, en effet, à l'école même de leur village, les jeunes gens ont été exercés à la gymnastique et conduits à la cible. Partout on trouve des Sociétés de tir, auxquelles tout citoyen valide tient à honneur d'appartenir, et qui possèdent un *stand*, plus ou moins bien installé, où on s'exerce avec ardeur, les dimanches et jours de fête. La Confédération subventionne ces Sociétés, lorsqu'on y fait usage des armes et munitions d'ordonnance, pourvu que chacun des tireurs appartenant à l'armée puisse y tirer trente balles par an [1]. Ceux qui n'ont pas satisfait à cette condition (inutile de dire que des mesures rigoureuses

1. Il est alloué 1 fr. 50 à tout soldat qui accomplit les exercices fixés par le programme réglementaire dont il sera parlé plus loin, et 1 fr. 20 à ceux qui exécutent les tirs du programme facultatif.

sont prises pour éviter la fraude), on les convoque dan certains centres pour y exécuter leurs tirs. Ils y passen trois jours, et on ne leur accorde ni solde, ni frais d route, ni indemnité de séjour.

La contrainte n'est d'ailleurs guère nécessaire dan un pays où les exercices militaires, avec les série d'épreuves de tir et de gymnastique qu'ils comportent, sont devenus un sport auquel la jeunesse s'adonne ave autant de passion qu'elle se livre ailleurs au cricket ou au patinage.

Dans les écoles, l'instruction de la gymnastique est obligatoire jusqu'à la quinzième année. Et il s'agit ici d'une série d'assouplissements progressivement gradués et normalement combinés. Le programme, qui en est établi par les autorités scolaires diffère, en somme, assez peu de celui auquel sont soumises nos recrues, et qui fait le désespoir de nos gros campagnards lourdauds : sauts en longueur et en hauteur, mouvements d'ensemble avec cannes de fer, exercices aux perches, aux barres ou au cheval de bois. Les innombrables Sociétés de gymnastique dont s'honorent les moindres communes des vallées les plus reculées continuent cet enseignement depuis la sortie de l'école jusqu'à l'entrée au régiment. Par une belle journée d'été, traversez la place publique de n'importe quel village suisse, et je parie que vous apercevrez un escadron de jeunes gens à culottes blanches et à ceintures voyantes qui s'exercent aux pyramides ou aux cannes. Ce sont les recrues volontaires qui, tout en s'amusant, font leurs années de service.

Voilà pour le développement musculaire ; quant à l'habitude de la marche, les autorités n'ont rien fait, parce qu'il n'y avait besoin de rien faire. L'alpinisme, cette passion qu'il faut être Suisse pour pouvoir comprendre, sévit à l'état aigu dans chacun des vingt-deux cantons. Pour leur simple plaisir, la plupart des soldats futurs s'imposent des courses bien autrement longues et périlleuses que celles qu'ils auront à fournir lorsqu'ils seront sous les drapeaux. Un plaisant prétendait que, si un Allemand est toujours reconnaissable à ses mains tendues et à son échine souple, un Suisse le devient à ses grands pieds et à ses gros mollets : « Ce n'est pas étonnant, disait-il : à force de gravir les montagnes, le bas des jambes se développe au détriment du reste ».

Mais si la Confédération s'en rapporte au jeune homme du soin de se préparer à la vie militaire, elle s'en rapportera bien davantage à l'homme fait du souci de continuer à s'entraîner et à s'entretenir en condition pendant tout le temps qu'il appartient à l'armée comme milicien. D'ailleurs, rien n'est plus facile ; il suffit à ces miliciens, je le répète, de vivre de la vie nationale. Car si, dans d'autres pays, certaines nations se complaisent aux pompes splendides des cérémonies religieuses, d'autres aux émotions angoissantes des combats de taureaux ou bien aux concerts et aux spectacles, la Suisse, elle, n'a de goût que pour les concours de gymnastique et que pour les fêtes de tir. Ah! les tirs surtout, il en est de fédéraux, de cantonaux, de communaux ; il en est pour officiers, pour sous-officiers, pour jeunes gens, pour vieux messieurs. Les dames mêmes y sont admises. Comme la Française monte à bicyclette, comme l'Allemande devient cuisinière pour complaire à l'époux aimé, ainsi la Suissesse qui se pique de quelque attention conjugale apprend l'usage du revolver et du fusil et y devient experte.

Ne croyez pas que l'ordre et la marche de ces fêtes soient laissés à la fantaisie des organisateurs. Le Département militaire, en instituant un officier et une Commission de tir par arrondissement de division, veille, au contraire, à ce que tout se passe conformément a prescriptions de l'Ordonnance du 15 février 18 « sur le développement des exercices de tir volontaire Il y en a, d'ailleurs, d'obligatoires, qui s'exécutent to les deux ans et auxquels on est astreint jusqu'à ce qu' ait atteint l'âge de quarante-quatre ans. Le programm en est fixé chaque année par les autorités compétente Et le tireur les exécute avec son fusil de soldat, av l'arme même dont il aurait réellement à se servir s' était jamais appelé sur un champ de bataille.

Le goût de la guerre, l'habitude des exercices qui préparent : voilà ce qui caractérise le citoyen de l libre Helvétie. En regard de ces précieuses qualités, l constitution politique du pays place un inconvénien grave. Le système fédéral est, de son essence, décen tralisateur ; or, quoi qu'on dise, un bon régime militair est forcément, foncièrement centralisateur. Certes on aurait tort d'en pousser le principe à l'extrême, e c'est là un travers dans lequel on est souvent tombé ; parce qu'il faut que, au combat, en campagne, l'armée n'ait d'autre volonté que celle de son chef, on a maintes fois voulu qu'elle n'en eût jamais d'autres, en aucun temps, et qu'elle attendît, pour agir, l'impulsion d'en haut. Dans quelle mesure donc chacun doit-il jouir de son indépendance et rester dans la dépendance du commandement ? Il faut que l'initiative des subordonnés soit très grande, en même temps qu'enfermée dans des limites précises. Plus une machine est parfaite, moins elle contient d'éléments rigides ; elle est composée d'organes articulés et qui ont besoin d'avoir du jeu. Mais, en accordant ce jeu nécessaire, on se garde bien de le laisser s'accroître ; la course des pistons est nettement déterminée, ainsi que l'engrènement des dents des pignons et les frottements des courroies. La décentralisation met en action toutes les forces élémentaires que recèlent une armée et une nation ; mais, si on ne leur assigne pas une direction, il y a anarchie. Le Gouvernement, dans un cas, le commandement, dans l'autre, doivent à la fois exciter les initiatives et les contenir, comme fait un cavalier avec son coursier ; mais il faut du doigté, du tact, de la légèreté de main. L'art du stratège en campagne, c'est alternativement, mais à sa volonté, de diviser ses troupes pour pouvoir les nourrir et les mettre à l'abri, puis de les réunir pour aborder l'ennemi. La centralisation à outrance (et à contresens) est celle qui consiste à garder toute son armée massée, depuis le jour de l'entrée en campagne jusqu'au moment de la bataille, sous prétexte que, si on l'éparpillait, si on cessait de la tenir constamment sous la main, on risquerait de ne pouvoir la former, en temps utile, pour le combat. Malgré tout, il faut que le chef puisse, au moment voulu, concentrer ses forces ; il faut que, à ce moment, sa volonté absorbe toutes les autres volontés. C'est pourquoi, par une pente toute naturelle, les officiers acquièrent l'esprit centralisateur, c'est-à-dire une certaine crainte des initiatives. C'est pourquoi aussi le régime de la fédération est contraire à la bonne gestion du commandement et à la solidité d'une armée. La Prusse a très bien compris qu'il fallait former un Empire d'Allemagne pour créer une puissance militaire de premier ordre. La Suisse a mis longtemps à s'en rendre compte et à s'unifier. Au milieu du XIXe siècle encore, on était Genevois, Vaudois ou Bernois ; mais on ne savait pas ce que c'était que d'être Suisse.

Jadis, aux temps primitifs, alors que la Confédération helvétique ne comptait que huit cantons, il n'était pas encore question d'un drapeau fédéral. Les régiments marchaient sous les couleurs de leurs cantons, la bannière de Zurich dépassant, en général, celle des autres villes. Cependant, dès l'ancienne guerre de Zurich, la croix blanche sur champ de gueules devenait un signe de ralliement. Un procès-verbal du 9 août 1640 dit : « Chacun doit servir sous le drapeau de sa ville ou de son canton, comme il a été usité de tout temps, à la condition toutefois que chacun ajoute à son drapeau une croix blanche qui jusqu'à présent a toujours porté bonheur ». Dès lors la croix blanche figura, en effet, sur les drapeaux cantonaux, à côté des armoiries locales; mais il faut attendre un arrêté du 4 juin 1815 pour voir attribuer enfin un écusson à la Confédération suisse et pour établir qu'il doit être rouge avec croix blanche. On croit rêver en ajoutant que les détails de ces armoiries ne furent définitivement fixés que le 12 décembre 1889.

Je laisse au légendaire pasteur Cérésole le soin de les expliquer dans un petit livre dédié aux soldats suisses et tel qu'il serait à désirer que beaucoup fussent écrits pour nos soldats français :

« Ce *rouge*, couleur de sang, n'est-il pas le symbole du courage et du dévouement? Le *blanc* ne parle-t-il pas de pureté et de loyauté? La croix enfin — signe chrétien, emblème de foi, — en rappelant Celui qui est mort pour nous, n'éveille-t-il pas au cœur la pensée du sacrifice? *Donne loyalement ta vie, fais-en le sacrifice, s'il le faut, au service de la patrie!* telle est la voix que fait entendre le drapeau fédéral chaque fois que paraît à nos yeux sa croix blanche flottant, fière et sereine, dans ses plis couleur de sang ».

Eh bien, cette histoire véridique du blason suisse se trouve être aussi l'histoire symbolique de l'armée suisse. Si j'avais le loisir d'analyser les diverses constitutions militaires qui ont régi ce pays, depuis la *Lettre de Sempach*, de 1393, jusqu'au projet de revision du 2 mai 1895, il me serait facile de montrer comment, aux premiers actes d'alliance pour une défense commune, fixant à peine certaines questions d'armement et de mobilisation, succédèrent de véritables règlements militaires établissant peu à peu jusqu'aux moindres détails de l'organisation intérieure. Autrefois chaque canton prétendait avoir son système défensif et instruire ses milices comme il lui convenait. Les dures leçons de l'expérience montrèrent seules qu'une armée munie de vingt-deux règlements était impossible à diriger. Ce fut ainsi, quoiqu'elles rencontrassent toujours des adversaires, que les idées de centralisation fédérale gagnèrent peu à peu la faveur des générations nouvelles. Cette évolution fut extrêmement lente, car, ainsi que l'écrit le colonel Feiss « la question de la souveraineté cantonale, avec les idées étroites et mesquines qui l'accompagnaient, se présentait à chaque occasion », et l'armée fédérale, dans le vrai sens des mots, ne date en réalité que de la constitution de 1874[1] ».

La nécessité de cette reconstitution avait été mise en évidence par les mobilisations de 1856, de 1866 et surtout de 1870.

On vit avec effroi tout ce qui manquait. Les esprits les moins perspicaces purent alors se rendre compte du danger considérable que le défaut d'unité dans l'organisation, l'administration et la direction de l'armée faisaient courir à l'indépendance de la patrie, et partout dans le peuple l'idée d'une réforme s'imposa.

Jusqu'alors, en effet, l'armée fédérale était constituée par la réunion des armées cantonales, à peine soumises à quelques règles communes qui, sur certains points particuliers, assuraient l'uniformité. Les cantons pourvoyaient eux-mêmes au recrutement, à l'habillement et à l'équipement des hommes, à l'acquisition d'une partie du matériel de guerre, à la fourniture des

1. Ce passage est extrait d'un article anonyme publié dans la *Revue Bleue*. J'en ai extrait bien des renseignements, ainsi que d'un autre article, également anonyme, que le même recueil a fait paraître sur l'armée italienne.

chevaux ; ils dirigeaient l'instruction et l'entretien de l'infanterie et des carabiniers ; ils faisaient face aux besoins de l'administration (intendance) et du service sanitaire ; il édictaient les ordonnances relatives à tous les services dont ils étaient chargés.

On voit le peu qui restait de pouvoir et de prérogatives au Gouvernement fédéral. Au surplus, en voici le détail, d'après Numa Droz : « La Confédération avait le droit de contrôle et de surveillance ; elle procédait directement à l'instruction des armes spéciales : le génie, l'artillerie et la cavalerie ; elle formait des instructeurs pour les autres armes et établissait des écoles centrales pour l'instruction supérieure de toutes les troupes ; elle nommait les officiers supérieurs depuis le grade de lieutenant-colonel ; mais les cantons usaient aussi du même droit ; elle fournissait une partie du matériel de guerre ; elle fixait des modèles uniformes pour l'habillement, l'équipement et l'armement. Une loi fédérale déterminait l'organisation générale de l'armée, et la centralisation totale de l'instruction des troupes avait même été *prévue* par la Constitution de 1848, mais n'avait pu être *effectuée* ».

Si un certain nombre de cantons rivalisaient de zèle pour remplir scrupuleusement leurs devoirs fédéraux, d'autres, par des motifs d'économie essentiellement, étaient loin d'agir de même. Leurs effectifs en hommes, en armes, en vêtements, en chevaux, en voitures de guerre, en matériel de toute sorte, étaient plus ou moins insuffisants. La Confédération ordonnait bien des inspections et elle en faisait passer par des délégués spéciaux ; mais on s'efforçait de surprendre leur bonne foi ; l'inspection était à peine terminée dans un district qu'on faisait partir pendant la nuit les capotes, les armes, les objets d'équipement que venaient de rendre les hommes inspectés, de telle sorte que, le lendemain, on exhibait au délégué fédéral, dans un autre district, les capotes, armes et objets d'équipement qu'il avait déjà passés en revue la veille. Dans plus d'un canton, le recrutement des hommes et les nominations d'officiers étaient influencés par le favoritisme. Ici on battait monnaie au moyen des taxes d'exemption du service militaire, en mettant à la réforme les gens riches qui le demandaient ; ailleurs, on ne faisait rien payer ou fort peu de chose, de peur d'indisposer les électeurs. Il y avait ainsi des inégalités criantes de canton à canton, sinon dans l'intérieur du même canton. L'instruction était souvent déplorable, et la discipline relâchée. Dans les camps fédéraux, toutes ces défectuosités apparaissaient au grand jour et donnaient parfois lieu à de fâcheuses querelles entre les troupes des divers cantons.

Nous avons dit que la mise sur pied de guerre de 1870 porta le dernier coup à cet état de choses. Ce n'est pourtant pas sans peine qu'on passa du système de l'autonomie cantonale au régime de la centralisation fédérale. Les cantons ne voulaient pas consentir à déchoir de leur rang d'Etats à celui de simples préfectures. Il fallut composer avec eux et leur abandonner quelques os à ronger. On leur en laissa même de fort gros. Ils conservèrent la fourniture et l'entretien, non plus des armes, mais de l'habillement et de l'équipement ; ils continuèrent à être chargés de former les corps de troupes et de les maintenir à l'effectif déterminé. Enfin la nomination et la promotion des officiers d'infanterie jusqu'au grade de chef de bataillon (inclusivement) leur furent abandonnés, ce qui produit des inégalités choquantes. Des officiers sont déjà chefs de bataillon ici, quand, ailleurs, ceux de la même promotion sont seulement premiers lieutenants.

En 1874 fut votée la nouvelle organisation militaire

de la Suisse. Les lois qu'on applique pour la premiè fois sont un peu comme les pièces de monnaie q sortent de la frappe : elles jettent un éclat qui éblou mais l'arête trop vive de leur tranche accroche l doigts. Plus tard, émoussées par l'usage, elles devie dront d'un maniement plus facile sans avoir pourta rien perdu de leur valeur. La constitution actuel de l'armée est le résultat de ce travail que le temps opéré sur les mesures prises en 1874, mesures qui, a début, soulevèrent bien des oppositions. Le mome est venu de montrer ce qu'elle est, c'est-à-dire que parti le législateur a su tirer du tempérament nationa et de la formation politique du pays.

II

En principe, le service est obligatoire et égal pour tous. En pratique, les conseils de revision n'acceptent pas tout le monde : loin de là. Chaque automne, ils examinent les jeunes gens qui prendront leurs vingt ans dans l'année suivante et tous ceux qui, s'étant présentés aux visites antérieures, ont été ajournés par la Commission sanitaire. L'opération du recrutement consiste en un double examen médical et pédagogique. Selon les conditions budgétaires, le premier devient plus ou moins sévère. Le minimum de la taille est de 153 à 165 centimètres selon les armes : 153 pour les bicyclistes et 165 pour les artilleurs. On réforme toute recrue ne jouissant pas d'une excellente acuité visuelle ou atteinte d'infirmités incompatibles avec une aptitude parfaite à la marche. La capacité thoracique est soigneusement relevée; le tour du corps, pris sous les aisselles, doit mesurer au moins la moitié de la hauteur totale de l'individu. Les médecins suisses prétendent que c'est le plus sûr indice pour reconnaître si un homme est doué d'une constitution capable de résister aux fatigues du service.

On devine que, avec des clauses aussi sévères, et malgré la vigueur proverbiale de la race, les exemptions ne doivent point être rares. Les statistiques établissent, en effet, que la moitié à peine des jeunes gens examinés est reconnue apte au service ; un cinquième environ sont ajournés pour un ou deux ans ; le reste paye la taxe. Celle-ci est proportionnelle à la fortune et au revenu, non seulement du citoyen, mais encore de ses parents ; elle peut monter de 6 francs à 3.000. Cet impôt est le moyen le meilleur qu'on ait trouvé pour frapper des jeunes gens qui vivent dans le luxe sans posséder aucune fortune personnelle. Le procédé aide sans doute à remplir les caisses fédérales ; mais il est permis de ne pas le trouver équitable, puisqu'il oblige le jeune homme à payer un impôt sur un capital qu'il ne possédera peut-être jamais et dont, en tout cas, il ne peut disposer.

Quant à l'examen pédagogique, son but le plus clair paraît être de fournir des données sur l'état de l'instruction publique dans les vingt-deux cantons[1]. L'homme doit montrer qu'il sait lire, écrire et compter lestement ; il est, en outre, interrogé sur la géographie, l'histoire et la constitution de la Suisse. Les réponses

1. Nous avons connu, en France, un inspecteur d'académie qui voulait obtenir que son département fût noté comme étant celui qui renfermait le moins d'illettrés. Aussi obligeait-il les instituteurs de son ressort à aller trouver les conscrits qui étaient à la veille de partir pour le régiment et de leur enseigner, de gré ou presque de force, à signer. La statistique officielle d'alors, en effet, considérait comme n'étant pas illettré tout homme qui était capable de tracer son nom avec un paraphe.

donnent lieu à des notes dont la tarification est unifor pour tout le pays. Le résultat des examens permet classer les cantons dans un certain ordre. La liste classement est officiellement publiée, ce qui peut su citer une heureuse émulation. En revanche, malhe reusement, cette mesure blesse les instituteurs do le zèle ou l'aptitude pédagogique se trouvent ainsi ét publiquement contrôlés. Les communes et les canton se plaignent, lorsqu'on les signale comme surveilla mal leurs écoles. On a bien songé à astreindre à de leçons supplémentaires, pendant leur temps de pré sence sous les drapeaux, les hommes dont l'instructio aurait été reconnue insuffisante ; mais, même che nous, où le soldat sert pendant trois ans, nombr d'officiers regrettent que le régiment se transforme e établissement d'instruction publique et que certaines heures, prises sur l'apprentissage du métier des armes, soient consacrées à des cours d'illettrés. A plus forte raison, en Suisse, où le service est de très courte durée, ne peut-on réclamer aucun travail intellectuel de gens surmenés par un labeur physique excessif. Tout le temps est pris par des exercices et des corvées, et il a bien fallu renoncer aux leçons de calcul ou d'histoire : les élèves, éreintés, se seraient endormis sur les bancs.

Le service actif, en effet, est très court, mais dur à proportion. Il s'étend sur une période de douze ans ; mais, en ces douze ans, la durée totale du séjour sous les drapeaux n'atteint pas un semestre. L'armée active, en effet, n'est pas permanente : elle est intermittente. La recrue est soumise à une demi-douzaine de périodes : la première, qui est la plus longue (de un mois et demi à quatre-vingts jours, selon l'arme), est consacrée au dégrossissage de l'homme, lequel, au bout de cet apprentissage, est admis dans l' « élite », c'est-à-dire considéré comme mobilisable ; on le renvoie alors dans ses foyers, d'où il est rappelé tous les ans dans la cavalerie, tous les deux ans dans les autres armes, pour une période de revision[1] dont la durée va de dix à dix-huit jours, suivant les cas. Dans les années intermédiaires, les miliciens doivent, nous l'avons vu déjà, prendre part à des exercices de tir. Il résulte de là que, pendant les douze années qu'il passe dans l'élite, le citoyen suisse se sent sous la domination de la règle militaire. On ne lui laisse jamais oublier qu'il est soldat. Et c'est un des avantages du système adopté. Beaucoup de gens préféreraient servir un an d'affilée, à condition de n'être plus rappelés; ils voudraient avoir un gros morceau à avaler d'un seul coup, puis plus rien. Il est désagréable d'être toujours sous le coup d'une convocation qui, naturellement, arrive toujours pour tout le monde au plus mauvais moment. Si l'instruction initiale était poussée plus à fond, il n'y aurait sans doute pas besoin de l'entretenir par des appels ultérieurs. Le choix peut donc hésiter entre deux solutions : ou un unique séjour au régiment, séjour qu'on prolongerait jusqu'à un an et au delà, et qui rendrait définitivement à la vie civile un homme profondément pénétré de son devoir de soldat; ou le système des « petits paquets » adopté en Suisse. Moins préjudiciable aux études et peut-être à l'exercice des professions manuelles, il fait sentir plus longtemps aux habitants qu'ils ne sont pas quittes de leurs obligations envers l'Etat, et, militarisant peut-être moins les individus, il militarise davantage la nation[2].

1. Comme toujours, je cherche à employer les expressions qui font le mieux comprendre aux lecteurs français ce dont il s'agit. Les Suisses appellent « cours de répétition » ce que je nomme ici période de revision. Ce sont des périodes d'exercices ou de manœuvres.

2. Cette organisation complique la vie des paysans et des employés. Grevant toujours leur budget, elle risque souvent de com-

Un semestre de travail, réparti sur un espace de douze ans, peut-il donner des résultats satisfaisants? La question est fort discutée. On sait combien il est difficile d'apprécier ce que vaut une armée : les exercices du temps de paix ne peuvent fournir, à cet égard, que des renseignements incertains. Notons d'abord que, si le temps de service imposé va de cent quatorze jours pour les pionniers à cent quatre-vingts pour la cavalerie, tout ce temps n'est pas consacré au travail : il y a des chômages, des fêtes, des dimanches, des absences motivées par des indispositions ou des maladies. Tout compte fait, il reste de quinze à vingt-trois semaines pour l'apprentissage et les revisions, avec les grandes manœuvres, les écoles à feu, et les exercices de service en campagne. Qu'obtiendrait-on dans un si bref délai, si on n'employait d'intelligentes méthodes d'instruction intensive, si on n'éliminait pas impitoyablement tout ce qui n'est que de parade, et surtout si on n'avait pas affaire à des hommes d'une grande vigueur physique, déjà disciplinés par leur vie passée et les habitudes contractées dès l'enfance, à des hommes sérieux, consciencieux, patriotes, par surcroît préparés à la marche, habiles au tir, rompus à la gymnastique, déjà au courant de leurs devoirs tant civiques que militaires? Même avec ces qualités, on n'obtient pas des résultats irréprochables. Je n'invoquerai point, parce qu'il y a prescription, le jugement porté en ces termes par le colonel fédéral de Maudrot : « Quand on a dit que les milices suisses étaient entièrement au niveau des troupes permanentes des pays avoisinants, on s'est

promettre leur situation. Aussi la plupart des travailleurs et des humbles qui en portent le poids cherchent-ils, de toutes manières, à obtenir des exemptions. Et un des titres engageants que l'on peut lire dans les annonces de journaux où s'offrent des comptables, des employés ou des valets de chambre, c'est, en Suisse comme partout, celui de : « libéré du service militaire ».

permis une exagération peu digne d'un pays et d'un peuple libres ». Mais feu le colonel Feiss, tout récemment encore directeur de l'infanterie, proclamait que, à la fin de chaque période, il reste « toujours une forte proportion d'hommes insuffisamment instruits ». D'autre part, notre *Revue du Cercle militaire* a publié des critiques fort sévères sur les grandes manœuvres exécutées il y a quelques années.

La vérité semble être celle que formule l'écrivain anonyme de la *Revue bleue*, dans un jugement auquel souscrit M. Gaston Moch :

Si les troupes suisses n'ont pas la belle ordonnance, la parfaite discipline, les mathématiques allures des régiments français ou allemands, je n'estime pas qu'elles leur soient sensiblement inférieures. Ces qualités qui leur font défaut, elles les remplacent, en effet, par d'autres, d'une acquisition plus difficile et qui, en temps de guerre, sembleraient aussi plus utiles : l'endurance peu commune, l'esprit d'initiative et le courage, un de ces courages intrépides qui ont la violence des forces aveugles et qui, fatalement, franchissent tous les obstacles pour arriver au but. C'est ainsi, par des remarques psychologiques et ethnographiques, que je voudrais expliquer la supériorité indiscutable, en dépit d'une organisation discutable, de l'armée des vingt-deux cantons...

D'ailleurs, plus on poursuit l'étude et l'observation de cette armée, et mieux on se persuade que, sans perdre le peu de temps dont il disposait à vouloir transformer les citoyens en soldats automatiques, le Département militaire s'est préoccupé avant tout de développer l'esprit de courage et l'esprit d'initiative de l'individu. Comme dit le § 309 du *Règlement de service pour l'infanterie :* « Au-dessus de la forme, il y a l'élément moral qui, à la guerre, est le facteur le plus puissant. Le courage et la résolution dans le danger sont les conditions indispensables de la victoire. Que les chefs donnent l'exemple, que les soldats les regardent avec

confiance, cherchent à les imiter et soient eux-mêmes, [
leurs camarades plus faibles, un modèle et un soutien »

De son côté, le commandant Molard s'exprime ai[
« L'armée suisse est une armée de milice, mais c[
armée est très solide, malgré ce vice originel... [
armée de milice ne paraît pas, en effet, devoir être
beaucoup inférieure aux armées actuelles du servic[
court terme, dans lesquelles on a tout sacrifié [
nombre ».

A côté des qualités physiques et morales, il convi[
de louer dans cette armée un esprit d'initiative q[
s'allie d'une façon curieuse (et que nous sommes port[
à trouver un peu déconcertante) au sentiment de
subordination. Le temps de service est assez long po[
qu'on enseigne aux hommes le maniement des arm[
et les formations tactiques; mais il est trop court pou[
qu'on puisse asservir les âmes et transformer en ma[
chines passives des êtres de libre volonté et habitués [
une grande indépendance. On a beau obéir à ses chefs
on leur parle franchement et avec la liberté d'un citoye[
(car le temps n'est plus où les soldats avaient le mono
pole de la sincérité), avec la liberté, dis-je, d'un citoyen
qui sait mal farder la vérité. Tout récemment je lisais,
dans la *Revue militaire Suisse*, les répliques provoquées
par un article sur l'artillerie de montagne, article précédemment publié dans ce recueil par le lieutenant-colonel Repond. Un simple chef d'escadron d'artillerie, officier d'instruction de l'arme, M. Souvairan, ne craignait pas de répondre :

L'opinion de M. le lieutenant-colonel Repond et celle des artilleurs qu'il invoque reposent certainement sur notre ancien système d'instruction, sur notre ancien règlement; juste peut-être (le « peut-être » est poli !) à cette époque, cette opinion est actuellement complètement erronée, et je considère comme de mon devoir de ne pas la laisser s'accréditer.

Un autre officier de l'arme protestait avec non moins de netteté, mais avec moins de formes :

... Il serait cependant bon de donner à l'artillerie de montagne une consolation des attaques téméraires et injustifiées que lui adresse M. le lieutenant-colonel Repond. Je connais fort bien l'artillerie de montagne pour en avoir fait partie, et j'estime que les conclusions de M. Repond témoignent de plus de parti pris que de connaissance...

On n'admettrait guère, en France, qu'un militaire le prît sur un tel ton à l'égard d'un plus haut gradé, et encore moins qu'il signât de son nom des critiques aussi amères[1]. Avec le service intermittent, la subordination ne saurait avoir le même caractère que dans les armées permanentes. Par contre, les individualités s'y conservent, et, tout compte fait, qui sait si on n'y gagne pas plus qu'on n'y perd?

En toutes choses et en toutes occasions, dit l'écrivain anonyme de la *Revue bleue*, les supérieurs laissent une grande latitude aux inférieurs. Depuis l'officier d'état-major qui est dans l'obligation — je ne fais que résumer des pages classiques du colonel Keller — de discuter les ordres que lui donne son commandant, lorsqu'il a l'intime conviction que ces ordres ne sont pas conformes au but à atteindre, jusqu'au simple *troubade* qui, en maintes occurrences, a son

1. Particularité non moins choquante. On ne se préoccupe pas des grades des fonctionnaires qui font partie des « Commissions militaires » nommées dans chaque canton pour contribuer à l'administration de l'armée, concurremment avec l'autorité fédérale, et qui ont notamment, à ce titre, qualité pour désigner les officiers choisis pour l'avancement. C'est ainsi que, dans le demi-canton d'Appenzel, la Commission était présidée naguère par un simple major, tandis que le vice-président était un lieutenant-colonel.

mot à dire et sa détermination à indiquer, cette armée es en opposition directe avec les principes de discipline qu firent comparer souvent l'organisation militaire à un corps vivant dont les généraux seraient la pensée, et les bataillons les membres fidèles et aveugles.

Des règlements d'exercices très souples, débarrassés de toute superfluité, des manœuvres parfois incorrectes, mais toujours intelligentes et réalisant ce que le grand Frédéric appelait « l'ordre par le désordre », voilà par quoi sont mises en œuvre les belles qualités personnelles du citoyen suisse. Les résultats sont remarquables. Certes le temps de paix ne permet guère, je le répète, d'apprécier la valeur réelle d'une troupe et son aptitude à la guerre. Les enseignements mêmes des grandes manœuvres à cet égard sont souvent trompeurs. Cependant il y a des indices qui ne trompent pas les gens du métier, les véritables connaisseurs. M. Moch cite très justement l'appréciation du général Brunet qui, ayant assisté aux manœuvres fédérales de 1896 et portant la parole au banquet qui suivit, s'exprima en ces termes :

La réputation de l'armée fédérale n'est pas à faire ; et, depuis longtemps, ses institutions militaires tiennent, à côté des institutions militaires des grandes armées européennes, une place unique et dont votre pays peut concevoir une légitime satisfaction. Il n'est pas, en effet, d'institutions qui excitent davantage d'abord la surprise, puis l'attention, et enfin le respect de tous ceux qui les étudient et qui croient les bien connaître. Et pourquoi ne dirai-je pas qu'il s'y ajoute un sentiment de regret, oui de regret, — que ce mot ne vous inquiète pas ! — du regret que chacun de vos voisins ne peut se défendre d'éprouver quand, faisant un retour sur les difficultés que les conditions de l'existence des énormes armées modernes font à toutes les grandes nations, il constate avec quelle sagesse et avec quel succès, seule en Europe, la Suisse a su trouver la solution de ce problème que tous cherchent en vain : armer tous ses enfants et faire que chaque citoyen donne un soldat à son pays, sans que ce soldat enlève à son pays un seul citoyen ?

... Nous avons pu apprécier de nos yeux les effets remarquables de votre méthode et de vos procédés d'instruction, si bien adaptés au tempérament de vos jeunes gens. Nous les avons vus, bien vêtus, bien armés, bien équipés, pourvus d'un matériel de choix, marcher et combattre en silence, avec ordre, sans confusion et sans hésitation. Et alors nous avons compris combien, à juste titre, la Suisse est fière de son armée, l'affection dont elle l'entoure et la confiance qu'elle met en elle.

Sans doute il faut faire dans ces éloges la part de l'admiration officielle, de l'optimisme personnel, de l'éloquence au champagne. Mais rien n'obligeait un journaliste anglais à en dire tout autant. Or, voici ce qu'écrivait, en 1897, le correspondant militaire du *Times*, après avoir assisté aux manœuvres fédérales de cette année-là :

Il est impossible de parler de l'armée suisse sans risquer de paraître trop louangeur à ceux qui n'ont pas eu l'occasion de constater de quoi elle est capable. Je ne soutiendrai pas que, dans tous ses détails, elle soit parfaite ou aussi bonne que l'armée allemande ou la française ; mais je n'hésite pas à affirmer que, dans son ensemble, elle mérite bien d'être comparée aux meilleures forces du continent. Ainsi considérée, c'est-à-dire dans son ensemble, elle est même supérieure à toutes les autres troupes européennes. Et j'ajoute que, à ma connaissance, aucun autre Etat ne serait capable de mobiliser tous les ans le quart de son effectif dans les conditions de la guerre [1]. Ce fait est

1. On ne saurait trop attirer l'attention sur ce fait, signalé par M. Moch avec une légitime insistance, que « les cadres et la

particulièrement important en ce qui concerne l'état-major. La bonne volonté et l'intérêt que la population des campagnes témoigne aux troupes sont absolument extraordinaires ; ainsi, dans les exercices de fortification, les habitants leur apportent, de la manière la plus cordiale, leurs propres outils agricoles, qu'ils viennent leur reprendre ensuite[1]. On ne verrait cela nulle part ailleurs.

Aucune autre armée ne serait en état de réaliser, dans ses manœuvres, une image plus fidèle de la guerre.

... Il n'y a certainement pas une armée au monde qui puisse amener un Anglais à des réflexions plus sérieuses. En la voyant à l'œuvre[2], il ne sera pas tenté de se demander, comme ailleurs, si elle n'impose pas au pays des charges écrasantes. Nulle part il ne trouvera un patriotisme et une abnégation plus sincères que dans les rangs de cette armée à la fière devise : « Tous pour un, un pour tous » !

Ecoutons enfin l'hommage que rend le général Tricoche au régime militaire suisse, tout en se déclarant résolument opposé à son introduction en France :

troupe, plus favorisés que ceux de toute autre armée, ne servent jamais que dans des unités sur le pied de guerre, et composées des hommes mêmes qu'elles emmèneraient en campagne ».

1. En France, remarque aussi très justement le distingué rédacteur militaire des *Débats*, le public se porte en colonnes serrées aux manœuvres d'automne sans chercher malice : pourvu qu'il voie les pantalons rouges courir, les escadrons galoper, les batteries évoluer, pourvu qu'il s'enivre de l'odeur de la poudre et du bruit de l'action, le voilà joyeux et satisfait. Mais, « chez nous, je n'ai entendu personne faire cette réflexion, assez oiseuse en apparence, au fond très sérieuse, très sensée et surtout très pratique, qui, vingt fois en ma présence, est sortie de la bouche d'honnêtes citoyens suisses assistant comme moi aux grandes manœuvres : « Allons ! je vois que notre argent n'est » décidément pas mal employé » ! ou encore (avec un soupir) : » Cela coûte bien cher ; mais du moins nous sommes assurés de » toucher tels intérêts qu'il convient, le cas échéant ».

2. On trouvera, dans *l'Armée d'une démocratie* (pages 267-274), quelques exemples de prouesses authentiques, de véritables tours de force, exécutés par des troupes suisses. L'auteur en eût pu citer bien d'autres encore.

Ce qu'il faut admirer sans réserve, dit-il, ce sont les résultats surprenants qu'obtiennent nos voisins par des moyens simples et sans imposer aux citoyens de trop lourdes obligations militaires.

Ce qu'il faut examiner de très près, ce sont ces moyens, ces procédés particuliers, afin de nous en inspirer pour tâcher d'améliorer, dans la mesure du possible, notre propre système d'instruction militaire...

Si le système adopté par la Suisse doit être considéré comme répondant à une situation exceptionnelle et ne pouvant, par conséquent, être proposé pour modèle aux grandes nations, il est cependant, nous le répétons, digne de fixer l'attention, parce qu'il donne des résultats remarquables et parce qu'il prouve ainsi la possibilité de former une armée d'une assez grande, d'aucuns disent même d'une grande solidité, tout en réduisant à un petit nombre de mois la durée du service militaire obligatoire.

On parle beaucoup de « désarmement général », c'est-à-dire d'une réduction considérable des effectifs entretenus dans chaque nation européenne. C'est un beau rêve ; mais, hélas ! ce n'est qu'un rêve...

Continuons donc de nous préparer à la guerre ; n'épargnons, à cet effet, ni nos forces ni notre argent ; mais efforçons-nous, du moins, d'épargner autant que possible le temps précieux des citoyens, des travailleurs de toute sorte, de ceux qui sont les artisans de la fortune et de la prospérité du pays.

Dans cet ordre d'idées, les institutions militaires de la Suisse fournissent des indications qu'on aurait tort de dédaigner.

III

De quoi est faite la puissance militaire de la Suisse et ce qu'elle vaut, nous venons de le voir. Entrons maintenant dans le détail des moyens par lesquels on

arrive aux résultats que nous avons constatés. Chem
faisant, l'occasion se présentera de signaler quelqu
uns des traits particuliers qui caractérisent cette pet
armée.

Les chefs, officiers et sous-officiers, sortent toujou
des rangs. La Confédération n'a pas d'établisseme
comparable à Saint-Cyr. Les élèves de la section mi
taire de l'Ecole polytechnique de Zurich, lorsqu'ils o
obtenu des notes générales excellentes, peuvent êt
nommés premiers lieutenants, s'ils ont fait ensuite le
service avec distinction. De même, dans des condition
analogues, les officiers bien notés sont « recommandés
pour l'avancement aux autorités compétentes chargée
de distribuer les grades. Mais, en général, l'uniqu
moyen d'avancer dans l'armée helvétique est de débu
ter, comme le premier venu, par porter le sac, l
gamelle et la pioche.

Aucun homme incorporé dans l'armée ne peut êtr
exempté : c'est une obligation à laquelle nul ne saurai
se soustraire ; les futurs officiers, combattants ou non-combattants, les instituteurs, les fonctionnaires de tout ordre, les médecins, se rencontrent à la caserne, coude à coude avec l'ouvrier, l'agriculteur, qui resteront simples soldats toute leur vie. Ces réunions renferment donc les éléments les plus divers ; toutes les couches sociales y sont représentées. C'est dans ce milieu, réalisation tangible de la plus parfaite égalité républicaine, que commence le travail de sélection des cadres, travail préparatoire seulement, puisque aucune nomination ne peut être faite pendant l' « école des recrues ». On se borne à inscrire sur des « listes de conduite », établies à la fin de ce premier stage par les officiers et le personnel d'instruction, les hommes qui paraissent aptes à devenir plus tard sous-officiers. Ces tableaux sont envoyés, par l'intermédiaire des cantons, aux

commandants des compagnies, des batteries, des escadrons, etc. Cet envoi n'implique pas pour le capitaine l'obligation de nommer à tel ou tel grade les hommes qui lui sont désignés. Les « listes de conduite » ne servent qu'à le renseigner sur la valeur des hommes versés dans sa compagnie par le contingent annuel. Il peut en faire ce que bon lui semble, et il n'est aucunement tenu, dans ses nominations futures, de se conformer aux indications qu'elles lui fournissent.

A partir de ce moment, le mode de procéder varie un peu suivant les armes. Le principe est cependant toujours le même. Voici, par exemple, comment les choses se passent dans l'artillerie.

Un capitaine a-t-il des vacances dans son cadre, il choisit dans sa batterie les hommes qui lui paraissent le plus dignes d'avancement, — ordinairement ceux qui lui ont été recommandés par les « listes de conduite », — et de son propre chef, sans avoir besoin de la ratification d'aucun supérieur hiérarchique, il les nomme *appointés*. En Suisse, l'appointé (le *gefreite* des Allemands) n'est pas un sous-officier : ce n'est qu'un premier soldat, portant un petit galon de laine, recevant une solde un peu plus forte et libéré (comme son nom allemand l'indique) de certaines corvées de chambre ou de quartier.

On convoque l'année suivante, au printemps, pour une période spéciale, ceux d'entre eux qui sont destinés à arriver plus haut et à gravir les échelons successifs de la hiérarchie. L'enseignement leur est donné, dans des conditions toutes particulières, par l'instructeur en chef de l'artillerie, officier appartenant au cadre permanent. Il n'y a là que des appointés provenant de toutes les branches de l'arme et de toutes les unités tactiques, mais point de simples soldats ni de cadres inférieurs. Les appointés s'encadrent eux-mêmes et commandent à tour de rôle tous les exercices, tout comme dan nos « pelotons d'instruction ». Le commandement es exercé par les officiers instructeurs d'artillerie, tou disponibles à cette époque de l'année, et par quelque sous-officiers instructeurs. On travaille énormémen pendant cette période, soit pratiquement, soit dans les salles de théorie, et on s'efforce, en usant beaucoup de l'instruction mutuelle, de rendre les hommes aptes à commander et à instruire des recrues plus tard. A la fin des exercices, les appointés sont soumis à un examen sévère. Ceux qui sont déclarés aptes à devenir sergents ou brigadiers reçoivent un *certificat de capacité* sur le vu duquel leurs capitaines peuvent les nommer définitivement à ce grade. Sans ce certificat, aucune nomination ne peut être faite.

Les sous-officiers fraîchement promus prennent aussitôt part à une des périodes d'instruction consacrées à rendre les recrues mobilisables. Ils ont donc affaire à des soldats tout neufs, qu'ils encadrent et qu'ils façonnent. C'est alors que commence réellement leur rôle. Toute l'instruction pratique est donnée par eux. Le sergent chef de pièce, responsable de ses six ou huit hommes, les dirige en tout et partout. Quoique logeant à part, il a l'œil sur eux dans la chambrée ; il est, vis-à-vis de l'officier, responsable de leur tenue, de la propreté de leurs armes et de leur équipement; il les initie à l'école du soldat, à la manœuvre de la pièce ; il leur fait connaître le matériel, les munitions ; il prend part avec eux à la manipulation des artifices ou aux travaux de fortification, etc. En un mot, il les façonne lui-même dans tout ce qui est de son ressort. L'officier se borne à donner la direction générale, et il se garde d'intervenir hors de propos. Son but constant est de relever le sous-officier à ses propres yeux et aux yeux de la troupe.

On sait que, pour apprendre une chose à fond, il n'est rien de tel que d'avoir à l'enseigner soi-même; aussi le système que je viens de décrire fournit-il des sous-officiers qui connaissent bien leur service et qui ont sur les hommes une grande autorité. Lorsqu'ils ont subi cet apprentissage et qu'ils rentrent dans leurs corps respectifs pour prendre part aux périodes de revision ou à des manœuvres combinées, on n'a, en général, qu'à se louer d'eux. Malgré de rares exceptions, la moyenne est excellente.

Parmi les brigadiers et les sergents, et d'après les mêmes principes, on recrute les maréchaux des logis, les sergents-majors, les adjudants. Un sergent est-il proposé pour adjudant? Il est convoqué pour une période supplémentaire, pendant laquelle on l'emploie à instruire des recrues et où on le met à l'essai en lui faisant remplir les fonctions du grade auquel il aspire ou qu'on veut lui imposer.

Car, il convient de le signaler en passant, nul n'est libre de refuser les honneurs, la responsabilité et le surcroît de travail qu'impose l'avancement. Chez nous, au contraire, il peut y avoir grève. La question, sauf erreur, n'a été traitée qu'incidemment, dans l'édition, refondue à la date du 30 juin 1884, de l'« Instruction ministérielle sur l'administration des hommes de tout grade de la disponibilité, de la réserve et de l'armée territoriale ». Il y est dit, à l'article 123, que des hommes ont parfois « refusé les grades qui leur ont été conférés » et qu'il « ne paraît pas possible d'obliger les hommes à accepter un grade lorsqu'ils ne l'ont pas sollicité ». C'est ainsi que nous voyons des jeunes gens préférer un emploi d'ordonnance aux galons de sous-officier, que d'autres repoussent le brevet de sous-lieutenant de réserve, à cause des lourdes obligations qui en sont la rançon. En Suisse, rien de pareil à craindre :

la loi ne le permet pas. Au surplus, personne n cherche à se soustraire à son devoir, dans ce qu'il a plus rigoureux. Parlant des sacrifices de tous les jour qui sont les plus difficiles, M. Ch. Malo s'exprim ainsi :

Pour les grands, le Français, nous le savons de reste est toujours prêt : que l'on proclame la patrie en danger on est sûr de voir accourir tout le monde, depuis l'enfan qui n'a pas encore la force de porter les armes jusqu'au vieillard qui n'a plus la vigueur nécessaire pour les tenir Mais en revanche, quand il s'agit d'un service terre à terre du temps de paix, c'est à qui s'ingéniera pour échapper à sa destinée. Qui ne remue ciel et terre, par exemple, pour ne pas faire ses « treize jours », ou pour les faire le plus tard possible ou dans les conditions les plus douces ? Quel conscrit, tout au moins dans les campagnes, ne caresse pas jusqu'au dernier moment l'espoir d'« avoir un cas d'exemption »? Or il paraît qu'en Suisse, — le colonel Lecomte me le répétait encore hier, — on s'insurge contre la décision du conseil de revision qui se refuse à vous déclarer « bon pour le service », et au moment des appels, les bureaux de recrutement sont assaillis... de quoi ? — De demandes de sursis ou de dispenses ? — Point du tout : de réclamations de gens qui se plaignent qu'on ne les a point convoqués, ou qu'on ne les convoque pas assez souvent.

Songez que, si le simple soldat est astreint seulement à un nombre de jours de présence qui va de cent quatorze à cent quatre-vingts, ces limites s'élèvent à deux cent six et trois cent deux pour les sous-officiers, à quatre cent quatre-vingt-huit et six cents (c'est-à-dire à deux ans et huit mois) pour les officiers. Songez que, pour être appelé à l'honneur de servir trois fois plus de temps que le commun de ses concitoyens, le candidat à l'épaulette (ou à la bride d'épaule qui y correspond) doit d'abord suivre un cours spécial de sous-officier; après quoi, s'il est reconnu capable, il est convoqué à une période d'instruction de recrues, et il y fait le service de sous-officier[1]. Il doit ensuite, lors d'une période quelconque, être proposé par la majorité des officiers réunis pour suivre un cours spécial d'application, à la suite duquel, s'il a passé avec succès les examens qui en sont le couronnement, il est enfin promu officier par les autorités compétentes : le Conseil fédéral ou les Départements militaires des Conseils d'Etat cantonaux, suivant les cas. Alors il aura le droit d'endosser un uniforme gris bleu et bleu noir de même couleur et de même coupe que celui de la troupe, mais de drap plus fin et de confection plus soignée. Il aura le droit de porter une casquette molle à visière de cuir, une paire de jumelles, une belle épée d'acier avec poignée et coquille, et son grade se discernera aux brides fixées sur ses épaules, aux galons plus ou moins larges posés sur le pourtour de son képi.

Il paiera ces prérogatives par l'obligation de suivre, dans chaque grade, au moins une instruction supplémentaire de six semaines, consacrée spécialement à l'enseignement de la tactique et de l'équitation. Pour les chefs de bataillon, la durée de ce cours n'est que de trois semaines.

Une aussi longue initiation imprime sa marque sur ceux qui la subissent. Les officiers suisses ont l'air très militaires. On leur trouve, « en général, l'attitude raide, les paroles à l'emporte-pièce, la silhouette que nous sommes habitués à donner aux officiers allemands ». Le cadre permanent, en particulier, présente

1. Il n'est cependant pas astreint à suivre toute la filière de la hiérarchie sulbaterne. Si, dès son entrée au service, on a constaté qu'il était apte à devenir officier, on le pousse le plus vite possible à ce grade, sans s'attarder à l'y faire monter par la série complète des échelons intermédiaires.

ces caractères. Je veux parler de ce personnel dont j'ai dit un mot en passant, et sur lequel i temps que je revienne. C'est le corps des instruct militaires, qui sont de véritables professionnels et le total s'élève à plus de 200. Il s'y ajoute une cent de chefs de service, constituant les bureaux du Mi tère, l'état-major général, etc.

Tout en étant numériquement la plus petite pa de l'armée suisse, ces militaires de carrière ne s pourtant pas le moindre élément de sa force.

Notons encore une particularité intéressante. garde de sûreté des fortifications du Gothard et Saint-Maurice est assurée par des hommes diverses spécialités, engagés tant pour entretenir matériel et les constructions que pour exercer la s veillance autour des ouvrages. Ces hommes ne s employés que de leur plein gré d'une façon perm nente. L'Etat conclut avec eux une convention qui devient définitive qu'après un essai de quinze jours. contrat peut être dénoncé trois semaines à l'avance s par l'autorité militaire, soit par l'intéressé. Celui touche, pour prix de son travail, un salaire dont le ta varie avec son emploi. Il est d'ailleurs soumis à la d cipline militaire, à peu près dans les conditions où so dans notre armée certains commissionnés.

Même s'il n'appartient pas au cadre permanent, soldat suisse reste très soldat. Il a beau être, la plupa du temps, dans ses foyers, sa qualité de militai éventuel lui est rappelée à chaque instant, ne fût- que par la certitude du service à faire chaque année cours de revision, grandes manœuvres ou tir à la cibl De plus, il reste constamment armé, équipé, et mêm monté, s'il appartient à la cavalerie. En quittant l corps, il emporte chez lui son fusil, ses vêtement tout son fourniment! Il emmène même son cheval! E effet, lorsque, au bout de quatre-vingts jours d'apprentissage, l'élève cavalier est reconnu mobilisable, il est tenu d'acheter une monture, choisie parmi celles que l'Etat met en vente aux enchères. Seulement il ne verse au Trésor que moitié du prix auquel cette monture lui a été adjugée, et chaque année il est remboursé de la moitié de la somme qu'il a ainsi versée. Il en résulte que, au bout de dix ans, c'est-à-dire quand il passe dans la landwehr [1], il se trouve possesseur d'un cheval qui ne lui a rien coûté, sauf la nourriture, mais qu'il a pu utiliser pour la culture, pour le charroi ou dans tout autre emploi, car il est libre soit de le monter soit de le faire travailler, à condition de le maintenir en bon état de service et de le représenter chaque fois qu'il est convoqué pour un service militaire. Pendant ces périodes, l'Etat fournit le fourrage nécessaire pour l'entretien des chevaux. Ceux-ci ne peuvent être ni vendus, ni saisis, ni loués, ni employés par des tiers. Leurs détenteurs sont donc intéressés à les soigner, et ils ont, d'autre part, toutes facilités pour s'entretenir dans l'exercice de l'équitation. Ils peuvent, en particulier, se remettre en selle avant les convocations, de manière à arriver au corps avec un certain entraînement. Enfin, quand ils sont sous les drapeaux, ils montent leur propre cheval, qu'ils connaissent bien et dont ils sont connus. Un tel avantage n'est pas à dédaigner.

Il n'est pas moins important que le fantassin aime son arme, qu'il s'attache à elle, qu'il se familiarise avec elle et qu'il s'en serve exclusivement pour exécuter ses exercices de tir. Aussi la Confédération lui confie-t-elle son fusil de munition d'une manière per-

1. Le service actif, dans la cavalerie, n'est que de dix ans au lieu de douze, en compensation de ce qu'on y est appelé, tous les ans, pour une période de dix jours.

manente, à titre de dépôt; elle accepte même de le vendre à un prix inférieur à sa valeur marchan quand il sort de la landwehr. Des Règlements indique au milicien dans quelles occasions il peut se servir cette arme; des instructions lui font connaître l armuriers auxquels il devra la porter pour la fai réparer si, malgré ses soins, elle vient à se détériore

Des dispositions analogues sont prises pour la gar et l'entretien de tous ses effets, « depuis le ké conique avec visière devant et derrière, — le képi do le pompon indique le corps et l'arme; la cocarde, canton; — depuis la capote de gros drap gris ble plus courte (20 centimètres au moins) que celle de no pioupious, jusqu'à la tunique bleu foncé, croisée su la poitrine, suffisamment large et suffisamment longu pour donner au corps l'apparence d'être enfermé dan un sac[1], — jusqu'aux deux paires de pantalons d'or donnance, d'un robuste drap gris bleu, lequel es résistant, peu susceptible, admirable, j'en conviens, a point de vue pratique, mais par trop dépourvu du be éclat des pantalons garance de nos uniformes ou des culottes grises de nos voisins d'Italie ».

Ces objets restent la propriété de la Confédération; le soldat ne les a qu'en dépôt. Des peines sévères lui interdisent de les céder ou de s'en servir en dehors des convocations. En outre, l'homme est tenu de fournir son linge de corps et ses chaussures[2]. Mais, tandis que le modèle de ces dernières est fixé, une grande latitude est laissée pour ce qui est du linge de corps.

1. Depuis que ces lignes ont été écrites, ce vêtement a perdu son caractère d'interchangeabilité. Il est maintenant ajusté à la carrure du détenteur.

2. Pour cette dernière clause et vu son importance capitale, la Confédération facilite son exécution en fournissant aux soldats d'excellents souliers d'ordonnance au prix fixe de dix francs (Arrêté du 28 mars 1893).

En cas de mobilisation, de semblables mesures suppriment de grandes pertes de temps. Mais il est nécessaire d'avoir affaire à une population d'habitudes sérieuses, pour laquelle le libre port d'armes meurtrières ne constitue pas un danger permanent[1]. On soupçonne dans quelles proportions elles rendraient plus sanglantes les querelles d'ivresse ou de passion des Français ou des Italiens du Midi? Je n'ai jamais entendu raconter qu'elles aient occasionné aucun malheur parmi les robustes habitants des pacifiques vingt-deux cantons. En revanche, il convient de rappeler les résultats remarquables qu'elles permirent d'atteindre, lors de la dernière mobilisation.

Ce fut, à Genève, l'été dernier; une grève de maçons dégénérait en troubles publics. Trop inférieure en nombre, la police devenait impuissante. Manifestement le droit à la propriété et le droit à la liberté du travail allaient être violés. Déjà des bandes avinées parcouraient les rues somnolentes de la cité; le drapeau rouge flottait, dit-on, et l'on entendait même *la Carmagnole*, ce qui permit au *Journal de Genève* d'écrire « qu'on se serait cru à la barrière du Trône ». Bref il était temps d'aviser, lorsque les autorités cantonales se décidèrent à convoquer le bataillon n° 13. Des affiches rouges et jaunes couvrirent soudain les murs, informant les soldats, avertis dès la veille, d'avoir à s'équiper et à se rendre immédiatement à la caserne.

Alors on put voir, sans hyperbole, les ateliers se fermer et des ouvriers poser leur rabot ou leurs limes pour courir, en hâte, revêtir leur tunique. Ces choses se passaient un mardi, vers la fin de la matinée. Or l'après-midi ne s'achevait pas que le bataillon encadré, pourvu de munitions, était prêt à entrer en campagne. S'il avait dû protéger un point de la frontière genevoise, quelques heures lui eussent suffi pour parvenir à destination. L'exemple est typique...

Point à noter enfin, un tiers des milices appelées étaient

1. Ceci était plus particulièrement applicable du temps que les cartouches étaient laissées entre les mains des miliciens, disposition qui a subsisté jusqu'au 30 août 1898.

des grévistes convaincus. Eh bien, si étrange que c paraisse, il n'y eut qu'un cas de rébellion. Un institut socialiste fut le seul à refuser d'obéir à la convocation. revêtant la tunique, les autres ne voulurent plus se sou nir que d'une chose, qu'ils étaient citoyens suisses. moment où l'Etat réclamait le secours de leurs bras, estimèrent qu'ils n'avaient plus à discuter la consign Comme le dit, en substance, *le Journal de Genève* da l'article que je citais : la nation suisse commit un gra acte de patriotisme.

Si donc jamais la France devait adopter le systèn des milices, elle ne trouverait sans doute pas un m dèle meilleur que celui dont je viens de retracer le traits essentiels. Et pourtant il faut reconnaître que c qui fait la force de l'armée suisse, c'est la militarisa tion de toute la nation. Le peuple n'a pas seulemen des mœurs militaires, il a encore l'esprit militaire Parlant du soldat anglais, M. Guglielmo Ferrero sou tient ce paradoxe que, tout en étant soldat de métier tout en étant un professionnel, il a l'esprit militaire à un bien moindre degré que ne l'ont les soldats tempo raires de l'Europe continentale. Faut-il pousser plus loin encore et prétendre que les miliciens sont plus soldats que les soldats? Ce ne serait peut-être pas tout à fait faux : la continuelle obsession d'un prochain appel sous les armes imprègne le peuple du sentiment de son devoir. L'idée d'aller au tir ou d'assister aux manœuvres hante sans relâche les esprits. L'armée tient de plus près que partout ailleurs à la nation : le citoyen tient tour à tour la bêche et le fusil, l'aune et le revolver, la plume et le sabre. C'est le même homme qui porte à de certaines heures la tunique et, à d'autres, la jaquette ou la blouse. Il en résulte que les habitudes de la vie civile ne répugnent pas aux mœurs militaires, et que les procédés de l'industrie ou du commerce pénètrent dans l'armée. Par contre, le bourgeois et l'ouvrier conservent quelque chose du soldat, dans leur allure et leur tournure d'esprit. C'est grâce à cette disposition préexistante que la milice suisse est bonne. La façon dont elle est organisée maintient et accentue cette prédisposition. Notre tempérament, nos aspirations artistiques et littéraires, nos goûts d'indépendance intellectuelle s'accommoderaient-ils d'un régime aussi contraire à nos traditions ? Il est permis d'en douter. Peut-être même est-il permis de ne pas le souhaiter. Notre rôle dans le monde, celui que nous aimons à revendiquer, est contraire à celui auquel nous condamnerait l'adoption de la milice. Ou bien, en effet, nous en aurions une bonne, et alors il nous faudrait cesser d'être ce que nous sommes; ou nous ne changerions pas, et alors notre milice serait médiocre. Si donc on admet que nous puissions renoncer à posséder une armée permanente, il resterait encore à examiner si nous devons renoncer aux destinées auxquelles le passé semble nous destiner.

DEVONS-NOUS IMITER L'ÉTRANGER

Nous venons de passer en revue les armées de la Triple Alliance, celle de notre grande Alliée, celle enfin de trois pays plus ou moins démocratiques, et où, à ce titre, nous pouvions chercher des indications utiles pour nous. Je dis des indications, et non des modèles à imiter, car la situation géographique ou la constitution politique ou simplement les dimensions de ces trois pays impriment à leur organisation militaire un caractère que la nôtre ne saurait avoir. Certes, il est bien d'autres armées encore dont la connaissance approfondie ne manquerait pas d'intérêt et dont certaines-particularités mériteraient d'être étudiées, peut-être même copiées. Mais les sept qui font l'objet de ce volume suffisent à provoquer les réflexions suggestives et à fournir de bons exemples dont nous pouvons faire notre profit.

Car nous ne devons pas hésiter à prendre à l'Etranger ce que nous trouvons de bon en lui, pourvu que nous observions en même temps certaines précautions dont nous ne tarderons pas à parler. Dussions-nous même ne rien trouver qui nous convienne, il faudrait pourtant chercher. Il n'est rien de dangereux comme de ne pas regarder au-delà de ce qu'on fait, comme de se contenter de ce qu'on a. Étudions sans cesse. Ne nous bornons même pas à pousser nos investigations de l'autre côté des frontières de notre pays; sans sortir de chez nous, franchissons les limites de notre profession, nous en retirerons profit. Considérons ce qui se passe en dehors de l'armée. La comptabilité d'un grand magasin peut nous inspirer l'idée de telle heureuse simplification aux règles de l'administration militaire[1]. La façon dont les industriels traitent leurs ouvriers peut guider la conduite d'un officier dans ses rapports avec les soldats. Le mode d'attelage ou le système de frein ou le collier métallique adopté par la Compagnie des Omnibus a légitimement mérité de retenir l'attention de nos construc-

1. Les officiers les plus imprégnés d'esprit militaire conviennent qu'on s'en trouve bien. Lisez plutôt ces lignes que le général Morand, le célèbre divisionnaire de Davout, écrivait sous la Restauration, dans son *Armée selon la Charte :*

« Pour découvrir et reconnaître les éléments d'une bonne administration, les principes de l'ordre et de l'économie, il ne faut qu'arrêter la pensée et les regards sur ces maisons de commerce et de manufactures dont les affaires et les relations s'étendent non seulement sur l'Europe, mais sur le monde; qui mettent en mouvement une masse immense de capitaux; qui ont des comptoirs et des magasins dans toutes les grandes places commerciales; qui entretiennent des centaines de commis, d'ouvriers et de marins; qui ont des comptes ouverts sans nombre, et qui parviennent aux plus vastes résultats, sans fracas, avec économie et avec les moyens de s'assurer à chaque instant de l'emploi de leur travail, de leurs capitaux, de la situation de leurs caisses et de leurs magasins.

» J'ai montré avec assurance quelques-uns des funestes résultats du mode actuel de l'administration des régiments parce que je les ai observés pendant vingt-cinq ans de guerre. La recherche des moyens d'y remédier et de substituer, à un régime qui tire son origine d'un état social qui n'existe plus, un nouveau mode d'administration, demande plus de réserve, parce que l'expérience qui doit servir d'appui à ces moyens et à la théorie nouvelle ne peut être puisée que dans les établissements du commerce et de l'industrie, qui n'ont que des analogies avec ceux qui pourraient être créés pour réunir les ressources, les préparer et fournir aux besoins de l'armée ».

teurs de matériel de guerre. Les progrès de la scien ou des arts mécaniques intéressent la tactique. I solution du problème du ballon dirigeable facilite certaines opérations et peut-être aidera à la surveillan du champ de bataille. La télégraphie sans fil et l rayons X ont déjà trouvé diverses applications au choses de la guerre. Ne disait-on pas, l'autre jour, qu des lunettes munies de certains verres permettaient d découvrir une fumée à la poudre sans fumée ? Remuon le sol, labourons en tous sens le champ qui s'éten devant nous, autour de nous : un trésor est cach dedans. De l'étude des armées étrangères, en particu lier, nous pourrons tirer une foule d'excellentes choses

Certes, il faut mettre du discernement dans le emprunts que nous ferons à telle d'entre elles. Ce qu donne ici des résultats satisfaisants n'en donnera pas forcément ailleurs ; les institutions qui cadrent avec le tempérament et les mœurs d'une nation peuvent ne pas convenir à une autre. Et c'est l'excuse commode que se donnent les routiniers et les paresseux pour ne pas regarder les institutions étrangères et pour repousser l'idée de s'en approprier quelque chose. Ils sont comme les enfants qu'on prétend rebelles aux mathématiques ou qui ne « mordent » pas à la géométrie. La vérité est que, si chacun de nous a des aptitudes marquées et des aversions indéniables, on vient pourtant à bout, avec de la volonté, de modifier les unes et les autres ; le cerveau humain est malléable, ses circonvolutions se déplacent ou s'accentuent ou s'atténuent. Les nécessités de la vie tournent vers les mathématiques tel esprit qui se sentait une vocation littéraire, et il n'est pas toujours fâcheux d'en avoir contrarié l'essor. Il est trop facile de dire qu'on ne doit point forcer son talent, et qu'on sait à quelles fâcheuses conséquences on s'expose en violentant sa propre nature. Cette excuse ne vaut pas grand'chose. Il n'est guère de peuple qui ait plus de souplesse que le Français. Nos compatriotes sont doués d'une admirable faculté d'assimilation et d'adaptation. Que de fois n'avons-nous pas entendu dire qu'il ne se plierait jamais à telles règles en vigueur sous d'autres climats? Puis, quand on a essayé d'importer ces règles chez nous, il s'y est soumis de la meilleure grâce du monde. Il me souvient de comparaisons entre la police des rues de Paris et celle des rues de Londres, au cours desquelles on affirmait que le Parisien indiscipliné et gouailleur ne se résoudrait jamais à respecter les fleurs des squares, si on n'entourait ceux-ci de grilles infranchissables, que nos cochers n'obéiraient pas aux gestes des sergents de la ville. Il ne paraît pas aujourd'hui qu'il y ait moins d'ordre sur nos boulevards que dans la Cité, et que nos jardins publics soient dévastés plus que ceux des villes anglaises. Des petites choses, si nous passons aux grandes, nous reconnaîtrons une égale docilité. Dans la vie militaire, en particulier, notre race se montre on ne peut plus accommodante, prête à adopter tel genre d'existence, tels principes de conduite qu'on voudra lui faire suivre. Le maréchal Bugeaud disait que le soldat français avale la règle en long, mais, ajoutait-il, il se refuse à l'avaler en travers. Qu'importe, pourvu qu'il l'avale?

Ne disait-on pas que ce soldat serait incapable de supporter les fatigues énervantes et meurtrières de la tranchée? Rappelez-vous Sébastopol. Qu'il ne saurait jamais se résigner au rôle passif d'assiégé? Rappelez-vous Paris. Qu'il était facile à démoraliser et qu'une défaite l'anéantirait? Rappelez-vous les campagnes du Nord, de la Loire et de l'Est, après le désastre de Sedan et la capitulation de Metz et la reddition de Strasbourg. On disait aussi que, avec un fusil à tir rapide, il gaspillerait follement ses munitions. Or, pendant toute la guerre, il a eu le chassepot entre les mains n'a pas fait une consommation exagérée de cartouch On disait qu'il ne se plierait pas au service obligatoi et il en supporte docilement, résolument et souv avec gaîté les sujétions les plus pénibles. On disai Que ne disait-on enfin à quoi il n'ait donné un démen

Lors donc qu'on examine les institutions de l'Etr ger avec l'arrière-pensée de s'en approprier une part il convient de ne pas se laisser trop arrêter par l'arg ment tiré de leur incompatibilité avec l'âme même de nation. Il faudrait d'abord que ceux-là fussent des ps chologues dignes de confiance qui affirment l'ex tence de cette incompatibilité. Il faudrait ensuite qu' montrât qu'elle est irréductible. Or, il y a fort à pari qu'elle ne le serait point. Avec du tact, de l'esprit suite, on peut arriver à transformer très considérabl ment les traits les plus caractéristiques d'une rac Qu'on se rappelle ce que la volonté de réformateu éclairés a su faire de la Prusse, à deux reprises diff rentes, dans le cours du XIXe siècle[1]. La France e assurément plus capable encore de se métamorphos sous des influences conscientes. Ne se métamorphos t-elle pas déjà considérablement sous la seule influenc occulte et spontanée des événements ? Comparez l'espr public du premier Empire, celui de la Restauration celui de la monarchie libérale, celui du second Empire Rappelez-vous même les évolutions qu'il a subies sou le régime actuel. Et vous repousserez, une fois pou toutes, le prétexte trop facile grâce auquel on écart tous les projets de réforme.

Faut-il conclure de là qu'il faille adopter tout ce qu nous voyons de bon à l'étranger ? Evidemment non. Il n

1. C'est à dessein que j'ai insisté sur cette transformation e que, voulant parler des armées contemporaines, j'ai esquiss l'histoire de l'armée prussienne depuis plus d'un siècle.

saurait être question de violenter les goûts et les habitudes de notre pays que si on doit en tirer un profit en rapport avec la peine que cette violence aura coûtée. Dans les choses militaires surtout, il est sage de détruire le moins possible et de conserver les institutions comme le matériel, les forces morales comme les formations tactiques. Pour des raisons différentes, — besoin de repos pour l'esprit, ou crainte de faire un travail inutile, ou désir d'économie, — on doit respecter ce qui est, parce que cela est, et ne marcher vers le progrès qu'avec une extrême circonspection. En ce qui concerne les institutions, on n'est que trop porté à observer cette réserve. Pour ce qui est de l'outillage, au contraire, on se laisse volontiers aller à rivaliser avec l'Etranger, à copier ses modèles, à lui ravir ses inventions. Et pourtant la nature du recrutement et les caractères tant physiques que moraux de la race doivent entrer en ligne de compte, même dans le choix d'un procédé de combat ou dans l'adoption d'une arme. Nous avons eu occasion de voir ce que le patriotisme des soldats peut donner de souplesse aux formations tactiques. Rappelez-vous les conseils que la crainte des désertions dictait à Frédéric quand il disait : « Ne pas camper dans le voisinage d'une forêt ; ne pas faire de marches de nuit ; en passant dans un bois, flanquer les régiments de patrouilles de hussards ; ne permettre aux hommes d'aller chercher du chauffage ou du pain que s'ils y vont en troupe ». La taille et la vigueur du soldat anglais ont permis de lui donner un fusil puissant, c'est-à-dire à fort recul, et on a pu le charger d'un nombre relativement considérable de cartouches légères, tandis qu'ailleurs, disposant d'hommes qu'on savait être moins solides, moins résistants, on était amené à préférer des armes plus lourdes, afin d'atténuer leur réaction au moment du départ du coup. Alors il fallait bien réduire l'appr sionnement de munitions transporté par les homn en en chargeant une partie sur des voitures; il résultait donc une augmentation des convois, et, fin de compte, la force musculaire des recrues a sa répercussion jusque sur la conduite des colonn l'organisation des charrois et la logistique.

Les lointaines conséquences d'une mesure qu conque échappent aux prévisions des plus perspicac Les résultats que donne son application étonnent déroutent bien souvent ceux mêmes qui l'ont patronn La poule n'en revient pas d'avoir couvé un canar Toutes les ressources de la psychologie ne sont pas trop pour démêler les causes qui produisent certai effets ou pour deviner les effets qui émaneront d'u cause déterminée. Telle méthode préconisée en Fran n'y a pas réussi. L'Etranger s'est emparé de l'idée, l' mise en œuvre et en a obtenu un profit considérabl Devons-nous nous l'approprier, disant que nous n faisons que reprendre notre bien? — Question délicate Si les essais, chez nous, ont mal tourné, peut-êtr était-ce parce que notre humeur native ne se prêtai pas à la méthode en question. Mais peut-être auss l'Etranger a-t-il altéré celle-ci en se l'appropriant. D même que le talent de Frédéric Lemaître a changé l caractère de l'*Auberge des Adrets* en mettant en relie le côté comique d'une pièce dont la destination était d'être un noir mélodrame, de même une institution prend un sens différent suivant le pays qui l'adopte. Que toutes les nations se décident à introduire dans leur loi le service universel, on comprend aisément que chacune d'elles devra en modifier la mise en pratique, d'après ses ressources budgétaires et la densité relative de sa population. Si donc on nous dit que, dans tel pays, tous les citoyens sont soumis à l'obligation de porter les armes, on ne nous aura pas appris grand'-chose, et nous devrons demander dans quelles conditions et de quelle manière ils les portent. En d'autres termes, il importe extrêmement de ne pas se payer de mots. Et, en ces matières, malheureusement, on voit trop souvent le contour extérieur des choses et leur apparence sommaire.

L'accusation de plagiat est adressée à tout auteur dont les pièces ont du succès. Où trouver une scène vraiment originale et inédite? Les inventions les plus hardies, on les découvre dans quelque vieil auteur oublié. Comment se fait-il qu'en reprenant la même situation on l'ait sauvée et ressuscitée? Par plus de talent, par plus d'adresse, en mieux préparant les coups de théâtre. Il se peut même que, sous sa forme nouvelle, l'œuvre ait moins de valeur que sous sa forme primitive. Seulement elle a la chance d'être mieux interprétée, ou bien c'est qu'elle arrive mieux à son heure et qu'elle trouve un public mieux disposé à la comprendre. Il n'y a point plagiat lorsque, s'inspirant d'une expérience faite et qui a échoué, on la recommence dans des conditions telles qu'elle donne tout ce qu'on en attendait. Il est des penseurs dont la doctrine est on ne peut plus personnelle, mais de qui pourtant on ne saurait citer une idée qui soit d'eux en propre. Un livre, — celui-ci, par exemple (dont j'indiquerai ailleurs le mode d'élaboration), — peut n'être fait que de pièces et de morceaux empruntés ici et là. Indépendamment même des passages imprimés entre guillemets, il n'est pas une ligne du texte qui n'ait été prise dans tel ouvrage qu'on pourrait nommer. Mais la place que ce passage occupe en modifie la signification; certains adverbes sont supprimés ou atténués, des épithètes sont changées, et l'ensemble prend, par là, un certain air que n'avaient pas les éléments plus ou moins disparates qui sont entrés dans sa composition. Le car- tère d'une œuvre dépend de l'esprit qui l'inspire, p que des détails qui s'y trouvent.

C'est justement à ce point que j'en veux venir. Qu' s'approprie telle méthode d'instruction venant l'Allemagne, qu'on emploie des affûts à ressorts pl ou moins semblables à ceux des Russes, qu'on crée d réfectoires comme en Angleterre, on n'aura réali aucun progrès essentiel. C'est le principe même de constitution de l'armée qu'il faut nettement défin Veut-on une milice ou une armée? A-t-on besoin Nombre ou de la Qualité? Doit-on chercher à avo des soldats de profession ou vaut-il mieux se content des éléments mélangés et inégaux que fournit service universel? Le nœud vital de la question e là. Certes, pour arriver à une solution, on peut s'in: pirer de ce qui se fait ailleurs. On serait fort coupabl en ne s'informant pas de ce que l'Etranger, en fac de problèmes analogues, a trouvé pour les résoudr Mais on serait plus coupable encore si on se proposa avant tout d'appliquer à la France celles des institu tions militaires des autres nations qui lui convienne le moins mal. La tâche des réformateurs consiste à s pénétrer des nécessités sociales et politiques, à ana lyser les éléments qu'il s'agit de mettre en jeu, élé- ments dont la plupart sont impondérables, et à e extraire des principes directeurs. Puisque, enfin, le mo revient au bout de ma plume, je vais l'écrire encore, tout ambitieux qu'il soit : c'est la psychologie qui nous renseignera sur l'organisation militaire que nous devons désirer. Le maréchal de Saxe ne disait-il pas que le secret de la guerre est dans le cœur humain ? C'est dans ce cœur qu'il faut chercher le secret des bonnes institutions. Gneisenau résumait en ces mots, que je tiens à répéter, l'œuvre entreprise par les réformateurs de 1807[1] : « Nous réorganisons l'armée au point de vue de sa composition, de son armement, de son instruction, mais surtout de son esprit ».

Telle doit être la première de nos préoccupations.

La seconde sera de déterminer le moment opportun pour opérer les remaniements que comporte la transfusion d'un sang nouveau et de liquides régénérateurs dans l'organisme appauvri de notre armée. La stabilité est si nécessaire à ce grand corps qu'on devra bien se garder de la troubler pour n'apporter que de médiocres améliorations, que ce mieux qui est trop souvent l'ennemi du bien. S'il y a urgence, il ne faut pas hésiter à agir. Mais, en principe, mieux vaut attendre que l'équilibre soit troublé, pour essayer de le rétablir en mettant les choses sur une autre base. Au lendemain de la guerre de 1870, l'occasion était favorable. On n'en a que trop peu profité ; on se trouvait dans un désarroi tel qu'on a cru bien faire en courant au plus pressé. L'armée était désemparée ; sa situation matérielle était compromise ; il n'y avait plus ni canons ni fusils. Au contraire, l'état moral de cette armée était satisfaisant ; le grand frisson d'enthousiasme qui l'avait secouée, la gloire mélancolique d'avoir sauvé l'honneur en se battant jusqu'au bout, d'avoir sauvé la discipline en résistant à la Commune, les tristesses partagées en commun et les efforts combinés, il n'en fallait pas davantage pour que l'esprit de nos officiers et de nos soldats fût encore bon ou parût tel. On se trouva donc incliné à se préoccuper presque exclusivement de la réfection du matériel, et on se contenta de mettre les

1. Il est bien digne de remarque que, s'inspirant exclusivement des idées françaises et se proposant uniquement d'appliquer les principes de la Révolution à la refonte de leur armée, ces réformateurs aient fait celle-ci si différente de la nôtre : on ne saurait donner un meilleur exemple, et plus frappant, de la façon dont on doit imiter l'Etranger.

institutions, tant bien que mal, en harmonie avec leçons de la guerre, avec le nouveau régime politiq du pays, avec les besoins que la défaite avait créés.

Aujourd'hui des circonstances propices se présente plus propices encore qu'en 1871. Jamais armée n'a mieux outillée, mieux équipée, que ne l'est actuelleme la nôtre. Nos poudrières, nos arsenaux, nos magasi sont remplis. Nos cadres sont au complet, et un gra désir d'agir les anime. Tous les hommes de cœur q remplissent ces cadres se rongent d'impatience. l lenteur de l'avancement, la curiosité des batailles, simple besoin de se remuer, inspirent aux chefs u ardeur qui demande à se manifester et qui ne s'emplo à l'intérieur que faute de trouver à se déployer a dehors. Cependant les âmes sont inquiètes et cherche leur équilibre. On a cru voir un différend s' élever ent la nation et l'armée. Et il en est résulté un profon malaise. Ne faut-il pas que la France paraisse bie malade pour que tant de gens accourent autour d'el et se pressent à son chevet, les uns avec l'espoir d'hérite d'elle et de se partager ses dépouilles, les autres ave l'intention de la soigner et de la rétablir? Ce ne son que consultations de médecins plus ou moins célèbres plus ou moins autorisés. A tous ces symptômes, il es difficile de méconnaître que l'armée traverse une crise et que cette crise est grave.

Le moment est donc opportun pour aiguiller ses institutions sur la bonne voie, pour donner à son esprit une tournure nouvelle, pour lui refaire des mœurs mieux appropriées à celles de la nation. Aussi l'étude des armées étrangères est-elle de circonstance. On ne manquera pas d'en retirer cette conviction que les institutions militaires, pour donner leur rendement maximum, doivent être réglées à la fois sur les traditions du pays, sur ses aspirations, sur son état d'âme, sur sa constitution politique, sur sa situation générale. D'après ces données, les législateurs ont à indiquer le point de direction, le rôle des gens du métier se bornant à tout disposer, dans l'organisation des détails, pour que l'armée puisse marcher vers le but qui lui est ainsi assigné. Dans l'organisation de ces détails, l'étude de ce qui se fait au dehors de nos frontières apportera des suggestions qu'on aurait tort de repousser. Il faut toujours chercher à voir au delà. Mais qu'on ne songe pas à copier servilement; qu'on ne s'embarrasse pas du désir de « faire comme les autres ». Si on devait traîner avec soi de telles arrière-pensées, mieux vaudrait ne rien savoir des règlements et des mœurs militaires de l'Etranger : quand elle est intelligente et regarde les questions bien en face, avec son seul bon sens, l'ignorance donne des conseils plus sûrs que l'érudition, à qui il arrive de s'empêtrer dans sa propre science et qu'asservit sa richesse même. Accueillons donc tous les avis. Ne repoussons que l'optimisme paresseux de ceux qui déclarent qu'il n'y a rien à faire pour améliorer notre état militaire. La situation est grave, je le répète ; il est temps d'aviser, si nous voulons que notre pays ait l'armée qui lui convient, une armée qui soit digne de lui, une armée sur laquelle il puisse compter, mais sous le poids de laquelle il n'étouffe pas.

FIN

NOTE COMPLÉMENTAIRE

Un index bibliographique aurait évidemment ici sa plac toute marquée. Mais l'énumération des documents consul tés n'a de réelle valeur que si une notice accompagnar chacun d'eux renseigne sur le degré de confiance qu'i mérite ou, tout au moins, sur la valeur qu'on lui a attribuée La critique d'un texte exige la connaissance de son auteur des sources auxquelles il a puisé et de sa méthode d travail. Or, j'ai dû recourir à des ouvrages de seconde ou de troisième main, à des correspondances anonymes, à des articles de journaux, dont la plupart des signataires ne sont pas connus et ne jouissent d'aucune autorité. Même les écrits les plus sérieux ne sont pas scientifiquement étayés sur des références, et rien ne fait ressortir le caractère d'authenticité des informations qu'ils renferment.

Pour ne pas mériter un semblable reproche, je dois dire ici comment j'ai procédé.

De tous les documents que j'ai lus, et sur la valeur desquels je ne possédais, je le répète, que des données incertaines, il s'est dégagé, dans mon esprit, certaines impressions que j'ai contrôlées de mon mieux et soumises à des « recoupements », à des « contre-épreuves », en interrogeant des personnes qui me semblaient être en mesure de me renseigner sur les points précis au sujet desquels je les questionnais. J'en vais donner un exemple qui vaudra toutes les explications.

En juillet 1897, je trouve dans les « Dernières nouvelles » du *Temps* l'entrefilet que voici :

FRANÇAIS OU ALLEMAND ?

M. Le Clercq est un jeune pasteur protestant qui vient de réclamer la qualité de Français dans des circonstances qui valent la peine d'être notées.

Il est né en France, dans le département des Hautes-Alpes, à Gap, où son père était pasteur. Mais, en 1866, celui-ci se rendit dans la Hesse pour y exercer son ministère sacerdotal.

Comme pasteur agréé, il était fonctionnaire et acquérait par ce fait la nationalité allemande, qui, en outre, était imposée à sa femme et à ses enfants.

Quand sonna pour le jeune Le Clercq sa vingtième année, il fut appelé en Allemagne par le recrutement.

Il protesta, excipant de sa naissance en France, et invoquant cette circonstance pour revendiquer sa qualité de Français.

L'autorité allemande ne voulut rien entendre. Il dut faire son service. Mais, depuis, il est venu en France et a satisfait aux obligations de la loi militaire française, sans que personne contestât sa qualité de Français.

Or, voilà que lorsqu'il a voulu se faire inscrire sur les listes électorales, on a refusé de lui reconnaître cette qualité, et on a rejeté sa demande d'inscription, par la raison, disait-on, qu'il avait perdu la qualité de Français en faisant du service militaire à l'étranger sans autorisation.

Pour faire proclamer qu'il était Français, il s'est pourvu devant le tribunal civil.

Celui-ci, sur la plaidoirie de Me Clunet, et conformément aux conclusions de M. le substitut Le Bourdelles, a jugé que le service militaire fait dans une armée étrangère sans autorisation ne fait perdre la qualité de Français que si ce service a été volontaire.

Il en est autrement quand l'intéressé a cédé à des « réquisitions ».

La qualité de Français a donc été reconnue à M. Le Clercq.

Je n'eus pas de repos que je ne fusse entré en relations avec M. Alphonse Le Clercq, chose d'autant plus malaisée qu'il habitait la Pologne. C'est seulement le 22 novembre 1897 que je reçus de lui une lettre par laquelle il se mettait à ma disposition pour me renseigner sur ce qu'il avait vu dans les deux armées auxquelles il avait successivement appartenu. En lui envoyant un questionnaire détaillé, je lui suggérai l'idée de publier lui-même ses

observations et de faire un parallèle entre la vie mili
en France et en Allemagne. Voici un extrait de sa répo

Vous avez fait renaître en moi une idée déjà ancienne et je crois excellente, mais que j'avais cependant depuis longte abandonnée. Lors de mon séjour en Algérie, comme sous-lie nant à la Légion étrangère, je songeais à comparer, sous la fo d'un travail d'hiver, ce que je voyais dans mon régiment e que j'avais observé dans l'armée allemande en qualité d'ensei Mais j'ai été à ce sujet profondément découragé par mes pro chefs, de sorte que j'y avais complètement renoncé. Toutes comparaisons que j'ai eu, en effet, le malheur de faire en dive occasions furent mal interprétées et eurent même des suites b cruelles pour moi. Et cependant il serait, je crois, de l'inté de notre chère armée française de la rendre quelquefois un attentive à ses imperfections, surtout là où l'ennemi a atte une supériorité incontestable. Mais, parmi tous les officiers j'ai rencontrés, vous êtes le seul qui m'ait semblé compren cela.

Plus tard, la conversation de M. Le Clercq m'a éclairé s bien des points. Elle a rectifié certaines de mes appréciatio Je citerai l'idée que je m'étais faite des sous-officiers al mands. Je considérais ces sulbaternes comme des perso nages très importants, jouissant beaucoup de considératic et laissés par leurs chefs dans la plus grande indépe dance. Cette opinion était basée sur une foule de document Voici, par exemple, ce que j'avais trouvé dans les *Lettr sur l'Infanterie* du prince de Hohenlohe :

Un de nos contemporains les plus spirituels a dit cette paro célèbre : « Les victoires allemandes ont été remportées par l maître d'école allemand ». Ce n'est là qu'une vérité relative On devrait plutôt dire que c'est le sous-officier prussien qui le a remportées.

Et j'avais lu ceci dans le beau *Rapport sur l'Armée allemande* du colonel baron Kaulbars :

Après les officiers, le corps des sous-officiers constitue l'élément principal dont dépend la valeur d'une troupe; aussi, dans l'armée prussienne, recherche-t-on avec le plus grand soin ce qui peut contribuer à son amélioration sous tous les rapports... Pour s'acquitter de fonctions aussi multiples, il faut des hommes d'une haute valeur morale et parfaitement au courant de tous les détails du service... Pour être vraiment à hauteur de sa tâche, un vice-feldwebel[1] doit nécessairement être un homme instruit et bien élevé. Aussi tient-on tout particulièrement à ce qu'il possède ces qualités.

Dans un livre qui a exercé sur notre armée une grande et légitime action, l'éminent traducteur du Rapport que je viens de citer a résumé son opinion en ces termes :

Tous ceux qui ont étudié l'armée allemande, non seulement dans les livres, mais sur place et de près, tous ceux qui ont vu fonctionner sous leurs yeux cette remarquable organisation militaire, sont unanimes à constater que, si chacun met en général le plus grand entrain, la plus vive ardeur à s'acquitter du service, souvent très pénible, qui lui est imposé, la cause en est surtout dans l'indépendance relativement très grande qui lui est laissée, dans la confiance qu'on lui témoigne et qui le relève à ses propres yeux comme à ceux de ses subordonnés, dans l'émulation enfin qui résulte, entre les chefs des diverses fractions de même nature, de la liberté d'action laissée à chacun dans le choix et l'application des moyens devant conduire au but qu'il lui est prescrit d'atteindre...

... Le sous-officier allemand le plus mince de tous, celui qui, par son grade, ne correspond qu'à notre caporal, dont la troupe est une simple escouade, celui-là est donc un chef, un commandant de troupe dans toute l'acception du terme, dans une acception bien plus large, en tous cas, qu'un capitaine même de l'armée française, et à plus forte raison qu'un sous-officier de celle-ci. Les hommes placés sous le commandement de ce sous-officier allemand sont bien les siens. Non seulement il surveille leur conduite, leur tenue, leurs effets, etc., mais il en a la direction à la manœuvre et dans la plupart des circonstances du service.

A côté de ces ouvrages qui font autorité, et d'une foule d'autres qui célèbrent les qualités du sous-officier allemand et le prestige dont il jouit, j'étais confirmé dans mon opinion par des témoignages d'officiers français qui ont été se renseigner par leurs propres yeux et dont je tenais la compétence pour indiscutable.

Or, M. Le Clercq m'a tenu à peu près ce langage :

« Je n'ai vu de près les cadres subalternes que dans le

1. Le grade de *feldwebel* correspondant à celui d'adjudant; celui de *vice-feldwebel* est assez analogue à celui de sergent-major.

régiment où j'ai servi; mais je crois pouvoir affirmer q dans les autres, ils sont aussi peu indépendants que ce que j'ai eus sous les yeux. Leurs supérieurs les jugent, général, médiocres et ils n'ont en eux qu'une confiance tr limitée. Aussi les surveillent-ils de très près. Lisez l auteurs dont vous me parlez, lisez-les au besoin entre l lignes. Après avoir proclamé les services rendus par l sous-officiers avant 1870, le prince de Hohenlohe ajoute qu le recrutement de ces gradés laisse à désirer; que, s'il sont bons dans la Garde, ils ne sont pas aussi instruit dans les autres corps; qu'il faut continuer à améliore leur sort; qu'on a déjà beaucoup fait dans ce but, mai que les progrès réalisés sont insuffisants. Le baron Kaulbar reconnaît, lui aussi, qu'on a grand'peine à obtenir des sous-officiers de carrière, ce qui « n'a rien que de très naturel, » car la position qui leur est faite n'offre pas assez d'avan-» tages pour qu'un individu intelligent et de bonne conduite » ne puisse facilement trouver dans la vie civile un emploi » mieux rémunéré ». Au fond, on leur témoigne le plus de considération qu'on peut; on cherche à relever moralement et matériellement leur situation; mais on ne les juge pas dignes d'une très grande indépendance. Ils restent constamment sous l'œil des lieutenants. Ceux-ci ne les quittent presque jamais. Présents à l'exercice, ils voient tout ce qui s'y passe. Absents, ils sont renseignés par les avantageurs ou les volontaires d'un an, qu'ils ont pour commensaux et déjà presque pour camarades. Ceux-ci n'hésiteraient pas à dénoncer à l'autorité militaire un passe-droit ou une injustice. Relisez, à ce sujet, la *VIIe Lettre sur l'Infanterie* du prince de Hohenlohe. A la vérité, il y est question, quelques pages plus haut, de soufflets donnés aux recrues. Mais n'en concluez pas que les officiers ont le dos tourné : dites-vous que simplement ils tournent les yeux. Ils sont presque complices. L'auteur le donne formellement à entendre. Si donc, les gradés subalternes brutalisent leurs inférieurs, en Allemagne, ce n'est pas parce qu'ils ont une grande initiative dont ils abusent. Ils ne le font qu'au su de leurs officiers, avec la connivence de ceux-ci, et par suite dans les limites où ils y sont autorisés.

» En France, au contraire, que de sous-officiers restent absolument maîtres de traiter leurs inférieurs avec douceur ou avec brutalité ! Que de capitaines abdiquent entre les mains de leur sergent-major, ce que ne ferait jamais le commandant d'une compagnie allemande ! Que de sergents, chez nous, terrorisent le soldat à l'insu des officiers ! Que d'autres se montrent souvent d'une partialité révoltante à son égard, d'une complaisance suspecte. En somme, nombre d'entre eux doivent à la confiance exagérée que leurs chefs leur accordent ou à l'indifférence de ceux-ci, une indépendance considérable et une initiative fort grande, peut-être même exagérée, sinon à l'exercice, du moins dans les rapports de la vie courante et du service intérieur : tenus de très près pour tout ce qui est relatif à l'instruction (alors que c'est en cela qu'on pourrait peut-être leur laisser sans grands inconvénients les coudées franches), ils sont on ne peut plus libres — malheureusement ! — pour ce qui est de l'éducation... Et dans ce rôle, pourtant, leur inexpérience, leur jeunesse, leur superficialité, exigeraient qu'on ne leur abandonnât pas, presque sans contrôle, une besogne aussi délicate ».

On a pu voir, page 90, la part que j'ai faite à ces observations, et, par suite, on est en mesure d'apprécier mes efforts en vue d'arriver à l'exactitude. Malgré les précautions que j'ai prises, j'ai conscience d'avoir laissé bien des erreurs se glisser dans ce livre. En tous cas, je ne saurais méconnaître que, écrit d'une façon négligée et sous une forme frivole, il renferme une foule d'obscurités, de lacunes, de contradictions. Mais je m'en consolerai si, tel qu'il est, il donne le goût de connaître l'armée, et si, d'autre part, il permet aux personnes qui n'en font pas partie de se rendre compte de l'intérêt si puissant, si haut, si varié, que présente l'étude des questions militaires.

TABLE DES MATIÈRES

Tours, Imprimerie Deslis Frères, 6, rue Gambetta.

www.ingramcontent.com/pod-product-compliance
Ingram Content Group UK Ltd.
Pitfield, Milton Keynes, MK11 3LW, UK
UKHW020425200726
13857UKWH00002B/286

9 782012 81667